中青年经济学家文库

U0900161

影子教育产品的经济分析

孟庆蛟 著

中国财经出版传媒集团
经济科学出版社
Economic Science Press

图书在版编目（CIP）数据

影子教育产品的经济分析/孟庆蛟著．—北京：经济科学出版社，2021.7

（中青年经济学家文库）

ISBN 978-7-5218-2669-2

Ⅰ．①影… Ⅱ．①孟… Ⅲ．①教育-消费-研究-中国 Ⅳ．①G40-054

中国版本图书馆 CIP 数据核字（2021）第 135037 号

责任编辑：王红英　汪武静
责任校对：刘　昕
责任印制：王世伟

影子教育产品的经济分析
孟庆蛟　著
经济科学出版社出版、发行　新华书店经销
社址：北京市海淀区阜成路甲 28 号　邮编：100142
总编部电话：010-88191217　发行部电话：010-88191522
网址：www.esp.com.cn
电子邮箱：esp@esp.com.cn
天猫网店：经济科学出版社旗舰店
网址：http：//jjkxcbs.tmall.com
北京季蜂印刷有限公司印装
880×1230　32 开　9.125 印张　240000 字
2021 年 7 月第 1 版　2021 年 7 月第 1 次印刷
ISBN 978-7-5218-2669-2　定价：42.00 元
（图书出现印装问题，本社负责调换。电话：010-88191510）
（版权所有　侵权必究　打击盗版　举报热线：010-88191661
QQ：2242791300　营销中心电话：010-88191537
电子邮箱：dbts@esp.com.cn）

前　言

20 世纪 60 年代，当代影子教育现象开始形成；20 世纪 90 年代，影子教育开始引起国际学术界关注。当前，影子教育作为一种市场行为已经具有了较大的经济规模和社会影响，家庭购买影子教育产品的比重和支出都在不断提升。中国教育学会调研发现：2016 年，中国影子教育市场规模超过 8000 亿元，学生规模超过 1.37 亿人次。因此，对作为市场行为的影子教育进行经济分析存在必要性。

当前鲜有基于经济学范式的影子教育分析，学术界对影子教育的讨论主要集中于教育学和社会学视角：前者多集中于分析教育效果，后者多集中于分析教育公平，且双方均关注影子教育规范。但是，宏观层面的影子教育规范需要对等的宏观层面的影子教育产生条件，但既有的从家庭经济资本、文化资本、社会资本等角度研究影子教育产生条件的理论却集中于微观层面，而根据微观条件分析提出宏观政策规范会产生视角上的错配。

分析影子教育产生的宏观条件需要基于经济学范式的影子教育概念界定。人们接受教育的目的包括两类：一是提高人力资本，二是获得受教育证明以降低市场交易中信息不对称的程度。以此为基础，构建影子教育的私有性、补充性和证明性特征，并据此构建三组分析维度：①公共性和营利性，②主体性和补充性，③同质性证明性、异质性证明性和无证明性。进而将教育内容分为四个二级分类、十二个三级分类，将影子教育归于一个二级分类，分为三个三级分类。此外，根据形式的不同，将影子教育产品划分为线上影子教育产品和线下影子教育产品两类。

在界定影子教育边界的前提下，根据补充性和证明性特征发现：影子教育产生的宏观条件包括主流教育赠与性和通过考核的不确定性两类。这不仅为影子教育政策制定提供了对等的宏观视角，而且为影子教育产品的经济分析构建了根本前提。据此，分别从四个角度对影子教育产品进行经济分析：

第一，影子教育产品消费者选择的一般分析。研究发现，家庭对主流教育的预期收入越高、接受即期主流教育的成本越低、所处教育环境的均衡度越高，消费者在即期购买影子教育产品的概率会越高，从而在理论上发展了最大限度地维持不平等（maximally maintained inequality，MMI）理论和有效地维持不平等（effectively maintained inequality，EMI）理论。

第二，影子教育产品生产者选择的一般分析。影子教育企业天然具有轻资产和服务滞后的特征，构建信任度模型后发现，这种特征会使消费者产生企业会“跑路”的担忧，也会使生产者对自身企业中的教师产生“自立门户”的担忧。于是，生产者开始选择企业上市以发出“正规”的信号。对新三板上市影子教育企业分析后发现，上市作为品牌可以促进影子教育企业的财务绩效提升，且轻资产性特征越明显，这一作用越强。而排除掉这一作用后发现，上市行为仍然会导致业绩“变脸”，从而发展了基于盈余管理的首次公开发行（initial public offerings，IPO）效应理论。

第三，影子教育产品消费者选择的异质性分析。将影子教育产品分为形式异质而内容同质的线上和线下影子教育产品，分析消费者选择成本更高的线下影子教育产品的条件。将社交影响消费区分为消费者内部和外部视角，提出了社交指数的概念。构建社交强度和社交距离两个一级指标，前者包括被认同和炫耀，后者包括权威度和亲密度。研究发现：社交指数及下属指标对消费者购买线下影子教育产品在统计上显著，而对线上影子教育产品的购买在统计上不显著。表明在消费者面对异质性选择时，线下影子教育通过社交显著影响了消费者的选择。

第四，影子教育产品生产者生产的异质性分析。线上影子教育企业促成了线下影子教育企业的转型：从“大班 + 名师”到“小班 + 普通教师”。线上影子教育提升了新兴线下影子教育的劳动力数量和教育经验。因此，由于高资本产出弹性和人力资本正外部性，新兴线下影子教育企业相比于传统线下影子教育企业对潜在劳动力和行业内劳动力更具吸引力。

四个角度的分析分别阐明了在什么条件下消费者选择购买影子教育产品、什么条件下生产者可以让消费者选择购买自己的影子教育产品、消费者在什么条件下会购买相对于线上影子教育产品质同价高的线下影子教育产品、生产者在线上影子教育的影响下如何转型才能让消费者选择购买自己的影子教育产品。最后，提出了相应的对策建议。

目　录

第 *1* 章

绪　论

1.1 问题的提出

影子教育作为一种市场行为在20世纪60年代成形于韩国，作为学术术语在20世纪90年代由史蒂文森和贝克（Stevenson & Baker）提出，指发生在主流教育之外的和学业相关的补习教育，购买影子教育产品的目的是为了提高学生在主流教育中的学业成绩，从而帮助学生达到他们所期望的入学目标①。"课外辅导""课外补习班"都近似于这一概念范畴。

虽然当代影子教育现象出现和概念提出的历史并不久远，但在当下，作为市场行为的影子教育已经存在较多的参与人数和较大的市场规模。

参加人数方面，2004年，国家统计局实施的中国城镇居民教育与就业情况调查显示，我国城镇小学生参加教育补习的比例为73.8%②。中国教育学会于2016年12月发布的报告显示，参加中

① Stevenson D L，Baker D P. Shadow Education and Allocation in Formal Schooling: Transition to University in Japan [J]. American Journal of Sociology，1992，97（6）：1639－1657.

② 薛海平．中国城镇学生教育补习的实证分析［C］．中国教育学会教育经济学分会．2006年中国教育经济学年会会议论文集．中国教育学会教育经济学分会：中国教育学会教育经济学分会，2006：808.

小学课外辅导的学生规模超过 1.37 亿人次，辅导机构教师规模 700 万～850 万人[①]。

购买影子教育产品人数较多的现象并不只发生在中国。在联合国国际教育规划研究所的支持下，贝磊（Bray）整理了亚洲、非洲和欧洲部分国家家庭购买影子教育产品的情况[②]。

在亚洲，一项针对孟加拉国的调查结果显示，孟加拉国小学生的 37.9%、孟加拉国中学生的 68.4% 购买了影子教育产品；2007 年针对文莱调查了 209 位小学 6 年级学生购买数学影子教育产品的情况，其中购买比重达到了 69%；在针对柬埔寨 3 个城市 8 所小学的调研中发现，正在参加影子教育的学生超过了五成；针对印度 4 个州的 10 年级学生进行的影子教育调研发现，购买影子教育产品的学生为 58.8%；在对阿塞拜疆的大学生进行的调研中发现，在中学最后一年购买过影子教育产品的学生超过了 90%。

在非洲，2007 年，埃及大约 50% 的小学生和 80% 的中学生购买过影子教育产品；2010 年，在针对加纳家长的调研发现，为就读小学期间的子女购买影子教育产品的家长比重达到了 48%。

在欧洲，2009 年针对瑞士 15 周岁学生的调研发现，在调查之前一年内购买影子教育产品的比重为 31.3%；在对希腊大一新生的调研中发现，参加私立补习学校的学生数量超过了 80%，接受过个性化的影子教育辅导的学生超过了 50%，而有 1/3 的学生同时购买过上述两种影子教育产品[③]。

伴随着购买影子教育产品人数的增加，影子教育市场规模也在不断扩张。2016 年底，中国教育学会发布调查报告显示，2016 年

---

① 中国教育学会. 中国教育学会发布调查报告显示 2016 年我国中小学课外辅导“吸金”超八千亿［J］. 教育发展研究，2017，37（4）：63.

② ［英］马克·贝磊. 直面影子教育系统：课外辅导与政府政策抉择［M］. 巴黎：国际教育规划研究所，2012：42－43.

③ Psacharopoulos G，Papakonstantinou G. The Real University Costs in a ‘Free’ Higher Education Country［J］. Economics of Education Review，2005，24（1）：105.

我国中小学课外辅导市场规模超过8000亿元[①]。基于中国教育追踪调查（china education panel survey，CEPS）数据，吴翌琳（2016）发现，参加影子教育的学生人均费用为每学期4142.55元，年课外补习费用占2015年居民家庭人均可支配收入的37.72%[②]，从而验证了中国教育学会的发现。

不独中国，詹姆斯·安培训学院作为澳大利亚最大的几所专科性辅导机构之一，负责人安（An）表示“每个学期我们大约开设10周的辅导课程，共4门学科。每个学生一学期的辅导费用约为1090澳元”[③]。影子教育在韩国称为“私教育”（사교육）[④] 或“私人教育”[⑤]，2015年，韩国的私人教育市场规模约33万亿韩元，相当于当年国家总预算的8.8%。全国青少年每月平均课外教育花费为24.4万韩元，以韩国职工的年均收入计算，若家庭中有两个子女购买影子教育产品，其费用约占家庭年收入的1/4左右[⑥]。在购买影子教育产品给家庭带来了严重的经济负担的同时，也说明当下影子教育普遍存在较大的市场规模。

除了较多的参与人数和较大的市场规模之外，消费者对于影子教育产品的追逐甚至出现了一些近似于“病态”现象：2005年，土耳其教育者联盟调查了1078名在校高中生和1073名高中毕业生，其中有55%的在校高中生和49%的高中毕业生表示，他们曾通过假造的医生检查报告给学校请假，以换得参加影子教育的时间[⑦]。在阿塞拜

---

① 中国教育学会．中国教育学会发布调查报告显示　2016年我国中小学课外辅导“吸金”超八千亿［J］．教育发展研究，2017，37（4）：63.

② 吴翌琳．初中生课外补习的影响因素研究——基于CEPS的调查数据分析［J］．教育科学，2016，32（5）：63－73.

③ 宋薇薇．澳大利亚：考试辅导成为一项重要的产业经济［J］．比较教育研究，2013，35（5）：109.

④ 周霖，周常稳．韩国影子教育治理政策的演变及其启示［J］．外国教育研究，2017，44（5）：66.

⑤ 孙明．韩国私人教育费用不断增加［J］．比较教育研究，2008（10）：94.

⑥ 朴光星．透视韩国“课外教育过热”现象［N］．光明日报，2018－08－15：14.

⑦ ［英］马克·贝磊．直面影子教育系统：课外辅导与政府政策抉择［M］．巴黎：国际教育规划研究所，2012：42－43.

疆，学生为了参加影子教育甚至不惜逃课。而为了同时确保在学校的出勤率，有些学生竟公然向校方行贿①。

从影子教育的发展过程而言，“直到20世纪后半叶，其规模还极为有限；之后，在日本和韩国这样的国家中，它成了一种重要的现象，到20世纪末，它在阿塞拜疆、柬埔寨、毛里求斯和斯里兰卡等国家也成了一种重要的现象；到21世纪初，在东欧和中亚都极为显著，在西欧、北美、澳大利亚和非洲日益明显，在拉丁美洲也开始浮现”②。而从影子教育的理论研究而言，从20世纪60年代最早出现影子教育现象，到20世纪90年代学术界阐述影子教育理论，再到当下影子教育参与人数和市场规模不断扩张的研究成果层出不穷。过去的两个30年中，影子教育已经成为一个重要的市场行为，运用经济学理论进行深入研究有实践和理论意义。

然而，当下对于影子教育的研究仍然存在一些不足。为此提出本书的核心问题：影子教育产生的条件是什么?

影子教育是主流教育的补充，就像是主流教育“主体”下的“影子”。也正如影子的有无和长短都是由主体在不同条件下所决定的，影子本身不可能被凭空创造或消失。因此，影子教育的产生和多少也和主流教育所处的宏观条件相关，即主流教育政策所决定。在一个国家或地区内，主流教育政策往往不是由市场决定，而是由政府制定。所以特定的主流教育政策作为条件会导致影子教育的产生。那么，宏观的主流教育政策出现什么条件，才会出现影子教育？作为本书的首要问题或可称之为“原点”问题，只有对该问题进行合理的解释才可以进行下一步的论证。

而在论证影子教育产生所具有的宏观条件基础上，本书进一步提出了以下四个问题。

---

① Kazimzade E. Remarks Made During the Policy Forum on Confronting the Shadow Education System：What Government Policies for What Private Tutoring? ［R］. Paris：IIEP－UNESCO，2007：43.

② ［英］马克·贝磊. 直面影子教育系统：课外辅导与政府政策抉择［J］. 巴黎：国际教育规划研究所，2012：99.

首先，在主流教育质量无论存量或增量水平均高的今天，学生仍然选择购买影子教育产品。消费者选择购买影子教育产品的条件是什么？

其次，影子教育企业提供的影子教育产品往往具有同质性，故消费者存在选择的难题。因此，在消费者已经决定购买影子教育产品的基础上，影子教育企业能够持续地、稳定地将自己的影子教育产品售卖出去的条件是什么？

再次，随着互联网教育的日益发展，影子教育产品开始出现内容相同、形式不同的异质性现象。而消费者也面临着选择购买线上还是线下影子教育产品的问题。然而，在线上影子教育产品具有价格更低、师资更好、课时更多的前提下，仍然有消费者选择购买线下影子教育产品。那么，消费者在面对影子教育产品异质性的前提下，选择价格更高、师资更普通、课时更少的线下影子教育产品的条件是什么？

最后，在线上影子教育企业发展的前提下，提供内容相同、形式不同产品的线上和线下影子教育企业形成了影子教育企业间的异质性。而线上影子教育对线下影子教育的替代作为动力促成了线下影子教育企业从传统到新兴的转型。那么，作为动力的线上影子教育促进线下影子教育企业转型的条件是什么？

1.2 研究意义

1.2.1 理论意义

第一，运用经济学理论界定了影子教育的概念。运用影子教育私有性、补充性和证明性三个特征中的前两个，结合与之相斥的公共性和主体性发现了包括影子教育在内的四种教育类型。再将证明性分为同质性证明、异质性证明和无证明，从而进一步将影子教育分成了三类。这一分类方法以个人接受教育的目的角度出发，从而在完善教育目的理论的前提下发展了教育分类理论。

第二，厘清了消费者选择影子教育的宏观条件。解释了影子教育产生的“原点”问题：即当主流教育存在赠与性和通过考核的不确定性这两个宏观前提下，影子教育现象随之产生。从而为之后的研究奠定了理论基础。

第三，消费者如何选择影子教育产品的行为方面，在投入产出理论的基础上构建即期投入和远期产出，用参加主流教育的即期成本和远期收益的大小衡量其对消费者购买影子教育产品的影响，从而丰富了人力资本投资理论。此外，通过构建学生所在教育环境的均衡度衡量其对学生购买影子教育产品的影响，发现教育均衡化程度越高，学生购买影子教育产品的概率越高，从而发展了 MMI 理论和 EMI 理论。

第四，影子教育生产者选择生产方式方面，在构建了影子教育企业的信任度模型之后，解释了影子教育企业上市的原因，即将上市作为品牌降低消费者的选择成本，从而发展了 IPO 理论。此外，影子教育上市之后业绩并不“变脸”，是因为品牌产生的溢价所导致的，从而发展了盈余管理理论。

第五，影子教育产品异质性下消费者选择会受到社交因素的影响。通过构建社交指数，将社交分成两个一级指标和四个二级指标，通过解释消费者选择购买线下影子教育产品的条件，发展了社交对消费作用的理论。

第六，已有文献在互联网对行业内转型动力机制的分析中主要集中在信息网络技术可以有效提升劳动力质量，但影子教育企业因为其特殊性，新兴劳动力质量无法提升到传统劳动力水平以上。本书通过构建模型解释了线上影子教育对线下影子教育转型的动力机制，从而发展了行业内转型升级理论。

1.2.2 现实意义

政府层面，通过分析影子教育产生的宏观条件，对政府进一步规范影子教育的实践具有切实的意义。第一，影子教育产生的宏观条件解释了影子教育行业的产生条件，而当这种宏观条件无法被改变的前提下，政府合理的思路是引导影子教育行业的健康发展，而并非是单纯地取缔或禁止影子教育市场行为，据此提出的政策建议具有现实意义。第二，受影子教育企业天然的特征影响，影子教育企业违约的行为通过强制性的规制无法杜绝。本书为影子教育企业的发展规划了可能的路径，以避免影子教育企业出现违约行为，提高影子教育企业的规范程度。

企业层面，通过对影子教育生产者的同质性和异质性分析，对影子教育企业制定未来发展规划具有一定的现实意义：首先，影子教育企业如何提升消费者对其自身的信任度，本书通过构建信任度模型提出了现实建议；其次，线下影子教育企业面对线上影子教育的冲击，应如何提升自身的财务绩效；本书通过构建社交指数，提出了现实的建议；最后，线下影子教育企业在面对线上影子教育企业的冲击时，如何进行企业内部的转型以获得更高的财务绩效，本书对线下影子教育企业从传统到新兴的发展路径提出了可行的建议，具有一定的现实意义。

1.3 研究方法

1.3.1 经济行为分析的研究方法

主要是贝克尔（Becker）提出的针对人类行为进行的研究

方法[①]，其出发点是人类在效用最大化的目的下理性地进行选择，从而把微观经济分析领域扩大到人类行为和相互作用之中。贝克尔（Becker）的经济行为分析方法认为，不能将人类行为的不同定义为是偏好的不同，也不能将人类选择行为定义为是偏好的改变，即口味各异，难言好坏（*De Gustibus Non Est Disputandum*）。本书在分析消费者为什么选择购买影子教育产品以及选择购买线上还是线下影子教育产品时，均采用了经济分析的研究方法。

在本书的第4章和第5章主要运用了经济分析的研究方法。

1.3.2 品牌经济学的研究方法

主要是孙曰瑶（2005）提出的以经济产出过剩为条件，以消费者选择为核心的研究方法[②]。品牌经济学揭示了企业由最初的追求规模和产量到注重内涵式发展的转变，从选择成本出发，为经济学提供了新的理论范式和分析方法。本书以影子教育的消费者角度出发，研究在影子教育产品同质性的前提下厂商提升品牌信任度、降低消费者选择成本的方式。

本书的第6章、第7章和第8章主要运用了品牌经济学的研究方法。

1.4 研究内容

本书的研究共计9章，具体分为5部分。

第1部分是第1章，绪论部分。在提出本书核心问题的基础上，阐述了研究意义、方法、内容和创新点。

---

① Becker G S A. Treatise of the Family [M]. Cambridge: Harvard University Press, 1991.

② 孙曰瑶. 品牌经济学 [M]. 北京：经济科学出版社，2005.

第2部分是第2章，文献综述部分。从教育学和社会学的视角整理了影子教育的相关文献并进行了述评。发现影子教育中的若干关键问题并没有形成共识，尤其是没有涉及影子教育产生的条件分析。

第3部分是第3章和第4章，构建了本书的分析前提。首先，界定了影子教育的概念。从受教育者的角度出发，论述了接受教育的两个目的，并据此得到了影子教育的三个特征。进而将教育分为四个二级分类和十二个三级分类，在界定了影子教育边界的同时将影子教育进行了分类，此外，在影子教育产品的分类中，根据形式将影子教育分成了线上和线下影子教育产品两类。其次，发现了影子教育产生的两个宏观条件：主流教育赠与性和通过考核的不确定性。只有同时具备这两个条件，才有影子教育产生的可能，否则，市场上不会出现对影子教育产品的需求。

第4部分是对第1章第1节中提到的四个问题的分析，包括第5~8章共四章内容。

第5章分析了消费者对影子教育产品的选择行为，即影子教育产生的宏观条件已经存在的前提下，消费者个人在什么条件下会选择购买影子教育产品；第6章分析了影子教育生产者在生产过程中的选择行为，即影子教育生产者在面对已有意向要购买影子教育产品的消费者时，如何让消费者购买自己的产品。换言之，第5章分析的是消费者购买或不购买影子教育产品的行为问题，第6章分析的是消费者选择购买哪一家影子教育产品的问题；第7章是消费者选择影子教育产品的异质性分析。线上和线下影子教育提供的产品内容具有同质性，而形式具有异质性。因此，消费者面对线上和线下影子教育会出现取舍问题。在第5章的基础上，第7章从社交角度入手论述了已经确定要购买影子教育产品的消费者在线下和线上影子教育选择中的异质性问题。换言之，第7章分析的是已经决定购买影子教育产品的消费者的异质性选择；第8章分析了影子教育产品生产者生产的异质性分析。在线上影子教育的冲击下，线下影子教育在内容同质性的情况下分化为传统和新兴线下影子教育，线下影子教育生产者在这种异质性下面临着如何转型才能持续获得稳定收入的问题。本章分析了这种异质性出现之后生产者行为的变化及影响变化的条件和机制。

第5部分是第9章，结论、建议和展望。整理了本书的研究结论并据此针对影子教育政策制定者和影子教育企业经营者提出了对策建议，并展望了未来的研究方向。

1.5 创新点

1. 在经济学范式下厘清了影子教育的边界

影子教育的概念最初来自补习教育，但随着实践的发展，补习教育的概念边界开始逐步扩大，和初始对影子教育的概念界定产生了矛盾。因此，只有厘清影子教育的边界，才能对影子教育进行进一步的有效分析，而现有文献并无针对此类理论的阐发。

本书运用经济学范式分析影子教育，界定出影子教育的三大特征：私有性、补充性和证明性。根据前两个特征将教育分成主流教育、私有教育、补充教育和影子教育，加入证明性特征后将上述四类教育形式进一步分成有同质性证明、有异质性证明和无证明的十二类教育形式，其中包括影子教育的三种分类。

在对影子教育进行分类之后，根据本书主题又将影子教育产品分成了内容同质、形式异质的线上影子教育和线下影子教育两类，据此作为后文对影子教育产品异质性的判断标准。

2. 发现了影子教育产生的宏观条件

现有文献对影子教育产生的分析多集中在微观条件，如家庭经济资本、文化资本，或家庭所处的环境构建的社会资本。部分宏观条件如儒家文化对影子教育选择的影响并不具有普适性。这就导致了影子教育产生的研究中缺少普适的宏观条件。

影子教育相关研究当前主要集中在教育学和社会学。前者更多地关注影子教育的作用对象和影子教育对成绩的影响，后者更多地关注影子教育对教育公平的影响，且双方均对影子教育规制提出了相似的政策建议。然而，由于没有分析影子教育产生的宏观条件，会出现分析影子教育产生条件时集中于微观视角、提出政策建议时却集中于宏观视角，即出现了分析视角上的错配。因此，当前对影子教育的研究在论述影子教育现象中已经有了较多的成果，但政策建议往往较为空洞。其根本原因在于没有分析影子教育产生的具有普适性的宏观条件。

本书发现了影子教育产生的宏观条件：主流教育赠与性和通过考核的不确定性。一方面，本书发现了影子教育产生的"原点"，为今后影子教育的宏观政策建议创造了基础；另一方面，这两个宏观条件恰恰是主流教育发展的结果——可以被调整，无法被取消，进而决定了影子教育无法被完全禁止。因此，希望通过禁止影子教育，从而实现主流教育中提倡的完全机会平等在当前宏观教育政策下很难实现。

3. 从同质性和异质性两个角度分析了消费者购买影子教育产品的行为

现有文献对于微观消费者购买影子教育产品的行为多数是从个人和家庭背景视角进行分析，但对于家庭背景如何影响购买影子教育产品的机制分析则相对较少。本书在同质性分析中运用经济学范式阐明了这一机制，包括预期收入、即期成本和为获得证明而追求教育不均衡三个角度。

而更进一步的创新内容在于，本书引入了影子教育产品的异质性。在线上影子教育高速发展的今天，对线上和线下影子教育的区别分析较少，尤其是缺少将线下和线上影子教育的特征进行阐述的文献。本书梳理了线上和线下影子教育的特征，并运用品牌经济学的分析范式解释了为什么在两者提供物质利益类似产品的前提下产生了消费者逆向选择。

4. 从同质性和异质性两个角度分析了生产者生产影子教育产品的行为

现有文献对于影子教育生产者行为的论述较少，这主要是因为学者们往往将影子教育企业看做是普通服务类企业，并没有找到影子教育企业本身的特征。换言之，没有真正将影子教育企业和其他服务行业的企业进行有效区分，就不可能对影子教育类企业进行有针对性的分析。

同质性角度中，本书发现了影子教育企业具有的服务滞后性和轻资产性两个特征，据此分析了影子教育企业的违约条件，并在此基础上从信任度视角分析了影子教育企业上市的原因。对于消费者而言，可以凸显企业规模的上市行为正是有效的信号。在面临盈余管理行为对上市后的收入和利润带来的负面效果仍然存在的前提下，上市行为本身所形成的品牌效应反而降低了影子教育企业上市后的业绩风险。从而以“上市”为品牌效应发展了盈余管理理论。

异质性角度中，在将影子教育分为线上和线下影子教育的基础上，又将线下影子教育分成了传统和新兴线下影子教育，分析了线上影子教育作为促进线下影子教育转型的动力机制。由于线上影子教育可以有效地提升线下影子教育中作为核心劳动力的教师的教育经验，而即便在线上影子教育的作用下，新兴线下影子教育劳动力也无法超越传统线下影子教育的劳动力水平。据此，从劳动力数量变动的角度出发，通过论述潜在劳动力进入和行业内劳动力的流动，说明了从传统的线下影子教育向新兴的线下影子教育转型的机制和条件。从而发展了既有的行业内转型理论。

第2章

文献综述

2.1

影子教育实践的沿革

按照史蒂文森和贝克（Stevenson & Baker）的经典理论，影子教育是“发生在主流教育之外，为提高学业成绩而参加的补习”①。即影子教育在形式上是主流学校教育的“影子”，在内容上是“补习”。

历史上的许多教育实践也具有影子教育的部分性质。如程天君和陈晓陆提出，先秦时期“自行束脩以上，吾未尝无诲焉”的私学契合了影子教育的实质②。但孔子及其私学仅表现为“补习”，并未表现出主流教育“影子”的特质。因此，在中国古代，相对于具有官方色彩的官学，兼具官办和民办性质的书院则更接近当代语境下的影子教育：以科举考试为目的、缴纳一定的费用、讲授同主流官学教育相关的内容。李兵指出，尽管大多数书院强调应试教育和素质教育的统一，但在实际发展过程中根本无法落实，书院完全沦

---

① Stevenson D L, Baker D P. Shadow Education and Allocation in Formal Schooling: Transition to University in Japan [J]. American Journal of Sociology, 1992, 97 (6): 1639－1657.

② 程天君，陈晓陆．杂乱有章：辅导机构学校化与学校辅导机构化——兼对校外“辅导热”的社会学分析［J］. 教育学报，2014，10（1）：113.

为科举训练机构[①]，正如《皇朝经世文五编》云[②]：“院中传习，仅以时文帖括猎取科名，而经史之故籍无存也，圣贤之实学无与也。”

而在当代影子教育方面，出现时间最早、学生参与比重最高、政府规制最严格、引起学术界最广泛关注的影子教育现象则发生在韩国。因此，下文借梳理韩国影子教育发展历程来说明当代影子教育实践的沿革。

1953年朝鲜战争停火后，由于亟需恢复和发展经济，韩国政府开始重视高学历人才，通过教育提升学历进而提升社会地位已成为很多年轻人的首选。但由于韩国当时中学数量较少，提供给小学生的机会并不多，在供不应求的条件下，韩国教育部门开始通过考试选拔人才进入中学就读。大量希望子女进入中学就读的家长和有限教育经费的政府之间的矛盾开始形成。因此，家长开始尝试自行购买教育产品并希望通过辅导考试内容让小学生顺利地考入中学。以考入中学为目的的影子教育产品开始盛行于韩国。

这一现象引起了韩国政府的重视。第一，参与由政府提供的具有公共物品性质的主流教育，既是公民的权利，也是公民的义务。而如果影子教育对主流教育产生了替代，由此产生的后果可能会违背主流教育的初衷。第二，大量的课外辅导必然伴随着大量的消费，而天然的收入差距会导致购买影子教育产品的异质性，进而影响主流教育公平。

1968年，韩国政府颁布《取消中学入学考试方针》，希望通过釜底抽薪的方法一次性解决小学生购买影子教育产品带来的教育不公平。其本意是降低学生学业压力、降低家庭经济压力、促进教育公平化[③]。这一政策颁布之后，针对初中升学考试的影子教育产品的需求量骤减，但由于升入高中仍然需要考试，升学压力由小学生

① 李兵．书院与科举关系研究［D］．厦门大学博士论文，2004：278.

② （清）陈次亮．书院［A］．（清）求是斋．皇朝经世文编五集［M］．近代中国史料丛刊三编（第28辑）．台北：文海出版社，1987.

③ 孟凡壮，刘玥．韩国课外辅导机构法律规制探析［J］．全球教育展望，2019，48（2）：35.

转移到初中生，影子教育产品需求由小学升初中课外补习转变为初中升高中课外补习。1973 年，为了升入更好的高中而购买影子教育产品的初中生比重超过了七成，其中超过 1/4 的学生由于压力过大影响了心理和生理健康，被称为“初三综合症”①。韩国入学考试系统研究委员会在 1973 年的调查结果表明，有近 24% 的家庭因为购买影子教育产品而出现负债，甚至一度出现了社会恐慌②。

针对于此，1973 年，韩国政府出台《高中均等化方针》，直接取消初中升高中的升学考试，而改为按照学区进行填报申请并随机分配入学名额的形式③。这一政策将压力最终转移到了大学入学考试，而大学入学很难实施类似于中学入学的均等化方针，因此，希望通过均等化规制影子教育的政策在面临无法完全均等化的大学教育和大学入学考试时失效了。

为了促进教育公平，全斗焕政府在 1980 年推行了《7·30 教育改革措施》，从法律的角度禁止了所有影子教育行为，任何组织或参加影子教育的行为均系违法，举报者均可获得奖励④。虽然该改革措施调整了大学的入学考核方式，但由于大学入学考试仍然存在，大学质量仍然不均等，导致针对该考试进行辅导的影子教育仍然在地下秘密进行，为了躲避政府的监管，学生不仅增加了购买影子教育产品的货币成本，也增加了影子教育课程的搜寻成本。使得影子教育具有了影子经济的形式。为了避免有人可能举报的问题，部分家庭将房子出租给影子教育教师，在打消教师顾虑的同时，也顺便满足了为自己的子女上课的需求。而部分富人则直接将子女送往国外⑤——毕竟，韩国政府无法规制境外针对韩国主流教育的课外补习。

---

①② 肖凤翔，王瑞．韩国“影子教育”治理政策的演变及启示［J］．上海教育科研，2017，（5）：43.

③ 김영철. 고교평준화정책의발전방안［J］. 교육학연구，2003，（1）：16－20.

④ 周霖，周常稔．韩国影子教育治理政策的演变及其启示［J］．外国教育研究，2017，44（5）：68.

⑤ Seth M J. Education Fever：Society，Politics，and the Pursuit of Schooling in South Korea［M］. Honolulu：University of Hawaii Press，2002：186.

在全面禁止难以奏效之后，政府开始逐步放宽禁令。1984年，政府规定，在不影响正常学习进度的前提下，高中生可以在寒假参与影子教育；1989 年，大学生可以在课余时间为中小学生补课，并允许获得一定的报酬；1991 年，中小学生重新被允许参与课外补习①。1997 年颁布的《缓解过热的私人辅导、减少影子教育支出的教育方针》将降低影子教育支出的关键放在了提升主流教育质量上，即通过提高主流教育质量来代替学生参与影子教育②。

随着禁令的取消，影子教育机构的数量也随之增加。1970 年，韩国影子教育机构数量为 1421 所；在 1980 年推行完全禁令前，这一数字为 5023 所；禁令取消之后的 2000 年，韩国影子教育机构的数量增加至 14043 所，并进一步在 2007 年增加到 67649 所③。2007年，韩国家庭在影子教育上的支出达到了 190 亿美元，相当于韩国当年国民生产总值的 3%，而当年主流教育总支出占国民生产总值的比重为 3.4%④。

当前，韩国政府针对影子教育的政策导向主要集中在提升主流教育上。2004 年，韩国政府颁布《通过规范公立教育减少影子教育费用的教育方针》，为主流教育中成绩较差的学生在主流教育框架下进行课外补习；次年，韩国政府推行了“放学后课程”，通过主流教育进行课后补习消除参与影子教育机会不对等所带来的教育不公平；2006 年开始，韩国政府为低收入家庭提供了教育券，学生可以持券购买影子教育产品⑤；2008 ~ 2013 年李明博执政期间，政府实施《通过提升公立教育的竞争力、减少影子教育支出的教育方

---

①② 孟凡壮，刘玥．韩国课外辅导机构法律规制探析［J］．全球教育展望，2019，48（2）：36.

③ The Policies on Supplemental Education in Korea［N］. The Newsletter，2011（56）.

④ Choi H，Choi Á. Regulating private tutoring consumption in Korea：Lessons from another failure［J］. International Journal of Educational Development，2016，49：144 – 145.

⑤ 李水山．新时期韩国教育的重大改革与社会反映［J］．职业技术教育，2007，28（19）：81.

针》并加以推进，对减少家庭购买影子教育的支出产生了一定的效果①：2009年，韩国购买影子教育产品的小学生、初中生和高中生比重分别为87.4%、74.3%和62.8%，而在2012年，这一数字降为80.9%、70.6%和57.6%②。2016年，韩国颁布了《私立教育机构设立、经营与课外辅导法》，这也是当前韩国对影子教育进行规制最具代表性的法律。该法律对影子教育机构从资格、设立到运营都进行了立法规制，从而形成了一套完整影子教育法律体系③。

通过对影子教育实践沿革的整理可知，以考试形式进行人才选拔促成了影子教育产生。教育均等化政策对于影子教育具有一定的抑制作用，这种抑制作用可以表现在主流教育入学条件的均等和影子教育获得的均等，但只要人才存在差额选拔的情况，则影子教育产生的前提不会变化，进而不会完全杜绝影子教育的出现。

2.2 教育学视阈下的影子教育

在影子教育实践的基础上，教育学界对于影子教育进行了一系列的理论研究。其中主要集中在研究影子教育作用对象的目的和购买影子教育产品对成绩的影响。

2.2.1 影子教育的作用对象

影子教育产品主要被哪些学生消费了，是主要作用于学习成绩

① Chong J L, Lee H, Jang H M. The History of Policy Responses to Shadow Education in South Korea: Implications for the Next Cycle of Policy Responses [J]. Asia Pacific Education Review, 2010, (11): 97-108.

② 김홍원. 방과후학교사교육비절감효과및과제 [R]. 한국교육개발원연구보고서, 2012: 5.

③ 孟凡壮，刘玥. 韩国课外辅导机构法律规制探析 [J]. 全球教育展望，2019, 48 (2): 31.

更好的学生，还是作用于学习成绩更差的学生。这一主题被教育研究者们定义为影子教育作用对象的目的是“培优”还是“补差”。

部分学者认为，影子教育主要作用于学习成绩较好的学生，表现为学习成绩越好，越要补习。曾（Tseng）针对中国香港和中国台湾地区的学生调研发现，排名较高学校的学生相对于较低学校者购买影子教育产品的比重更高①；薛海平和丁小浩调研了高质量、普通质量和较差质量学校中购买影子教育产品的学生比重，发现高质量者显著高于后两者，从而印证了曾（Tseng）的观点②；武文浩等发现，班级排名中等以上的学生购买影子教育产品的比例更大。家长让班级排名靠前的学生参加影子教育是为了增加他们的竞争优势，因而这些学生更倾向于选择竞赛类科目进行补习③。

也有学者认为，影子教育主要作用于学习成绩较差的学生，表现为学习越差，越要补习。如相对于教师质量较好的乡镇地区，教师质量落后的村镇地区中的影子教育更为普遍④；宋海生和薛海平分析后发现，学生成绩越高、学校质量越好，购买影子教育产品的数量则会越少，从而得出购买影子教育的目的主要是“补差”⑤。

分析影子教育的作用对象是“培优”还是“补差”，其目的是为了论证教育公平性问题。这其中既有机会公平（差生是否有机会参与影子教育），也体现在结果公平（差生是否可以缩小同优等生

---

① Tseng L. Private Supplementary Tutoring at the Senior Secondary Level in Taiwan and Hong Kong [D]. Hong Kong: University of Hong Kong, 1998.

② 薛海平，丁小浩．中国城镇学生教育补习研究［J］．教育研究，2009（1）：39－46.

③ 武文浩，陈芳，马艾斯．广州市小学六年级学生教育补习情况研究——基于学生家长的视角［J］．上海教育科研，2011（7）：55－57.

④ 李佳丽．参加课外补习对西部农村学生的影响效应研究——基于面板数据的固定效应分析［J］．基础教育，2018，15（1）：90－98.

⑤ 宋海生，薛海平．初中生课外补习支出：现状、影响因素及政策启示［J］．当代教育论坛，2018（4）：83－92.

的距离，优等生是否会进一步扩大与差生的成绩差距），但当前学术界尚未达成共识。

2.2.2 影子教育对成绩的影响

购买影子教育产品对学生成绩的影响如何，表现为是提高学习成绩，还是降低学习成绩，还是统计上不显著。

有的调研结果表明，购买影子教育的数量越多，学习成绩会越好①②③，也有部分研究得出影子教育对学生学业成绩没有影响的结论④⑤⑥，甚至有研究表明，购买影子教育产品数量越多，学生学习成绩反而越差⑦⑧。

这种结果上的差异有可能是提问方式不当导致的，如吉利和伯斯（Guill & Bos）采用学生和家长自我报告成绩的方法来衡量学习成绩的变动⑨。这种评价标准较为主观，因此，也有一些研究购买影子教育产品数量和学生考试成绩之间的关系，以客观的考试评卷标准

① Dang H A. The Determinants and Impact of Private Tutoring Classes in Vietnam [J]. Economics of Education Review, 2007, 26 (6): 683 -698.

② Liu J. Does Cram Schooling Matter? Who Goes to Cram Schools? Evidence from Taiwan [J]. International Journal of Educational Development, 2012, 32, (1): 46 -52.

③ Byun S Y. Shadow Education and Academic Success in Republic of Korea. In Korean Education in Changing Economic and Demographic Context [M]. Singapore: Springer, 2014: 39 -58.

④ Smyth E. The More, the Better? Intensity of Involvement in Private Tuition and Examination Performance [J]. Educational Research and Evaluation, 2008, 14 (5): 465 -476.

⑤ Kuan P Y. Effects of Cram Schooling on Mathematics Performance: Evidence from Junior High Students in Taiwan [J]. Comparative Education Review, 2011, 55 (3): 342 -368.

⑥ Ryu D, Kang C. Do Private Tutoring Expenditures Raise Academic Performance? Evidence from Middle School Students in South Korea [J]. Asian Economic Journal, 2013, 27 (1): 59 -83.

⑦ Cheo R, Quah E. Mothers, Maids and Tutors: An Empirical Evaluation of Their Effect on Children's Academic Grades in Singapore [J]. Education Economics, 2005, 13 (3): 269 -285.

⑧⑨ Guill K, Bos W. Effectiveness of Private Tutoring in Mathematics with Regard to Subjective and Objective Indicators of Academic Achievement: Evidence from a German Secondary School Sample [J]. Journal for Educational Research Online, 2014, 6 (1): 34 -67.

来保证因变量的客观性[①②③]，但这些研究多数局限在各自的调研内容上，缺少足够的理论支撑。

然而，无论影子教育是用来“培优”还是“补差”，购买影子教育产品对学业的影响在教育学界并无定论。之所以缺乏共识，有以下两点原因：第一是在于调研的样本背景存在区别，例如国情地情、城市规模、城市乡镇之间的不同都会产生不同甚至相反的结论；第二是在于学生个体存在区别，由于当前学界主要调研对象是初中生和小学生，这一人群是否购买影子教育产品的驱动力不同——优等生参加影子教育可能是父母和自身共同作用的结果，甚至主要是个人意愿，而差生参加影子教育更可能是父母的主观意愿，学生个人可能并无参与影子教育的动机。在这种背景下，由于边际效用递减的作用，优等生提高成绩很困难，而由于个人缺少意愿的作用，差生提高成绩也很困难。因此，讨论影子教育更多是“培优”还是“补差”，或者讨论购买影子教育产品对成绩的影响，其研究意义并不大，更有意义的问题反而是学生购买影子教育产品的原因分析。

2.3 社会学视阈下的影子教育

在影子教育实践的基础上，社会学界对于影子教育也进行了一系列的理论研究。同教育学界更关注于教育对象和教育成绩不同，社会学界更关注影子教育下的教育公平问题。

---

① Briggs D C. The Effect of Admissions Test Preparation: Evidence from NELS: 88 [J]. Chance, 2001, 14 (1): 10-18.

② Dang H A. The Determinants and Impact of Private Tutoring Classes in Vietnam [J]. Economics of Education Review, 2007, 26 (6): 683-698.

③ Zhang Y. Does Private Tutoring Improve Students' National College Entrance Exam Performance? A Case Study from Jinan, China [J]. Economics of Education Review, 2013, 32 (1): 1-28.

2.3.1 主流教育和影子教育之间的关系

主流教育由于其天然的公共性特征，表现为更明显的公平性色彩。而影子教育的获得却需要付费，具有营利性色彩。因此，主流教育和影子教育之间的关系是讨论影子教育下公平性的基础和前提。

部分学者关注点集中在影子教育出现对主流学校教育的关系是替代还是互补。袁诚等对2002～2006年9省份的城镇住户调查和地方数据分析后发现，在上述地区的义务教育阶段，政府教育支出虽然总体上对影子教育支出是替代的，但对中高收入家庭的影子教育支出存在显著的互补效应①。

贾男和刘国顺利用CEPS学年数据进行分析发现，影子教育的支出情况受生均公用经费和学校特征的影响，尤其是学校高级和低级职称的教师比重较高都会促使家庭选择影子教育，提高教育支出，即影子教育参与率和公共教育投入呈现U型分布：随着公共教育支出增加，影子教育和主流学校教育之间呈现先替代、后互补的现象②。李佳丽基于国际学生评估项目（program for international student assessment，PISA）2015中国4省市的数据分析得出结论：学校教育质量与影子教育的发展既存在替代关系又存在互补关系，低质量的农村和乡镇学校刺激学生购买影子教育产品以满足对教师质量的需求，高质量的城市学校刺激学生购买影子教育产品以提高教育竞争力③。

---

① 袁诚，张磊，曾颖．地方教育投入对城镇家庭教育支出行为的影响——对我国城镇家庭动态重复截面数据的一个估计［J］．经济学动态，2013（3）：29－35.

② 贾男，刘国顺．义务教育均衡化能否有效降低家庭校外教育支出［J］．北京大学教育评论，2017，15（1）：154－172.

③ 李佳丽．“替代”还是“补充”：从影子教育发展审视学校教育质量——基于PISA2015中国四省市数据的分析［J］．北京社会科学，2019（5）：57－68.

2.3.2 影子教育与教育公平

1. 影子教育会导致教育不公平

(1) 收入间的不公平

吴翌琳发现，参加影子教育的学生人均费用为每学期4142.55元，这一较高的成本会使许多低收入群体面对影子教育望而却步。经济状况较好的家庭可以购买较多的影子教育产品，故影子教育的存在对于经济状况一般甚至较差的学生的长期发展不利[①]。

大部分学者认为影子教育会造成不公平。出发点在于其影响教育机会的均等。周常稳和周霖认为，“虽然我们不能保证每个学生在发展结果上均等，但我们理应确保每个学生教育机会的均等。影子教育作为一种教育投资活动，意味着唯有投资才能享受。”[②] 即维持初始机会平等重于维持结果平等。这一观点同韩国在20世纪80年代禁止影子教育有相同的出发点。

(2) 城乡间的不公平

薛海平认为，影子教育扩大了城乡和阶层间学生的教育不平等，而这种教育不平等不仅在代际内，也会因为影子教育获得的条件不同导致代际间的教育不平等，从而在长期内造成了教育不公平[③]。彭文静认为，影子教育的城市倾向人为地扩大了城市和农村学生之间占有教育资源的差距[④]。

---

① 吴翌琳．初中生课外补习的影响因素研究——基于CEPS的调查数据分析［J］．教育科学，2016，32（5）：63－73.

② 周常稳，周霖．“影子教育”：一个不可忽视的教育问题［J］．广西社会科学，2018（1）：214.

③ 薛海平．从学校教育到影子教育：教育竞争与社会再生产［J］．北京大学教育评论，2015，13（3）：47－69.

④ 彭文静．结构功能理论视角下的中小学补习教育［J］．教育理论与实践，2011，31（2）：9－10.

(3) 内容上的不公平

张羽和黄振中针对小学奥数班进行了调研，发现其学习难度已经超出了教育部规定的教学大纲的难度，学生会提前 4 年接触到学习内容。而这种“抢跑”行为不利于学生的长期发展①。这也出现在杨东平的研究中，他发现影子教育企业中执行的往往是“提前教育”，具体表现在学生提前接触到了大量主流教育内容。以至于“很多学校一年级开学的时候，老师发现只有一两个学生还不会，大多数都已经达到了二年级的水平。”② 这种对购买影子教育产品学生提供的额外内容并没有完全脱离主流教育的范畴，对于没有购买影子教育产品的学生是不公平的。

2. 影子教育会导致教育公平

也有部分学者认为影子教育对教育不公平的影响并不大或者有利于教育均等化。如孙聪等认为，城镇中学的学生购买影子教育产品较少的原因是因为学校在学生的闲暇时间里安排了课程，以至于学生即便有意愿，时间约束也限制了购买影子教育产品的可能。从而形成了一种形式不同但内容相似的“内生影子教育”③。李佳丽认为，购买影子教育产品会使中产阶级家庭的子女获益更多。基于理性选择理论，影子教育是中产阶级有效维持教育竞争优势从而维护阶级稳定的途径④。李佳丽和胡咏梅的进一步研究发现，来自家庭经济水平低、前期学业成绩差的学生以及留守儿童从辅导班中获益更大，从而缩小教育结果的不均等，实

---

① 张羽，黄振中．“抢跑”真的能赢吗？——小学数学校外辅导对校内教学和数学思维培养的影响［J］．教育发展研究，2014，33（18）：7－12.

② 杨东平．新一轮“教育产业化”的特征与治理［J］．清华大学教育研究，2018，39（1）：35.

③ 孙聪，金文旺，蒋承．关于我国影子教育二元结构问题的研究［J］．中州学刊，2018（9）：83－85.

④ 李佳丽．谁从影子教育中获益——基于选择假说和理性选择理论［J］．教育发展研究，2016，36（20）：66－73.

现教育公平[①]。

2.3.3 影子教育的规范

同前文出现的大量争议不同，如何对影子教育进行规范，教育学界和社会学界的学者都提出了相似或相同的观点。总结起来，主要包括以下三个层面：一是政府层面，加强对影子教育企业治理，在积极立法的基础上通过准入标准制定打击无证影子教育企业和无资格师资行为；二是影子教育企业层面，应加强自律行为，通过确立行业内的规范制度，减少违规行为；三是主流教育层面，从形式和内容两个角度通过发展主流教育来抑制影子教育，最终实现教育公平。

除此之外，也有学者提出教育改革的行为一定要慎重，应在充分论证的基础上施行对影子教育的规制，警惕教育改革反向助推影子教育[②]。同时，来自日本的证据表明，主流教育的减负行为会增加学生对于影子教育产品的需求[③]。也有研究表明，因为主流教育采取了类似于“减负”的政策，从而促使学生选择购买影子教育产品进行补充（Zhang & Bray，2017）[④]。

但是，已有的对影子教育治理的观点存在三方面不足：首先，20 世纪 70 年代至 90 年代，这些治理方式大多已经在韩国的影子教育治理中实践过，正如 2.1 中所述，效果并不显著；其次，由于没

---

① 李佳丽，胡咏梅．谁从影子教育中获益？——兼论影子教育对教育结果均等化的影响［J］．教育与经济，2017（2）：51－61.

② 代蕊华，仰丙灿．国外校外培训机构治理：现状、经验、问题及其启示［J］．教师教育研究，2017，29（5）：101－108.

③ Dawson W. Private Tutoring and Mass Schooling in East Asia：Reflections of Inequality in Japan，South Korea，and Cambodia［J］. Asia Pacific Educational Review. 2010，（11）：14－24.

④ Zhang W，Bray M. Micro-neoliberalism in China：Public-private Interactions at the Confluence of Mainstream and Shadow Education［J］. Journal of Education Policy，2017，（1）：63－81.

有完全理顺主流教育和影子教育之间的关系、影子教育是否影响教育公平（如有，其规模有多大）、购买影子教育产品学生的特征和购买影子教育产品数量的多少对成绩的作用，单纯分析影子教育治理没有意义；最后，由于分析影子教育现象常常集中在家庭的微观视角，而影子教育规范却集中在宏观视角，从而形成了影子教育分析和治理的错配。因此，此类具有相似性的对于影子教育治理的政策建议的实践意义并不大。

2.4 文献评述

影子教育是一个较新的学术概念，于 1992 年提出，于 1999 年引起国际学术界关注，又于 2007 年引起国内学术界关注。而这一概念所对应的现象，却在中外出现多年：无论是中国古代相对于官学的具有影子教育性质的书院，还是改革开放后出现的英语辅导机构，或者是盛行于韩国改改停停的校外辅导，都具有影子教育的性质。

然而，当前学术界对多个影子教育的核心问题并未达成共识。2015 年 7 月，《北京大学教育评论》制作了影子教育研究专栏，编辑部在栏首连发三问："影子教育是否有助于提高学生成绩？影子教育是否扩大了社会不平等？影子教育是有益于还是损害了学校教育？"①

这些问题在当时并没有答案，在当前仍然没有形成共识。学者们用大量的篇幅呈现自身调研结果，并用不同的工具去分析结果，最终却得到了不同的结论，其原因有三。首先，分析的角度不同。分析一线城市、二线城市、乡村、城乡之间，分析小学、中学、中小学和大学，不同的对象会带来相同、不同甚至相反的结论。其次，

① 影子教育：现状与分析［J］. 北京大学教育评论，2015，13（3）：1.

理论分析不足。缺少足够的理论支撑，提出的假设就不具有合理性，甚至会出现先有数据，再分析，最后给出建议。数据取代理论已成为论文的核心，而不是将数据作为验证理论的工具。最后，缺少对于影子教育产生的“原点”分析，在什么宏观条件下会出现影子教育？只有对此问题进行分析后，才能进一步讨论影子教育的实践和规范。

第3章

影子教育的概念界定和分类

3.1 引言

国际上最早研究影子教育的权威文献来自史蒂文森和贝克(Stevenson & Baker)。他们调研了日本高中生的课外学业补习，并对影子教育进行了初始的概念界定①。国内最早研究影子教育的文献，也是当前最高被引文献，来自彭湃②，他将影子教育定义为“在主流学校教育之外参加的培优补差活动”“其补习内容基本上类似于学校课程”。从而将影子教育的概念范畴界定在了“学校课程的补习”之内。

而伴随着影子教育在实践上不断发展和理论上不断创新，影子教育的概念在当下仍然没有详细的界定。

首先是影子教育和补习教育的概念边界开始变得微妙起来。传统概念中，影子教育确实约等于补习教育。但补习教育中含有书法、舞蹈、棋类等非学业课程的内容，而最初的影子教育描述的教育事实主要是学校课程。在20世纪90年代和21世纪初，此类非

① Stevenson D L, Baker D P. Shadow Education and Allocation in Formal Schooling: Transition to University in Japan [J]. American Journal of Sociology, 1992, 97 (6): 1637-1657.

② 彭湃．“影子教育”：国外关于课外补习的研究与启示 [J]. 外国中小学教育，2007，(9)：44.

学业课程的课外补习无论是补习频率还是补习成本相对于当时的学业补习均具有明显的差距，因此忽略前者并不影响理论分析。而当下，随着此类非学业补习课程的日益发展，导致传统界定的以学业补习为主的影子教育很难再等同于补习教育。如薛海平将影子教育直接等同于补习教育[①]等表述，实际上扩大了最初界定的影子教育的概念范围。

其次是开始将影子教育的影子从教育地位而非内容上做出界定，即影子教育的“影子”类同于影子经济的“影子”。如陈全功认为：“补习教育已经……发展成为一种重要的教育方式，……它实际上已不再是‘影子’，而是主流的一部分了。”[②] 闫闯在认同上述观点的基础上提出，“补习教育不再只是主流教育的‘影子’，而是一种完全有别于主流教育的全新‘社会活动’。”[③] 这种将影子教育从社会行动和实践影响角度出发的分析在拔高影子教育地位的同时，没有将影子教育和主流教育的特征进行区别分类，即在地位上认为影子教育走出了“影子”。但并没有描述走出“影子”之后的影子教育是否和主流教育有相似的特征。即没有将影子教育的概念，尤其是特征进行界定。

“‘概念’是对特征的独特组合而形成的知识单元，而特征是一个客体或一组客体特性的抽象结果。”[④] 因此，只有提取出影子教育的特征，并表述出存在与影子教育互斥特征的教育形式，才能使影子教育作为一种理论具有独特概念，才会使其成为真正的知识单元。当前理论多数将影子教育类同于补习教育，却忽视了对影子教育特征的分析。

因此，本章首先对影子教育的特征进行分析，在此基础上界定

---

① 薛海平，李静．家庭资本、影子教育与社会再生产［J］．教育经济评论，2016，1（4），60－81．

② 陈全功．补习教育的地域延展及其社会效应分析［J］．比较教育研究，2012，34（3）：43．

③ 闫闯．社会学视野中的补习教育［M］．北京：人民出版社，2019：39．

④ GB T 15237.1－2000．术语工作词汇［S］：1．

影子教育的边界，明确影子教育概念，并据此对影子教育和影子教育产品进行分类。

3.2 教育和影子教育的概念界定

3.2.1 教育的概念和目的

“教育”的定义在教育学界多种多样[①]，较为经典的具有综合性的定义来自《中国大百科全书·教育卷》，即“教育是培养人的一种社会活动，它同社会的发展、人的发展有着密切的联系。从广义上说，凡是增进人们的知识和技能、影响人们思想品德的活动，都是教育。狭义的教育，主要指学校教育，其含义是教育者根据一定社会（或阶级）的要求，有目的、有计划、有组织地对受教育者的身心施加影响，把他们培养成一定社会（或阶级）所需要的人的活动。”[②] 与之相类似，《不列颠简明百科全书》也将教育从广义和狭义进行了区分，即教育是“发生在学校或类似学校环境（正式教育）或者整个世界里的学习，以传承社会的价值观与所累积的知识。”[③] 其中“正式教育”类等于《中国大百科全书·教育卷》中的狭义定义。本书定义的“教育”均为“学校教育”或“正式教育”，具有补习性质的“影子教育”由于也多在补习学校或类似于学校环境的补习班中，因此也属于狭义的教育概念；父母言传身教的家庭教育、以文化机构为代表的社会教育均属于广义的教育概念，故不在本书中进行论述。这也同贝磊（Bray）分析影子教育的

① 全国十二所重点师范大学联合编写．教育学基础［M］．北京：教育科学出版社，2014：3.

② 中国大百科全书·教育卷［M］．北京：中国大百科全书出版社，1985：1.

③ 不列颠简明百科全书［M］．北京：中国大百科全书出版社，2011：791.

范围相同①。

在教育的概念界定中，柳海民认为，“目的性是教育概念的重要特点。”② 王道俊和郭文安认为，“教育是一种有目的地培养人的社会活动，是教育者引导受教育者传承经验的互动活动，是激励与教导受教育者自觉学习和自我教育的活动。”③ 然而，虽然学界对教育目的已经进行了大量的论述，但当前仍然没有足够重视受教育者参与教育的目的。

受教育者积极参与教育实践的目的是什么？日本筑波大学教育学研究会编著的《现代教育学基础》中总结了八种不同的教育目的，其多集中在“教育主体提供教育的目的”，对“被教育者接受教育的目的”缺少论述④，为数不多的对被教育者的教育目的进行论述或为“实现全面发展”⑤，或为“从人生的目的引出教育的目的”⑥，这对受教育者接受教育的目的不具有普适性。全国 12 所重点师范大学联合编写的《教育学基础》中将教育目的分为狭义和广义两个角度。狭义指“一定社会为所属各级各类教育的人才培养所确立的总体要求”；广义指“对教育活动具有指向作用的目的领域含有不同层次预期实现的目标系列”，“其结构层次为：教育目的—培养目标—课程目标—教学目标等。”⑦ 这些分析多数将“培养目标”作为表达“教育目的”的主要形式⑧，缺少对受教育者参与教育实

① ［英］马克·贝磊. 直面影子教育系统：课外辅导与政府政策抉择［M］. 巴黎：国际教育规划研究所，2012：15.

② 柳海民. 现代教育学原理［M］. 长春：东北师范大学出版社，2002：50.

③ 王道俊，郭文安. 教育学［M］. 北京：人民教育出版社，2016：13.

④ 日本筑波大学教育学研究会编. 现代教育学基础［M］. 上海：上海教育出版社，1986：126－136.

⑤ ［苏］伊·阿·凯洛夫总主编. 教育学·第一卷［M］. 明治图书，1957. //日本筑波大学教育学研究会编. 现代教育学基础［M］. 上海：上海教育出版社，1986：129.

⑥ ［德］迪尔泰. 关于普遍有效的教育学的可能性［M］. 教育短论集，第三册. //日本筑波大学教育学研究会编. 现代教育学基础［M］. 上海：上海教育出版社，1986：130.

⑦ 全国十二所重点师范大学联合编写. 教育学基础［M］. 北京：教育科学出版社，2014：3.

⑧ 日本筑波大学教育学研究会编. 现代教育学基础［M］. 上海：上海教育出版社，1986：130.

践目的的论述。

个人选择是否受教育和受教育的多少属于个体的行为，由于当前已经将“微观经济分析的范围扩展到包括非市场行为的人类行为”[①] 之中。因此，本书运用经济学理论范式分析受教育者为什么会积极参与到教育实践之中，即“受教育者接受教育的目的是什么”，或者是“受教育者在什么条件下会接受教育”。

接受教育会产生投入，这种投入不仅有货币资本，还会产生机会成本。即“学校教育的成本分为直接成本和间接成本，学杂费是直接成本，读书期间放弃的收入是间接成本，且后者是主要成本”[②]。存在成本却依然选择接受教育，表明投入后的产出高于成本。从经济学角度出发，排除无法选择的法律规定的教育义务，个人选择接受教育的原因主要有两点：第一是通过知识的学习提高人力资本；第二是将教育所得作为信号以减少交易中的信息不对称。

（1）提高人力资本

一直到 20 世纪 50 年代，经济学家还一般假定劳动能力是给定的，能够改变的仅仅是劳动力数量。舒尔茨开始率先探究人力资本对经济增长的作用，尤其是接受教育对人力资本增长的作用。

舒尔茨认为，教育包括消费和投资，“人们自我投资以增加生产能力与消费能力，从教育中获得的是最大投资”，而“教育中包括消费和投资两个角度”[③]。从而较早的将教育定义为是一种投资而非单纯的消费。

当时，影子教育还没有实现大规模发展，以至于舒尔茨认为“教育机构（学校）不具有传统工业的某些经济性质。除少数采取不正当办法追逐金钱的学校外，一般学校的组织管理都不是为了营利的。”表明舒尔茨论证通过购买教育产品会产生投资作用，但教

① Norwegian Nokel Committee. The Royal Swedish Academy of Science：The Nobel Memorial Prize in Economics 1992 [J]. Scandinavian Journal of Economics，1993，(95) 1：1－5.

② Becker G S A. Treatise of the Family [M]. Cambridge：Harvard University Press，1991.

③ [美] 西奥多·舒尔茨．教育的经济价值 [M]．长春：吉林人民出版社，1982.

育产品本身不具有商品的性质，因为“从学校能增加学生将来收入这一点看，它具有投资性质，但不像物力资本那样可以出售。”[①]

相对于舒尔茨从个体人力资本角度出发讨论教育投资意义，贝克尔（Becker）从个人和家庭角度分析了教育对人力资本投入的效果。贝克尔分析家庭的一个基本思想是把一个家庭看成是“小工厂”，生产诸如膳食、居住和娱乐等基本物品，家庭利用时间在市场上购买“半成品”进行投入和产出。一个家庭收入的提高，不仅是工作效率的变化，也是家庭产品从多费时间的生产和消费转向少费时间的生产和消费[②]。而学校是一种专门从事教育生产的机构，学校教育的成本分为直接和间接成本。学杂费等是直接成本，读书期间放弃的收入是间接成本。从而利用人力资本理论的分析框架，“研究教育与在职培训的回报”（Becker，1991）[③]。

（2）降低信息不对称

阿克洛夫（Akerlof）提出的“柠檬市场”理论认为，市场并不是完美无缺的，由于交易双方存在信息不对称，因此价格不能完全合理地配置资源[④]。从而可能引发“道德风险”或“逆向选择”的行为，最终导致交易双方偏离最优配置。为了解决信息不对称中可能出现的问题，需要在交易中“发出信号”，向对方证明自己传递的信息具有可信性，从而降低交易中的成本损耗。

由于升学、就业、择偶等各种社会行为中都存在信息不对称现象，因此，“受教育”可以作为一个有效的信号发出以降低信息不对称带来的不利影响。具体表现在接受何种教育和接受何种水平的

---

① ［美］西奥多·舒尔茨．教育的经济价值［M］．长春：吉林人民出版社，1982．

② 在后文中，父母教育投入、家庭教育投入和个人教育投入三个概念虽有混用，但实际表示的内容是相同的。这一方面是由于贝克尔（Becker）的论证，另一方面早在舒尔茨（Schultz）对教育进行经济分析时就已经表明“由其父母提供教育费用”“由其家庭提供教育费用”和“由学生提供教育费用”具有相同的内涵。

③ Becker G S A. Treatise of the Family［M］. Boston：Harvard University Press，1991.

④ Akerlof G A. The Market for “Lemons”：Quality Uncertainty and the Market Mechanism［J］. The Quarterly Journal of Economics，1970，（84）：488－500.

教育均可以在交易的过程中作为信号发出，且“受教育程度越高”“就读的学校越好”约等于“个人素质越高”。

多数情况下，是否拥有学历、拥有何种学历直接决定了个人的收益。即“毕业文凭是一种（有缺陷的）衡量工作能力的尺度而不是获得技能的证据”①。更进一步的，阿罗（Arrow）认为，较高的教育水平可以作为甄别手段发挥作用，从而向劳动力的购买者传递信息，并将其定义为过滤器理论②。

当前，随着教育大众化的兴起，就读学校的美誉度对就业、晋升、社交的影响日益加大。2007 年针对韩国百强公司和高等法院的资料整理发现，前者的首席执行官（chief executive officer，CEO）和后者的法官毕业于首尔大学的分别占 38% 和 88%③。同时，由于优质教育资源具有稀缺性，其获得需要提升个人素质，“而素质高低的衡量标准基本上是考试的分数或者主要取决于考试的分数”④。因此，通过接受教育以获得更高、更好的教育，并以此作为个人在交易中发出有效信号成为受教育的重要目的。

作为具有“过滤器”作用的教育证明的获得，一般需要通过考核作为评价标准。因此，在交易中，个人能力或努力程度如何并非最为重要，最重要的是个人是否通过考核并拿到“能力”的证明。这种证明有两种不同的形式。

第一类是获得同质性的证明。无论考试分数高低，只要通过考核并获得该种证明，其作为信号发出的效应是同质的。这种情况常见于资格性考试，如国家统一法律职业资格考试或教师资格考试，无论考试分数如何，只要超过了考试分数线，最低要求分数和满分均可以获得相同的法律职业资格证书或教师资格证书。

① Ivar E. Education and Jobs：The Great Training Robbery［M］. New York：Praeger, 1970.

② Arrow K J. The Economics of Information［M］. Oxford：Basil Blackwell，1984：145.

③ 孟凡壮，刘玥. 韩国课外辅导机构法律规制探析［J］. 全球教育展望，2019，48（2）：31.

④ 李娜. 影子教育在我国的发展趋势［J］. 中国教育学刊，2015，(5)：54.

第二类是获得异质性的证明。在通过考核之后，其作为信号发出的效应要根据考核级别来确定大小，即通过考核之后获得的效应是异质的。这种情况常见于选拔性考试，如普通高等学校招生全国统一考试（以下简称高考）或硕士研究生统一考试（以下简称考研），即便通过了分数线从而获得了进入大学就读的资格，但分数不同，就读的学校在质量上也存在区别。因此，在证明具有异质性的条件下个人追求的不仅是考试通过，还有考试分数的提高①。

3.2.2 影子教育的概念

影子教育的特征主要体现在私有性（private）、补充性（supplementary）和证明性（certification）三个角度②。其中，私有性和补充性可以实现人力资本提升的目的，证明性可以实现降低信息不对称的目的。

1. 私有性

经济学角度下的影子教育私有性表现为需要为此付费。贝磊

① 理论上也存在仅为了提升人力资本但不获得证明或获得的证明不具有普遍承认性的考核，如接受插花或武术教育。因此，降低信息不对称是接受教育的充分而非必要条件。但这并不影响这一条件作为个人接受教育目的的重要性和获得证明在交易中的必要性。

② 当前学界对影子教育的特征的主流观点是补充性、私有性和学术性科目。其中学术性科目表述为“补习科目是语言、数学或其他被纳入考试范围的学术类科目，而非音乐、艺术或体育等非学术类科目。”具体论述参见文献：马克·贝磊，刘钧燕．课外补习研究：问题与方法［J］．北京大学教育评论，2015，13（3）：4.

这一方面同补充性的概念相矛盾，即如果作为主流教育的正规学校开设音乐、艺术、体育，针对他们的辅导也属于影子教育。甚至将音乐、艺术和体育定义为非学术类科目也是对这些学科的一种不尊重；另一方面也同当前的事实相悖，因为当前已经存在体育类的影子教育具体论述参见文献：高鹏飞．“体育影子教育”的失范与现代重构［J］．西安体育学院学报，2019，（11）：753－756.

(Bray)[①]、希洛娃等（Silova et al.）认为，影子教育企业是以营利为目的，故而影子教育天然不是一种公共产品。它有别于家庭、社区工作者或其他人提供的免费辅导，是一种影子教育生产者生产的、以营利为目的教育商品。这种私有性必然带来影子教育产品获得的排他性，而获得影子教育的目的之一正是为了超越周边同自身接受相同或相似公共教育的人群，方能彰显自己人力资本提升的比较优势[②]。

2. 补充性

贝磊（Bray）认为，影子教育中“影子”的概念在于以下三点。首先，影子教育内容上具有补充性，且是因主流教育系统的存在而存在的补充性教育。换言之，当不存在作为主体的主流教育时，也就不会存在作为“影子”的影子教育；其次，影子教育在形式上随主流教育系统的规模和模式的变化而变化；最后，在关注度上，在几乎所有的社会中对主流教育的关注都远远超过对影子教育的关注[③]，从而阐明了“影子教育是主流教育的补充”这一特征[④]。购买这一具有补充性的影子教育目的，也是为了进一步提高在主流教育中已经获得的人力资本。

也有部分学者认为，凡是营利性的补习教育均属于影子教育，如奥勒和格拉斯曼（Oller & Glasman）认为，影子教育可以是学术类科目，也可以是学校开设的非学术类科目的补习，还可以完全在

---

① Bray M. The Shadow Education System：Private Tutoring and Its Implications for Planners. Fundamentals of Educational Planning［M］Paris：IIEP－UNESCO，1999.

② Silova I，Büdiené V，Bray M. Educationina Hidden Market Place：Monitoring of Private Tutoring［M］. New York：Open Society Institute，2006.

③ Bray M. Confronting the Shadow Education System What Government Policies for What Private Tutoring?［M］. Pairs：UNESCO－IIEP，2009.

④ 当影子教育均表现为是主流学校教育之外的“影子”时，会发现存在一些主流学校教育没有“影子”，即有“影子”必有“主体”。有“主体”却不一定存在“影子”。如作为主流学校教育的一部分的中国中小学的体育和大学的思想政治理论课程，传统上并没有“影子”出现。而一旦将体育纳入中考的范围内，或者将思想政治理论课纳入考研的范围内，那些参加中考或考研的学生会倾向于购买这些课程的影子教育产品。

学校课程范围之外，例如宗教知识或少数民族语言的补习，甚至是学习技巧、领导力等培训①。这些教育具有私有性，但并非具有补充性。当前，已有研究并没有详细地区分补习教育和影子教育，而往往进行混用②③④⑤⑥。实际上反映出对影子教育概念界定的范畴上的不同：狭义上，只有具有补充性的补习教育才是影子教育，广义上，凡是课外补习均属于影子教育。由于本书接受了影子教育补充性的特征，因此后文论述中的分析均限于狭义的影子教育。

3. 证明性

影子教育是主流教育的"影子"，即个人是在已经参与了主流教育下选择进一步参加以营利性为目的的影子教育，在主流教育日益完善的背景下学生仍然选择购买影子教育产品必然存在其特殊的目的性。

贝磊（Bray）认为，参加影子教育的目的在于提升自身的分数，进而提升人力资本⑦。而从经济学的角度阐述，个人参加影子教育并非单纯为了个人兴趣，而是希望通过参加影子教育确保自身通过考核并获得证明，从而在之后的交易中发出信号，降低信息不

---

① Oller A C, Glasman D. Education as a Market in France [M]. Rotterdam: Sense Publishers, 2013: 77-91.

② 范晓慧."影子教育"的思考：多种视角［J］. 清华大学教育研究，2008，29（6）：101-104.

③ 楚红丽. 我国中小学生课外补习家庭之背景特征及个人因素［J］. 教育学术月刊，2009（12）：22-27.

④ 薛海平，李静. 家庭资本、影子教育与社会再生产［J］. 教育经济评论，2016，1（4）：60-81.

⑤ 张冰."影子教育"与中国"新中间阶层"的文化再生产——从布迪厄的文化资本理论说开去［J］. 教育理论与实践，2017，37（22）：17-20.

⑥ 陈倩芸，任胜洪. 中小学补课问题的研究述评［J］. 教学与管理，2019（12）：23-26.

⑦ Bray M. Confronting the Shadow Education System What Government Policies for What Private Tutoring? [M]. Pairs: UNESCO-IIEP, 2009.

对称，并最终提高个人收益[①]。

综上，影子教育作为主流教育的"影子"，是影子教育生产者以营利为目的提供，消费者以获得证明为目的参加的教育形式。因此，影子教育的概念范畴实际上小于课外辅导或课外补习。影子教育实际上是一种特殊的教育形式，不应该将影子教育和补习教育混用。

据此，本书将影子教育的概念定义为在已接受主流教育前提下，学生以提升个人人力资本和通过考核并获得证明为目的购买的营利性的、补充主流教育内容的教育形式，称之为影子教育。此外，所购买的这种教育服务定义为影子教育产品。

3.3 教育和影子教育的分类

3.3.1　基于私有性和补充性特征的教育分类

已有文献很少对影子教育进行分类。为数不多的如罗斯卡特（Roesgaard）通过分析日本当时的影子教育发展情况，构建了包括课堂氛围、核心课程、同主流教育课程的关系、学生水平、教材讲义、招生规模、招生方式和宣传形式八个变量，将影子教育分为升学社、补习社、养育社和习题社[②]。但这种分类局限于影子教育的

① 实际上，正因为教育本身具有的证明性，导致影子教育的出现。然而，在理论上存在着接受影子教育但并非为了获得证明的可能，但这并非是主流。如当体育成绩不纳入择校制度之前，参加体育训练的学生或者是以体育作为职业，或者是为了通过考核获得证明，除此之外很少有学生接受营利性体育教育，而当体育成绩纳入择校制度之后，"专门针对公立学校的特定体育考试需求，进而为在校学生在课外提供'量身定制'和有偿服务的"体育影子教育也就出现了。具体论述详见参考文献：高鹏飞．"体育影子教育"的失范与现代重构［J］．西安体育学院学报，2019，（11）：753－754.

② Roesgaard M H. Japanese Education and the Cram School Business：Functions，Challenges and Perspectives of the Juku［M］. Copenhagen：Nordic Institute of Asian Studies Press，2006：32.

现象，没有将影子教育放在教育的范围内规定其边界，也没有从影子教育自身特征上将其进行分类。因此，本书根据影子教育三个特征对教育进行分类，可以体现出影子教育在教育分类中的具体位置，即规定了影子教育的边界。

首先考虑影子教育的私有性和补充性特征，其互斥概念为公共性和主体性特征。因此，从排他性角度出发，将教育区分为公共性和营利性两个一级分类，标号为00 和01；从地位性角度出发，将教育区分为主体性和补充性两个一级分类，标号为10 和11。将一级分类两两组合，从而从两个维度上将教育分成了四个二级分类（见表3.1）。

表3.1　　基于私有性和补充性的教育二级分类

分类	00 公共性	01 营利性
10 主体性	0010 主流教育	0110 私有教育
11 补充性	0011 补充教育	0111 影子教育

这四个二级分类教育形式在不同的国家和地区或不同时间中存在不同的表现形式，下面仅以中国当下作为背景进行讨论。实际上可以较容易的将这种分类法拓展到更广的区域和时间范围。

（1）0010 主流教育

主要是国家建立的主流学校教育制度系统，包括“学前教育、初等教育、中等教育、高等教育”①。这种教育多为政府提供，由教育行政部门管理，体现了公共性的特征。

主流教育也包括了当前具有公共性特征的非营利性的民办教育。因为在当前“对非营利性民办学校可以采取政府补贴、基金奖励、捐资激励等扶持措施”，此外，“非营利性民办学校享受与公办

① 中华人民共和国教育法［M］. 北京：中国法制出版社，2016：10.

学校同等的税收优惠政策"[①]。

主流教育还包括职业教育制度和继续教育制度。前者主要对职工等重点群体开展有针对性的职业技能培训，对于特定人群"提供免费职业技能培训，并在培训期间……给予生活费补贴"[②]；后者也是当前政府重点推行的教育形式，如十九大报告中提到的"办好继续教育，加快建设学习型社会。"[③] 两者均体现了"主体性"和"公共性"特征。

（2）0011 补充教育

补充教育在内容上表现为主流教育的重复，即用不同的方式将相似的内容再传授一遍或多遍的教育形式，因此是一种主流教育的补充。

补充教育不同于影子教育的原因在于，它不以营利为目的，即具有公共性。接受补充教育往往需要先已接受主流教育，甚至要求必须已接受指定的主流教育才能参加。如中学教师在寒暑假的义务补课，体现了非营利性和作为主流教育的补充性特征。

（3）0110 私有教育和 0111 影子教育

如前文 3.2.2 有关影子教育的概念所述，当前学界中普遍对于影子教育和补习教育概念的混用原因在于确定了私有性的前提下却没有区分补充性。以是否具有补充性作为标准，一方面可知补习教育的概念范围大于影子教育，另一方面可以将补习教育分为私有教育和影子教育两类。实际上，这两种教育形式既有相同点，也有不同点。

两者的相同点在于都是以营利为目的的教育形式，因此都需要支付相当的费用才能参与。两者的不同点在于是否具有补充性，即作为"影子"，是否存在"主体"。这一主体主要表现为主流教育。

① 中华人民共和国民办教育促进法［M］. 北京：中国法制出版社，2016：18.

② 国务院办公厅. 国务院办公厅关于印发职业技能提升行动方案（2019—2021年）的通知［J］. 中华人民共和国国务院公报，2019（16）：19.

③ 习近平. 决胜全面建成小康社会　夺取新时代中国特色社会主义伟大胜利——在中国共产党第十九次全国代表大会上的报告［M］. 北京：人民出版社，2017：45.

换言之，如果学生在接受主流教育之外接受了营利性教育，且这种营利性教育的内容是主流教育的补充，则这种教育表现为影子教育。而如果学生没有接受主流教育只参加了营利性教育，则这种教育表现为私有教育。

贝磊（Bray）在谈论影子教育时提到，影子教育“只涉及学校学术科目的课外辅导，所以不涉及像芭蕾课、足球训练、宗教教育或学生学校不教授的少数民族语言这样的科目。这些主题也是重要的，但它们应该在本书的框架之外，做独立的思考”[①]。这些科目不属于影子教育核心的原因恰恰是因为不存在对应的主流教育，也就不存在作为主流教育补充性的影子教育。而如果将足球教育纳入主流教育，那么足球影子教育就会随之出现。

具体而言，如果个人已经在学校中学习了数学课程，在校外仍然接受了数学的课业辅导，则这种校外辅导呈现为学校课程的“影子”，属于影子教育；而如果个人在校外接受马术、国学、舞蹈教育，由于校内没有此类科目的作为“主体”，因此也不存在“影子”，则接受的此类以营利为目的的教育属于私有教育。

值得注意的是，这种教育的分类是以个人为主体的角度出发的。对于将日语或俄语设置为外语课程的中学，学生选择在校外学习日语或俄语属于接受影子教育，而对于将英语设置为外语课程的中学，学生选择在校外学习日语或俄语则属于接受私有教育。

3.3.2 基于私有性、补充性和证明性特征的教育和影子教育分类

前文仅从私有性和补充性两个角度出发对教育进行了二级分类，进一步引入证明性特征，根据个人参与教育并获得证明的目的

① ［英］马克·贝磊. 直面影子教育系统：课外辅导与政府政策抉择［J］. 巴黎：国际教育规划研究所，2012：15.

分为三类，分别是获得同质性证明、获得异质性证明和没有获得证明。参加第一类教育的目的是在提高人力资本的基础上，获得具有同质性的证明。如获得资格证书。参加第二类教育的目的是在提高人力资本的基础上，获得具有异质性的证明。这主要表现为考试分数，如尽可能获得更高的高考成绩。参加第三类教育的目的是单纯为了提高人力资本而不需要证明。如报名参加线下炒股培训，这并不发放学习证明或即使发放了学习证明也不具有普遍认可性。将这三种分类分别定义为同质性证明、异质性证明、无证明，并代入表 3.1，则呈现出十二种不同的教育分类，定义为三级分类（见表 3.2）。

表 3.2　基于私有性、补充性和证明性特征的教育三级分类

<table>
<tr><td>分类</td><td colspan="3">00 公共性</td><td colspan="3">01 营利性</td></tr>
<tr><td rowspan="2">10
主
体
性</td><td colspan="3">0010 主流教育</td><td colspan="3">0110 私有教育</td></tr>
<tr><td>001001
有同质性证明
的主流教育</td><td>001002
有异质性证明
的主流教育</td><td>001003
无证明的
主流教育</td><td>011001
有同质性证明
的私有教育</td><td>011002
有异质性证明
的私有教育</td><td>011003
无证明的
私有教育</td></tr>
<tr><td rowspan="2">11
补
充
性</td><td colspan="3">0011 补充教育</td><td colspan="3">0111 影子教育</td></tr>
<tr><td>001101
有同质性证明
的补充教育</td><td>001102
有异质性证明
的补充教育</td><td>001103
无证明的
补充教育</td><td>011101
有同质性证明
的影子教育</td><td>011102
有异质性证明
的影子教育</td><td>011103
无证明的
影子教育</td></tr>
</table>

为了更好地体现影子教育的特征并论述出影子教育的三种分类，下文对 12 种不同的教育三级分类进行阐述，并对其常见的表现形式进行举例说明。

（1）0010 主流教育

· 001001 有同质性证明的主流教育

接受主流教育并获得同质性证明多出现在政府主导的学校教育制度体系中，如接受高中教育后会参加普通高中学业水平考试（以下简称高中会考），无论分数高低，只要考试合格均颁发《普通高

中学业水平考试（会考）成绩报告》作为证明。该证明具有同质性，是作为颁发认定高中毕业的重要依据①。

· 001002 有异质性证明的主流教育

接受主流教育并获得异质性证明也多出现在政府主导的学校教育制度体系中，最常见的如高考，在接受高中教育后，以高考分数作为学习证明。该证明具有异质性，因为以考试成绩作为评价标准，不同的水平分数能报考的学校水平存在较大的区别。

· 001003 无证明的主流教育

接受主流教育下的无证明多出现在不组织考试或组织象征性考试的主流教育之中。如高中阶段的体育教育，在早期由于没有纳入高中会考之中，虽然也是主流教育，但部分学校并不组织考试或仅组织象征性的考试，使得即便接受了高中体育教育也没有相应的证明，或是有考试成绩作为证明但并没有普遍的认可性，因此无法在交易中心作为信号进行发出。

（2）0011 补充教育

· 001101 有同质性证明的补充教育

接受补充教育并获得同质性证明多表现在接受一些主流教育之外的非营利性机构进行的教育培训，如《职业技能提升行动方案（2019—2021 年）》中针对部分已经接受过主流职业教育的工作人员二次培训。作为已经接受过教育的补充。这种补充教育一方面不以营利为目的，另一方面对于“符合条件的劳动者在……参加培训后取得证书”② 进行了说明，证书可以证明个人参加了补充教育但该证明具有同质性。

· 001102 有异质性证明的补充教育

接受补充教育并获得异质性证明情况较少，如中学校内针对参加国际数学奥林匹克竞赛的教育，或者中学教师为了学生高考成绩

① 教育部关于普通高中学业水平考试的实施意见［J］. 成才之路，2015（2）：2.

② 国务院办公厅 . 国务院办公厅关于印发职业技能提升行动方案（2019—2021 年）的通知［J］. 中华人民共和国国务院公报，2019，（16）：19.

提高进行的义务补课，成绩不同，获得的证明也有区别。这些证明的获得均体现了非营利性、补充性和异质性的特征。值得注意的是，中学教师的义务补课由于不以营利为目的，因此并不属于影子教育。

· 001103 无证明的补充教育

接受补充教育且无证明形式也相对较少，为数不多的例子可能体现为一些不以考核为目的的主流教育教师对部分有天赋的学生免费进行兴趣上的辅导。这种现象形式较少的主要原因是因为主流教育或补充教育要确保自身的教育效果得以体现，因此多以考核进而取得证明为目的。而考核证明恰恰是有效交易中的信号，所以接受补充教育无证明的形式并不常见。

(3) 0110 私有教育

· 011001 有同质性证明的私有教育

获得私有教育下的同质性证明多表现在游离在主流教育之外，且没有主流教育作为主体的教育。而接受这种教育往往需要参与到以营利为目的的教育机构之中。如接受《消防安全技术综合能力》《消防安全案例分析》的教育辅导，之后参加二级注册消防工程师，考试通过后可以获得《中华人民共和国二级注册消防工程师资格证书》作为证明，这一证明无关考试分数，具有同质性。

· 011002 有异质性证明的私有教育

获得私有教育下的异质性证明也具有没有主流教育做主体和参与营利性教育机构的两个特征，但接受教育并通过考核后的证明是根据分数高低确定的，因此具有异质性。如接受国际英语语言测试系统（International English Language Testing System，以下简称“雅思”）的教育培训，参加考试后会根据考生表现给出 0 ~ 9 分的分数作为英语语言的水平证明。

· 011003 无证明的私有教育

部分私有教育仅提供具有象征性的证明或没有证明，如付费接受一些社交礼仪教育、传统武术教育，一是主流教育并无相应内容作为主体，二是教育机构是以营利为目的。但由于并没有出具相关的证明，或由机构出具证明但不具有社会普遍认可性，因此属于接受私有教育且无证明的形式。

（4）0111 影子教育

· 011101 有同质性证明的影子教育

影子教育作为主流教育的补充，为了获得主流教育下同质性的证明接受的课外补习教育，若该补习教育以营利为目的，则属于获得影子教育下的同质性证明的范畴。如师范类学生若要从事教师职业，需要获得《中华人民共和国教师资格证书》作为证明：一方面，作为考试内容的教育知识与能力、学科知识与教学能力均已在主流教育中学习；另一方面，如果参加了教师资格证书培训班，则参加营利性的教师资格证书培训的目的是为了获得这一证明。且这一考试通过之后，无论分数高低，获得的证明具有同质性。

· 011102 有异质性证明的影子教育

在接受主流教育的同时，仍然接受影子教育的目的是获得异质性证明情况较多，影子教育主要集中在此形式中。如以通过高考为目参加课外辅导，或以通过研究生入学考试为目的参加课外辅导。由于考试内容多已在作为主流教育的课堂中进行讲授，但学生仍然参与以营利为目的的课外辅导班，则这种课外补习课程本身就具有了影子教育的特征。加之高考和考研均具有选拔性特征，导致补习之后参加的考试根据分数高低对学生个人水平的证明具有异质性。

· 011103 无证明的影子教育

接受影子教育并无证明的情况仅存在理论上的可能，这也就是为什么影子教育本身都具有证明性——无法获得有效区分个人水平的证明，主流教育中传授的知识相对足够了，将资本投入到课外补充性的补习教育往往没有意义。

理论上的情况是中小学音乐老师发现某学生音色较好，故告知家长希望在认真接受自己的课堂教育之外参加课外音乐补习，且这种补习内容是对自己课堂内容上的补充。同时又仅将此作为一种兴趣爱好培养——所学内容对升学没有帮助、学生也不参加任何音乐等级考试。由于此种形式仅存在理论上的可能，故在后文中不再论述。后文中均将购买影子教育产品的行为视为是以获得证明为目的的行为。

值得注意的是，同表 3.1 各要素间明确的区分不同，表 3.2 的各要素可能同时存在于一个教育二级分类中。如高中教育确切的属于二级分类中的主流教育，且包括同质性证明（会考教育）、异质性证明（高考教育）和无证明（体育教育）三种三级分类。而不同三级分类下恰恰存在不同的教育目的：如以获得高中毕业证为目的的学生更关注会考教育，以升入更好的大学为目的的学生更关注高考教育，以参与体育特招的学生可能会更关注体育教育。因此，当讨论影子教育的情况时，需要从个人的行为出发进行分析。

3.3.3　影子教育产品的分类

由于已有文献对影子教育的研究主要从影子教育消费者的角度出发，而缺少对影子教育生产者的讨论。因此对于影子教育产品的分类缺乏相关文献支撑。实际上，影子教育产品的分类也可以从影子教育生产者的角度进行讨论。

如将影子教育产品从服务对象的主流教育背景进行区分，分为小学、初中、高中、考研等种类；或者将影子教育产品根据学生的基础不同，分为补差班、提高班、冲刺班等种类；或如上文所述，将影子教育分为获得同质性证明、获得异质性证明、获得无证明三个种类。

然而，这些分类都是从内容的角度上对影子教育进行划分，表现为不同内容的影子教育可能存在互补性，但不存在替代性。换言之，按照内容划分的不同种类的影子教育，消费者往往不存在种类上的选择成本，因为小学生不可能参加高中的影子教育培训，期待补差的学生也不会参与冲刺班，为通过高考以获得异质性证明的学生参加影子教育培训，不可能去选择教师资格证培训。因此，这种划分标准关注的只是内容上的区别，消费者面临的是购买不购买、购买哪一家影子教育企业的产品，而对于形式上，他们实际上并不关注，因为相同内容的影子教育产品的形式往往是同质的[①]。

相同的影子教育产品内容、不同的影子教育产品形式，这种表现在当前互联网教育的高速发展下开始出现。

郭文革梳理了互联网教育发展的过程：早期的互联网课程多是以“课程搬家”的形式出现，将线下的课程放在网络上供学生学习。而2012年，慕课（MOOC）在全球范围内迅速普及了网络课程模式[②]。截至2018年年底，全球慕课课程数量为1.14万个，用户注册数量达到1.01亿人。而在付费互联网教育产品方面，韩国的个人互联网教育用户2016年的支出费用为1.6682万亿韩元，比2013年增加了32.7%[③]。

慕课在全球的发展促成了中国互联网教育的起步。其中《教育信息化十年发展规划（2011—2020年）》为教育信息化提供了总体方向[④]。中共十九大报告中指出：“深化教育改革，加快教育现代化……办好学前教育、特殊教育和网络教育”[⑤]。中共十九届四中全会进一步指出：“发挥网络教育和人工智能优势，创新教育和学习方式，加快发展面向每个人、适合每个人、更加开放灵活的教育体系。”[⑥] 2018年，中国互联网教育企业数量为13500家，是2012

---

① 大班课、小班课、一对一可以视为是一种形式上的区别。但实际上，一个影子教育企业必须把自身大班课、小班课、一对一的课程在内容上进行细致的规划。如果告知消费者大班课、小班课和一对一只是上课人数不一样，内容并无区别，很难向消费者售出影子教育产品。

② 郭文革．网络课程类别分析——基于互联网教育传播模型的分析视角［J］．远程教育杂志，2014，（5）：41.

③ 吕森林，邵银娟，孙洪湛，冯超，庄淑雅，郑玄载，睿泰集团．2018—2019中国互联网教育行业蓝皮书［M］．北京：北京大学出版社，2019：29.

④ 教育部关于印发《教育信息化十年发展规划（2011—2020年）》的通知。

⑤ 决胜全面建成小康社会　夺取新时代中国特色社会主义伟大胜利——在中国共产党第十九次全国代表大会上的报告［M］．北京：人民出版社，2017：45.

⑥ 中共中央关于坚持和完善中国特色社会主义制度　推进国家治理体系和治理能力现代化若干重大问题的决定［M］．北京：人民出版社，2019：27.

年企业数量的3.38倍；互联网教育市场达到4000亿元，是2012年的3.08倍。虽然互联网教育并非完全等同于线上影子教育，甚至并不完全等同于线上教育，但是互联网教育的发展仍然促成了线上影子教育的发展，尤其是线上中小学影子教育的发展：2017～2018年，互联网教育企业中仅中学线上影子教育就占到总数的32.29%，比重在各领域中最高①，从而形成了相同内容、不同形式的影子教育产品。

因此，从形式的角度上划分，可以将影子教育产品分为线上影子教育产品和线下影子教育产品。这两种影子教育产品形式提供相似甚至相同的课程内容，而因为上课形式的区别，使得消费者面临新的选择：消费者在确定购买影子教育产品之后，面临的是购买线上还是线下影子教育产品的选择。

也正因为此，消费者出现了影子教育形式上的异质性选择，而线上影子教育的发展也会对线下影子教育企业的转型产生影响。在本书的第7章和第8章会对此内容进行进一步的论述。

① 吕森林，邵银娟，孙洪湛，冯超，庄淑雅，郑玄载，睿泰集团.2018～2019中国互联网教育行业蓝皮书［M］.北京：北京大学出版社，2019：150.

第 4 章

影子教育产生的条件分析

4.1 引言

如本书第 2 章所述，当前学界多数分析影子教育对成绩的作用、影子教育与教育公平和影子教育规范等内容，而对影子教育产生的条件并没有进行过多的分析。部分对影子教育产生条件的思辨性分析来自一些对教育产业化分析文献中的只言片语，且并非是作为论证的核心。

大部分分析集中在家庭微观视角，主要从家庭的经济资本、文化资本和社会资本对是否购买影子教育产品和购买数量的多少的角度进行分析，即经济资本、文化资本和社会资本导致了影子教育的产生。其中，由于影子教育的营利性特征，经济资本是最基础的条件；沿袭布迪厄的文化资本理论，则家庭文化资本的高低不仅影响子女接受教育，也可以延伸到子女接受影子教育。国内学者从该角度分析较多，朱洵在这方面做了开创性的工作①；而如果说关注文化资本的多数是教育学学者，大量社会学学者则更关注社会资本对影子教育的影响，其更多地表现为一种社交中的从众

① 朱洵．教育全球化中的影子教育与文化资本理论［J］．清华大学教育研究，2013，34（4）：51－55.

行为[①]。

也有部分分析集中在社会文化背景中，其中最主流的观点是儒家文化对影子教育产生的促进作用。最早提出此类观点的是西方学者，他们发现早期的影子教育现象多出现在日本这些东亚国家，而这些国家在历史上受到孔子思想影响[②]，这种来自于现象观察的理论分析实际上忽略了儒家文化在东亚衰落的事实，因为即便在中国，在近代以来的“全新的制度体系中，儒家的合法性不复存在，同样儒学也不可能为新的制度体系提供合法性依据……儒学的式微及其影响的消退是必然的”，而在当代，“儒家是否真的能……有一次新的‘复兴’？对此恐怕不能太过乐观”[③]。

而影子教育产生的宏观因素的分析则更为少见，“微观研究居多，宏观研究较少”[④]，且多集中在影子教育产业的研究中。贝克和勒唐德尔（Baker & LeTendre）在论述教育的未来时提及了“影子教育产业”的概念，认为影子教育的产生“主要是因为学生面临的考试重压，这种压力来自政府将学生成绩和未来发展联系在了一起”，“当学校强调教育重要意义时，人们对于优质教育的需求日益增加，一旦出现供不应求，影子教育就产生了。”[⑤] 斯普林论述教育产业时描述道：“从日本到印度，到南非，到阿根廷，到美国，所有国家的学生家长都在为孩子们的成绩和考试分数担心焦虑，因为成绩和分数与孩子未来的经济收入直接相关。”[⑥] 从而将影子教

---

① Smyth E. The More, the Better? Intensity of Involvement in Private Tuition and Examination Performance [J]. Educational Research and Evaluation, 2008, 14 (5): 465 - 476.

② Shields J J, Rohlen T P, LeTendre G K. Teaching and Learning in Japan [J]. Journal of Japanese Studies, 1996, 24 (1): 132.

③ 干春松. 科举制的衰落和制度化儒家的解体 [J]. 中国社会科学, 2002 (2): 117.

④ 秦乐琦，覃塬，池梦丹，马佳琪. 影子教育研究的发展脉络探析 [J]. 教育学术月刊, 2019 (5): 76.

⑤ Baker D P, LeTendre G K. National Differences, Global Similarities: World Culture and the Future of Schooling [M]. Palo Alto: Stanford University Press, 2005: 69.

⑥ [美] 乔尔·斯普林. 论教育全球化 [J]. 清华大学教育研究, 2010, 31 (6): 15.

育的产生归因于考试分数决定子女未来的收入，购买影子教育产品是为了提高考试分数。然而，已有的文献虽然讨论了影子教育产业，但并没有用经济学的范式分析影子教育产生的原因，尤其是导致影子教育产生的宏观原因。

基于此，本章首先梳理了影响影子教育产生的微观条件，并分析了这些理论和实践的冲突，在此基础上，进一步结合第3章的研究内容论述了主流教育的产生条件，并最终论述了影子教育产生的两个宏观条件：主流教育赠与性和选拔机制的不确定性。正如贝磊（Bray）所言："影子当然可以是有用的。正如日晷投射的影子可以告诉观测者时间的推移，教育系统的影子也可以告诉观测者社会的变迁"[①]。本章正是解释了影子教育产生的宏观条件，即本质上来源于主流教育的政策选择。当主流教育产生了赠与性和通过考核的不确定性之后，其投射出影子表现为影子教育。

4.2 影子教育的产生条件：微观家庭视角和其他因素

如2.2所述，当前教育学和社会学视阈下对影子教育研究分歧较大的原因在于未有效分析影子教育产生的条件。因此，综合教育学、社会学、文化学等学科，从综合视阈下梳理当前学界分析影子教育产生条件的理论。

4.2.1 微观家庭视角：经济资本和文化资本

当前学术界的主流观点认为，影响影子教育产生的条件主要是家庭经济资本和文化资本，即家庭收入和家庭文化资本存量影响了

① Bray M. The Shadow Education System：Private Tutoring and Its Implications for Planners [M]. Paris：IIEP－UNESCO，1999：17－18.

影子教育产品的消费①。

几乎所有的研究都表明，收入越高，越倾向于进行影子教育消费。由于影子教育产品具有较高的成本，因此高收入天然是购买影子教育产品的充分条件之一。为数不多的特例集中于一些特定的区域，如在分析教师质量落后的村镇地区时，虽然收入相对更低，但相对于教师质量较好的乡镇地区，村镇地区的影子教育更为普遍②。

和经济资本息息相关的文化资本对影子教育的选择也是正向相关的。文化资本理论来自法国学者布迪厄（Pierre Bourdieu，又译布尔迪厄）。他认为，文化资本有三种形式。第一种是身体文化资本，表现为个人的性格倾向，这种倾向集中在个体身上且相对稳定，如个人的知识结构、技能类型、审美标准等。第二种是客体文化资本，表现为所占有的外在文化物品，如图书、古董、艺术品等。同第一类不同，客体文化资本可以转让。第三类是制度文化资本，表现为社会的制度安排，如被社会认可的学历、技能或荣誉。家庭中文化资本的高低可以影响子女的长期发展③。该理论认为，不同的社会经济地位背景可以对子女产生不同的影响。如在入学过程中，具有高文化资本的学生相对更容易被录取，进而在保留自身文化资本下谋求新的经济资本，而更多的经济资本又可以换得新的文化资本，从而形成了代际间的良性循环④。而作为“美国社会科学史上最著名的量化研究报告”⑤，《科尔曼报告》（即《关于教育

---

① 刘保中．“鸿沟”与“鄙视链”：家庭教育投入的阶层差异——基于北上广特大城市的实证分析［J］．北京工业大学学报（社会科学版），2018，18（2）：8-16.

② 李佳丽．不同类型影子教育对小学生学业成绩的影响——及其对教育不均等的启示［J］．教育科学，2017，33（5）：16-25.

③ 布尔迪厄．文化资本与社会炼金术：布尔迪厄访谈录［M］．上海：上海人民出版社，1997：189-211.

④ 李佳丽，何瑞珠．家庭教育时间投入、经济投入和青少年发展：社会资本、文化资本和影子教育阐释［J］．中国青年研究，2019，（8）：97-105.

⑤ 马晓强．“科尔曼报告”述评——兼论对我国解决“上学难、上学贵”问题的启示［J］．教育研究，2006，（6）：29.

机会平等性的报告》）作为研究家庭背景和子女成绩的开山之作，提出了相比于学校，家庭的作用更为重要，也是前述理论的印证[①]。

经济资本和文化资本对影子教育影响的作用机制主要有两种观点：一是经济和文化资本相对较多家庭的价值观同资本较低者形成了不同，这集中表现为教育期待的不同；二是经济和文化资本相对较多的家庭资源较多，为了维护这种资源的代际传承选择影子教育的消费[②]。

4.2.2 微观家庭视角：社会资本

不仅局限于家庭中的经济和文化资本，社会中的交流也会影响影子教育产品的消费。不同家庭所处的社会环境不同，所具有的社会资本也就不同。社会资本的区别会带来影子教育产品消费的不同。

陈彬莉和白晓曦通过对北京市海淀区小学调查后发现，学生家长之间交流越频繁，学生购买影子教育产品的可能性越高。其机制是家长在社交中一旦发现其他学生购买了影子教育产品，不仅会加剧对自身子女升学压力的感知，而且可以在交流中了解不同影子教育企业的情况，从而在双重作用下增加了家长购买影子教育产品的可能[③]。史密斯（Smyth）在研究爱尔兰高中学生购买影子教育产品的行为时发现：学生所在学校的社会经济构成会影响其选择购买影子教育产品的概率，并称其为“热屋效应”[④]。这一效应在韩国、

① Coleman J S. Equality of Educational Opportunity (Coleman) Study [R]. Inter – University Consortium for Political and Social Research, 1966.

② Chin T, Phillips M. Social Reproduction and Child – Rearing Practices: Social Class, Children's Agency, and the Summer Activity Gap [J] Sociology of Education, 2004, (77): 185 – 210.

③ 陈彬莉，白晓曦．家庭社会经济地位、家长同辈群体压力与城镇小学生补习——基于北京市海淀区小学调查［J］．清华大学教育研究，2015，36（5）：102 – 109.

④ Smyth E. The More, the Better? Intensity of Involvement in Private Tuition and Examination Performance [J]. Educational Research and Evaluation, 2008, 14 (5): 465 – 476.

日本和中国台湾地区也有所表现[1]。实际上，这种现象同“孟母三迁”有类似的内涵，即表现为影子教育消费会受到周边参照群体的影响。

黄爱玲将其归因于社会从众行为：经济条件更好的家庭有条件给子女提供影子教育产品，而经济条件相对落后的家庭为了确保自身子女不会被前者领先，也只能参与到这种“教育竞赛”之中[2]。但实际上这种社会资本对影子教育产品消费的影响可以体现在学生和家长两个角度，班级内部其他同学购买影子教育产品越频繁，家长参与教育相关的社会互动频率越高，学生购买影子教育产品的概率和花费的成本也会越高[3]。闫新华和杭斌从地位关注的角度，讨论了随着收入差距的扩大，由于社会地位出现变化，导致家庭对教育支出开始不断提高，并逐渐向购买影子教育产品的方向发展[4]。金（Kim）在访谈时发现，如果身边的人都购买了影子教育产品而自己没有购买，家长和学生会感觉受到周围人群的冷落，表现为一种“不合群”[5]。

除此之外，也有部分学者将上述多种资本融合并进行分析。薛海平将家庭资本分为政治、经济、文化和教育四个方面，以解释我国初中生购买影子教育产品的原因。他认为家庭资本较多、所处城市规模较大的学生更可能购买影子教育产品，影子教育成为保持家庭间差距代际传承的新中介，客观存在的社会不平等和教育不平等通过影子教育进一步加固，使得城乡差距和贫富差距的鸿沟更

① Song K O, Park H J, Sang K A A. Cross—National Analysis of the Student and School—Level Factors Affecting the Demand for Private Tutoring [J]. Asia Pacific Education Review, 2013, (14): 125 - 139.

② 黄爱玲．中小学课外辅导有偿服务探析［J］．教育评论，1996，（6）：12 - 15.

③ 周东洋，吴愈晓．教育竞争和参照群体——课外补习流行现象的一个社会学解释［J］．南京师大学报（社会科学版），2018（5）：84 - 97.

④ 闫新华，杭斌．收入不平等与家庭教育支出——基于地位关注的视角［J］．山西财经大学学报，2017，39（5）：1 - 13.

⑤ Kim M. School Choice and Private Supplementary Education in South Korea [R]. IIEP Policy Forum on Confronting the Shadow Education System: What Government Policies for What Private Tutoring? Paris: IIEP - UNESCO, 2007: 9.

加难以跨越①。李静和薛海平进一步将家庭资本分成经济资本、人力资本、社会资本、文化资本和政治资本五个角度，并分析了它们分别对影子教育消费的影响②。其中人力资本和文化资本之和类属于前文布迪厄的文化资本。除此之外，作者引入了家长的政治面貌作为政治资本，发现相对于党员，父母是群众对于学术类补习消费负向显著，父母是民主党派正向不显著，但没有做出具体解释。

4.2.3 儒家文化传统和其他因素

中国人有重视教育的历史传统："万般皆下品，唯有读书高"。故而不独中国，历史上受儒家文化影响的国家天然具有投资教育的禀赋。裴昌根等认为，正是儒家文化影响了中国人选择影子教育③。除此之外，也有部分学者将视线转移到了亚洲其他国家，如许政法指出，亚洲地区补课现象较多，主要是受到儒家文化的重教传统的影响④。从而解释了为什么受传统儒家文化影响的国家大多也是影子教育流行的国家。

除上述的经济资本、文化资本、社会资本和儒家文化之外，还有一些由时代、地域等特殊原因导致的影子教育出现。如王有升提出，受过高等教育的人群未必和高收入人群重合，为了维持生计，利用自身高学历的特点进行课外补习具有相对优势，从而可以增加收入⑤。这一现象也同俞敏洪创建新东方的原因相似。刘积亮等总结在职教师有偿补习时指出，伴随着 2006 年教师工资制度套改，

---

① 薛海平. 课外补习、学习成绩与社会再生产 [J]. 教育与经济，2016 (2): 32 - 43.

② 李静，薛海平. 家庭资本对初中生参加课外补习活动影响实证研究 [J]. 基础教育，2016，13 (6): 43 - 52.

③ 裴昌根，宋乃庆，刘乔卉. 义务教育阶段学生参与课外辅导的实证分析与启示 [J]. 中国教育学刊，2018 (3): 45.

④ 许政法. 国内课外补习研究回顾与展望 [J]. 教学研究，2009，(1): 56 - 59.

⑤ 王有升. 补习教育：一类不可忽视的教育现象 [J]. 上海教育科研，1997 (6): 18.

物价的涨幅显著高于教师工资涨幅。为了确保收入同物价涨幅的同步，在职教师开始参与到校外补习之中[①]。与之相类似的，在东欧剧变之后，苏联和东欧的原社会主义国家也出现了教师收入不足、从而选择外出进行营利性授课的现象[②]。苏嘉达（Sujatha）指出，存在部分在校外从事影子教育兼职的教师，他们会强迫学生购买自己的或者是其他机构的影子教育产品，从而客观上形成了影子教育产生的条件并促进了影子教育的发展[③]。希洛娃（Silova）研究了哈萨克斯坦、吉尔吉斯斯坦、塔吉克斯坦、蒙古、阿塞拜疆、格鲁吉亚等地区后发现，普遍存在这种在"强迫"下产生的影子教育，对于拒绝参加的学生，教师甚至会以各种形式进行威胁[④]。

这种威胁很有可能是真实有效的，甚至可以被视为一种受贿行为[⑤]。贝磊认为，"当教师垄断学生的学习，有权决定谁测验及格或不及格，对系统的其他部分很少或不负责任的时候，他们有更大的机会，因而也更可能受贿。"[⑥]

然而，这种现象本身可以通过禁止在校教师校外补课的政策来解决此类问题：蒙古于 2007 年出台的《幼儿园与中小学教师职业道德规范》中明确提出要求：教师所在幼儿园和中小学的学生，同学校教师不得在课外辅导，违规者会被罚款甚至吊销教师资格；乌克兰教育科学部于 2003 年禁止校内开设课外辅导，次年又进一步

---

① 刘积亮，丁亚东，薛海平．规范在职教师有偿补习的政策变迁与政府逻辑［J］．教育评论，2016（7）：37.

② Silova I. Globalizationon the Margins：Education and Post—Socialist Transformations in Central Asia［M］. New York：Information Age Publishing，2011.

③ Sujatha K. Private Tuition in India：Trends and Policy Implications［R］. IIEP Policy Forum on Confronting the Shadow Education System：What Government Policies for What Private Tutoring? Paris：IIEP – UNESCO，2007：20.

④ Silova I. Private Tutoring in Eastern Europe and Central Asia：Policy Choices and Implications［R］. IIEP Policy Forum on Confronting the Shadow Education System：What Government Policies for What Private Tutoring? Paris：IIEP – UNESCO，2007：8.

⑤ Biswal B P. Private Tutoring and Public Corruption：A Cost – Effective Education System for Developing Countries［J］. The Developing Economics，1999，37（2），223.

⑥［英］马克·贝磊．直面影子教育系统：课外辅导与政府政策抉择［J］．巴黎：国际教育规划研究所，2012：78.

禁止教师在课外辅导自己的学生①。中国于2014年出台的《中小学教师违反职业道德行为处理办法》也规定，“组织、要求学生参加校内外有偿补课，或者组织、参与校外培训机构对学生有偿补课的”、“视情节轻重分别给予相应处分”②。因此，虽然这种以教师个人牟利为动机的条件的确可以产生影子教育，但一方面由于当前部分国家已经进行了规制，另一方面由于此条件并非是完全的市场行为，因此在后文中不再论述。

康丽颖和任纪远利用“脱域机制”分析了当前的影子教育，认为主流学校教育关注于解决学生发展的同一性问题，而校外影子教育更多关注于个人发展的特殊性问题③。赵凤兰和董泽伟的研究也可以佐证这一观点。他们认为，一些学生由于顽皮好动，给主流教育中的教师造成了一些麻烦，从而很难得到他们的关注，使得这些学生学习热情下降，进而影响他们的学习成绩。而在校外影子教育中，由于影子教育教师面对的学生较少，这些顽皮好动的学生可以在其中获得教师的关爱进而提高他们的学习成绩④。

但是，随着社会的进步，这些导致影子教育产生的客观条件，如动乱时期没有机会接受教育、收入低因此教师选择外出授课、受到教师的关注不够因此学生选择购买影子教育产品，均随着主流教育的发展而失去了成长的土壤。因此这些原因可以构成历史上影子教育产生的条件，但无法很好地解释当下影子教育产生的原因。然而，即便是经济资本、文化资本、社会资本和儒家文化，也无法完整地构建影子教育产生的条件。

---

① Silova I. Private Tutoring in Eastern Europe and Central Asia：Policy Choices and Implications ［R］. IIEP Policy Forum on Confronting the Shadow Education System：What Government Policies for What Private Tutoring? Paris：IIEP－UNESCO，2007：10－11.

② 中小学教师违反职业道德行为处理办法［J］. 辽宁教育，2014（8）：24.

③ 康丽颖，任纪远．在扩张与融合中寻找校外教育发展之路［J］. 中国教育学刊，2018（2）：1－6.

④ 赵凤兰，董泽伟．小学生参与课外文化补习的原因及危害［J］. 现代教育科学，2010（6）：74－75.

4.2.4　既有理论对现实解释的不足

当前已有理论对于影子教育产生条件的研究并不能完全解释现实，即出现了理论对现实解释的不足。

1. 现有经济和文化资本理论难以解释影子教育的选择

经济资本和文化资本对影子教育作用机制的两个角度[①]（Chin & Phillips，2013）都无法很好地解释当前影子教育的产生条件。

教育期待方面，与其说低经济资本和文化资本人群教育期待低，不如说这些人群缺少改变自身经济资本和文化资本的途径，而一旦有机会改变个人现状，如通过接受更高层次的教育使得自身提高阶层、改变命运，低经济资本和文化资本人群也会提高自身的教育期待。而事实却是，当低经济资本和文化资本人群无法获得有效的阶层流动渠道，只能承继父辈的社会地位。从而导致没有参与影子教育的低收入学生很难考入名校，也就无法改变他们所处的阶层和社会地位，从而形成了一种阶层固化，表现为“寒门难出贵子”[②]。而一旦有这种通过教育流通的机会，他们会提高教育期待，个人加倍努力[③]，甚至从不多的积蓄中挤出经费参与到影子教育之中来[④]。因此，影子教育产生条件的根源更多的来自宏观环境和政府政策。

代际传承方面，经济和文化资本相对较多的家庭更有意愿购买

① Chin T，Phillips M. Social Reproduction and Child-rearing Practices：Social Class，Children's Agency，and the Summer Activity Gap［J］. Sociology of Education，2004，（77）：185－210.

② 刘云杉，王志明，杨晓芳．精英的选拔：身份、地域与资本的视角——跨入北京大学的农家子弟（1978－2005）［J］．清华大学教育研究，2009，（5）：42－59.

③ 田汉族，王东，蒋建华．“超级中学”现象演化的制度逻辑——以衡水中学、毛坦厂中学、黄冈中学为例［J］．教育与经济，2016（5）：3－11.

④ 高雪莲．区隔的童年：城市儿童与乡村流动儿童的课余世界［J］．北京社会科学，2017（9）：24－33.

影子教育产品从而实现个人的资本传承，但这无法解释为什么家庭主要选择购买学业内容的影子教育产品作为中介来实现这种传承。非学业内容的兴趣班辅导如武术、舞蹈、钢琴也是提升文化资本中的重要一环，但在家庭投资中显著少于针对学业的学科补习。2013～2014 年的 CEPS 结果显示，13.11% 的初中生参加校外学科补习班，3.35% 的初中生参加了兴趣班。这种异质性现象无法被文化资本理论解释。

高雪莲在对北京城市儿童调研后发现，“从幼儿园开始，家长们就开始张罗着给孩子报各种兴趣班，这时的培训内容主要围绕着语言、体艺和器乐等类别展开。小学之后，逐渐淘汰一些与未来升学关系不大的课外班，开始加入奥数、作文、科技等内容”①。这表明，家长并不是希望整体提升学生的文化水平，而是将注意力专注到和考试相关的内容之上。这种集中于针对考试补习的行为也无法被文化资本理论解释。卞（Byun）在运用分析 PISA2000 数据后发现，子女的身体文化资本同个人成绩呈现负相关性，其原因在于尽管父母的文化资本对子女的个人成绩正向相关，但由于子女接受同考试无关的文化教育会影响用来参加影子教育的时间，因此出现了参与文化活动较多、身体文化资本较高的学生成绩反而越差的情况②。这一现象也佐证了张（Chang）的观点③。

2. 现有社会资本理论难以解释影子教育的选择

社会资本将家庭置于一个社会环境之下，更多讨论的是社会环境对于影子教育选择的作用，即通过社交影响产生消费。然而，这

① 高雪莲．区隔的童年：城市儿童与乡村流动儿童的课余世界［J］．北京社会科学，2017（9）：26.

② Byun S Y. Shadow Education and Academic Success in Republic of Korea. In Korean Educationin Changing Economic and Demographic Context［M］. Singapore：Springer，2014：39－58.

③ Chang S. Family Background，Cultural Capital，and Academic Achievement［J］. Korean Journal of Sociology，2008，(3).

无法解释一个关键的问题：在社交范围内，周边人群的影子教育选择的确会影响自身消费，但影响第一个人购买影子教育产品的初始动机是什么，即“原点”的问题。

社会资本同影子教育选择的正向关系，可以解释影子教育产品消费规模的扩大，但无法解释影子教育产品选择的开端，故无法作为产生影子教育的初始条件存在。

3. 现有儒家文化背景理论难以解释影子教育的选择

部分学者将中国儒家文化作为条件进行分析，认为在东亚儒家文化圈中，家长乐于进行教育投资。但这一观点存在三方面的不足。

首先，这一观点无法解释为什么许多非儒家文化圈甚至亚洲以外的地区仍然有较高的影子教育需求，如希腊有 74.9% 的中学生参加影子教育辅导①。

其次，东亚地区影子教育发展较快的韩国，其影子教育的产生存在明确的起点，即教育资源稀缺、接受教育后的个人具有较好的发展方向、以通过考试作为最重要的影响权重进行人才选拔。传统中国儒家文化在韩国的确起到了促进作用，但并非是决定作用。

最后，即便在儒家文化的发源地中国，在以考试作为选拔人才方式的科举制度于 1905 年废除之后，具有影子教育性质的书院迅速改制为学堂，所教授的传统科目也迅速改变②，可见儒家文化下的中国近代相比于教育更加重视考试。换言之，重视教育很可能就是重视考试的结果。又如当前中国的影子教育方向仅局限于升学考试科目，对于非升学考试科目的影子教育需求较少③。加之儒家文

---

① Darby S. Determinants of Shadow Education: A Cross - National Analysis [D]. The Ohio State University, 2009.

② 李兵 . 书院与科举关系研究 [D]. 厦门大学博士论文，2004：290 - 298.

③ 舞蹈、钢琴等课外补习因为主流教育不传授，故而没有“主体”，也就不属于影子教育的范畴。

化在进入近代之后在中国和儒家文化圈的其他国家的影响力日渐降低，从而综合表明，尊师重教是中华民族的优良传统，也是儒家文化倡导的主要内涵。儒家文化可以推动影子教育的发展，但上述例证将影子教育产生的条件更多地推向了考试，儒家文化并不能解释影子教育的产生条件。

综上，对于影子教育产生的条件，当前通行的观点很难解释当下影子教育的产生，文化资本理论中的教育期待和代际传承机制、社会资本理论对于“热屋效应”和从众行为的分析、儒家文化背景理论中的重教传统都很难作为影子教育出现的条件，这些均不是影子教育产生的源动力。

4.3 主流教育的产生条件

因为影子教育本身是主流教育的“影子”，因此在解释影子教育的产生条件之前，首先对主流教育的产生条件进行分析。即在什么条件下个人会选择接受主流教育。

对于个人和家庭对人力资本的投入而言，曼昆在其《经济学原理》中提出的“经济学十大原理”中的第一个即为“人们面临权衡取舍”（*People Face Trade-Offs*）[①]，即消费者追求个人效用的最大化。个人进行生产和消费，是为了获得商品和劳务，从而使自身的效用最大化，即

$$U = U(x_1, x_2, \cdots, x_n) \tag{4.1}$$

的最大化。

定义约束条件为：

$$\sum_{i=1}^{n} p_i x_i = I \tag{4.2}$$

① ［美］曼昆．经济学原理第5版：微观经济学分册［M］．北京：北京大学出版社，2009：4.

其中，p_i 是第 i 种商品的价格，x_i 是第 i 种商品的购买数量，I 是个人的总收入，则均衡条件是每种商品的边际效用 MU_i 与其价格 p_i 的比例固定不变，即

$$\frac{\partial U_i}{\partial x_i}=\frac{MU_i}{p_i}=\lambda,\ i\in[1,\ n] \tag{4.3}$$

其中，λ 是收入的边际效用。上式说明，任一商品的需求量和价格呈现负相关关系，并且由于商品间存在替代关系，商品 1 的价格变动也会影响商品 2 的需求量①。在进行商品权衡取舍之外，人们也面临选择休憩、娱乐并获得效用，即将休闲定义为一种特殊的商品。定义花费在第 j 项休息活动中的时间为 th_j，花费在第 j 项工作上的时间为 tw_j，t 是具体的时间上限，如每天最多 24 小时，每周最多 7 天，在效用函数不变的前提下，时间约束为：

$$\sum_{j=1}^{n} th_j + tw_j = t \tag{4.4}$$

特别地，在传统概念中，无论是劳动获得收益进而购买商品以获得效用，还是以休息获得的效用本身，都可以改变个人效用。然而，这两种效用的获得都是即期的。

将个人面临的时间期限分为即期和远期两个时期，即期为当下，远期为可预期的未来，并且个人仅面临这两个时期。其中，th 和 tw 表现为即期时间，构建远期工作时间 tf。远期工作时间是在即期工作但无法在即期产生收益的时间，表现为一种远期获得收益而在即期工作的形式。此时，人们不会在即期获得收益从而也无法在即期购买商品，但工作之后会预期产生未来的收益并可以在远期购买商品，故定义为远期工作时间。三种时间的区别详见表 4.1。

① 在假设 5.2 中会进一步分析这一问题。但在此处，主要讨论的是人的效用量。

表 4.1　　三种时间的区别

名称	是否工作	是否存在收入	是否消费	是否有商品表现
即期工作时间 tw	工作	即期有收入	有消费	即期有实物商品
即期休息时间 th	不工作	即期无收入	无消费	即期无实物商品
远期工作时间 tf	工作	即期无收入 远期有收入	即期无消费 远期有消费	即期无实物商品 远期有实物商品

远期工作时间体现在许多行为之上，如冬季兴修水渠或研究期货市场以确保合理的投资规划，需要在即期花费时间但却无法在即期获得收益。而一旦个人预期这种工作时间的耗费在未来可以获得收益，就可以使得这种预期收入通过折现的形式返回到即期并提高即期效用，并通过远期工作时间表现在即期的形式同即期工作时间、即期休息时间在边际收益上实现了均衡。

远期工作时间概念的确定可以描绘投资主流教育的特性：即期对于主流教育的投入无法在即期得到收益，但因为预期未来可以获得收益，因此将其折现到即期之后虽然无法用具体的商品衡量，但同样可以提高个人效用。

据此，将即期休息时间和远期工作时间的概念引入效用函数和时间约束可得：

$$U = U(x_1, x_2, \cdots, x_n, th_1, th_2, \cdots, th_n, tf_1, tf_2, \cdots, tf_n) \tag{4.5}$$

$$\sum_{j=1}^{n} th_j + tw_j + tf_j = t \tag{4.6}$$

其中，x_j 是即期消费中购买的第 i 种具体商品，将这种从初始仅包括商品的一种要素扩展到三种要素的意义在于：（1）引入三种时间，使得个人可以对时间资源进行配置；（2）引入远期消费，使其突破了即期效用的矛盾，从而解释了部分“不理性”的行为：在即期内没有实际性的收益，但因为预期未来可以获得效用并可以折现到即期，因此也会选择从事此种工作。换言之，这种在即期不产生货币收益的工作也可以使人们获得效用。其均衡条件为：

$$\begin{cases}\dfrac{\partial U_i}{\partial x_i}=\dfrac{MU_i}{p_i}=\lambda,\ i\in[1,\ n]\\[2ex]\dfrac{\partial U_i}{\partial th_i}=\dfrac{MU_i}{p_i^{th}}=\lambda,\ i\in[1,\ n]\\[2ex]\dfrac{\partial U_i}{\partial tf_i}=\dfrac{MU_i}{p_i^{tf}/(1+r)}=\lambda,\ i\in[1,\ n]\end{cases}\tag{4.7}$$

其中，p_i^{th} 和 p_i^{tf} 分别是 th_i 和 tf_i 的影子价格，p_i 是消费商品 x_i 的价格。其中，p_i^{tf} 表现为一种预期影子价格，因此，$p_i^{tf}/(1+r)$ 是 p_i^{tf} 的价格的现值，r 是贴现率。据此，拓展商品和时间的约束条件为：

$$\sum_{i=1}^{n}p_ix_i = w(t - \sum_{i=1}^{n}th_i - \sum_{i=1}^{n}tf_i) = I\tag{4.8}$$

或者

$$\sum_{i=1}^{n}p_ix_i + w(\sum_{i=1}^{n}th_i + \sum_{i=1}^{n}tf_i) = w\cdot t = S\tag{4.9}$$

其中，w 是工作工时的收入，S 是全部收入或者可以被视为“潜在”收入。

由公式（4.9）表明，个人的收入并非全部用来消费商品，而存在一部分非商品消费但可以提高个人效用的部分：即期休息时间带来的效用和远期工作带来的效用，其中后者更多体现在即期不创造具体的收入但产生效用，固定以为一种“潜在”的收入。

据此，将从效用函数最大化中得到的均衡条件带入总收入约束，可知：

$$\frac{MU_{th_j}}{MU_{x_j}}=\frac{MU_{tf_j}}{MU_{x_j}}=\frac{w}{p_j},\ j\in[1,\ n]\tag{4.10}$$

特别地

$$\frac{w}{p_j^{tf}/(1+r)}=\frac{w}{p_j},\ j\in[1,\ n] \tag{4.11}$$

即从各种时间利用中产生的边际效用同具体商品获得的边际效用相等，并且不同时间之间以及不同时间和商品之间存在替代关系，这种边际替代率等于 w/p_j，并且可以将预期影子价格进行折现。

在此种均衡下，当任一商品价格下降时，商品的需求量都会上升。而当将这一传统概念引申到教育产品之后会发现，主流教育产品价格的降低会增加对主流教育的需求，从而减少对其他商品的需求。

主流教育产品正是具有这样一种特质，个人可以通过即期教育在远期形成更高的收益①。主流教育产品的获得，可以在远期提高个人的人力资本，从而在整体上提升个人的技能水平和预期收益。因此，无论是个人或者家庭层次，都会对主流教育进行投资以获取远期收益，且随着主流教育成本的降低，个人会对主流教育产品增加需求。

然而，这一理论却无法很好地解释购买影子教育产品的原因。当前中国主流教育在水平和覆盖范围均达到了较高水平，但是影子教育产品无论影响范围还是产品价格都在不断地提高。个人为什么在主流教育完善的情况下同时增加作为补充的影子教育产品的购买，这个问题没有进行可信地分析。换言之，什么样的条件让影子教育产生是已有文献无法解释的问题。

消费者和生产者对影子教育的选择，都首先需要影子教育的产生，这种产生条件需要主流教育满足宏观条件。换言之，若这个宏观条件消失的话，影子教育不会出现，也就不会出现消费者和生产者的选择。

---

① Schultz T W. Investment in Human Capital [J]. American Economic Review, 1961, 51 (1): 1-17.

4.4

影子教育产生的宏观条件：主流教育赠与

4.4.1 主流教育赠与和影子教育的产生

贝克尔（Becker）认为，人们获得的效用不仅包括传统的物品和劳务（即货币商品），也包括无法用货币衡量的睡眠、社交、休闲（即非货币商品），这些共同形成了满足效用的商品[①]。定义 Z 为商品。借鉴其理论构建即期商品函数：

$$Z_i = f_i(x_i) = f_i(tw_i,\ th_i,\ tf_i) \tag{4.12}$$

其中，tw_i 是获得第 i 项货币商品的工作时间，用以衡量通过自身工作所获得货币商品的量，th_i 是花费在第 i 项非劳动活动上的时间，用以衡量非货币商品的量，tf_i 是获得远期工作时间长度，特别地，在之后的分析中仅表示即期的教育时间。其中，假设工作时间只通过货币商品产生效用，自身不产生效用。此外，每一单位时间形成的商品数量并不完全相同，即

$$Z_p/Z_q = f_p(tw_p)/f_q(tw_q) \neq 1,\ tw_p = tw_q \tag{4.13}$$

$$Z_p/Z_q = f_p(tw_p)/f_q(th_q) \neq 1,\ tw_p = th_q \tag{4.14}$$

由于作为商品的 Z_i 并非全部是货币商品，因此无法完全用货币价格进行衡量。构建生产成本的影子价格：

$$\pi_i = p_i \frac{x_i}{Z_i} = ww_i \frac{tw_i}{Z_i} + wh_i \frac{th_i}{Z_i} + wf_i \frac{tf_i}{Z_i} \tag{4.15}$$

其中，π_i 是花在每单位 Z_i 上的货币商品和非货币商品的影子价格，p_i 体现在商品的价格，也可以理解为个人增加一单位商品所获得的收入，具体而言，ww_i、wh_i 和 wf_i 是第 i 项商品花费时间下劳动货

① Becker G S A. Treatise of the Family［M］. Boston：Harvard University Press，1991.

币商品、非货币商品和赠与货币商品的每单位时间的收入。

据此，定义 S 为潜在总收入，则：

$$\sum ww_i \cdot tw_i + \sum wh_i \cdot th_i + \sum wd_i \cdot tf_i = \sum \pi_i \cdot Z_i = S \tag{4.16}$$

同时，构建经典效用函数：

$$U = U(Z_1, \cdots, Z_m) \tag{4.17}$$

如果将商品效用最大化纳入公式（4.16）的预算约束之中，均衡条件是商品边际效用之比等同于影子价格之比：

$$\frac{\frac{\partial U}{\partial Z_i}}{\frac{\partial U}{\partial Z_j}} = \frac{MU_i}{MU_j} = \frac{\pi_i}{\pi_j} \tag{4.18}$$

因此，对于一种具体的商品 Z_j，如果其影子价格上升则需求会相对降低，从而出现了商品间的替代关系。即会根据获得商品的影子价格进行选择。具体在教育上，父母养育孩子和父母将孩子送往幼儿园形成了一种简单的替代关系，这不仅体现商品上的替代，而且体现时间上的替代。

马克思认为，劳动力的价值表现为工资①，而工资的提升需要提升劳动力的价值。劳动力的价值包括生产劳动力所必要的生活资料总和，和一定的教育或训练②。具体表现在“各个劳动力需要极不相同的教育程度，从而具有极不相同的价值。因此，工场手工业发展了劳动力的等级制度，与此相适应的是工资的等级制度。”③换言之，工人教育的投入越高，劳动力价值越高，工人的工资也随之会增加。

但是，由于资本主义逐利的天性，在马克思的时代，教育一直是资产阶级的特权。以至于“这种教育费用……对于普通劳动力来

① 资本论（第一卷）[M]. 北京：人民出版社，2004：617.

② 同①：200。

③ 同①：405。

说是微乎其微的”①。所以在论述工人的劳动力价值时马克思并没有对工人不可能得到的教育进行大量的论述，而主要针对儿童所接受的低劣教育。然而，一旦产生教育费用，这种投入可以通过劳动力价值作为中介反映在工资上，且工资提升数量的现值等同于教育费用支出的现值。在这种情况下，教育投入增加了人力资本，进而增加了劳动力收入，但这是一种等价交换，背后并没有教育赠与。

然而，如果教育费用的现值低于工资提升的额度的现值，即可以将个人获得的这一差额视为一种“赠与”。这意味着接受的教育数量越多、质量越好，获得教育赠与的数量也会越多。

中国的公立教育产品多具有这种赠与性。仅以研究生教育为例，按照财政部、国家发展改革委和教育部给出的意见，“全日制学术学位研究生学费标准，硕士生每生每年不超过 8000 元，博士生每生每年不超过 10000 元。”同时，“研究生国家助学金范围覆盖全国研究生招生计划内的所有全日制研究生。博士生资助标准不低于每生每年 10000 元，硕士生资助标准不低于每生每年 6000 元。”②加之学生所接受的研究生教育可以有效地提升自身的劳动力价值，即使考虑机会成本，这种劳动力价值增加量表现在工资溢价上仍远高于教育成本，即表现为一种事实性的教育赠与。而从财政性教育经费支出可以发现这种赠与性不断增加的趋势：1999 年，国家财政性教育经费占 GDP 比重为 2.79%，2018 年，这一数字提高到 4.11%③。

引入到影子教育，教育产品消费（Edu）的总量为主流教育（Edu_m）和影子教育（Edu_s）之和。则均衡条件下的教育产品购买情况如下：

---

① 资本论（第一卷）[M]. 北京：人民出版社，2004：200.

② 财政部　发展改革委　教育部关于完善研究生教育投入机制的意见 [J]. 中华人民共和国国务院公报，2013（14）：64－65.

③ 丁雅诵. 学有所教，从“有学上”到“上好学”——国家财政性教育经费支出占 GDP 比例连续六年保持在 4% 以上 [N]. 人民日报，2018－08－09（9）.

$$\frac{\dfrac{\partial U}{\partial Edu}}{\dfrac{\partial U}{\partial Z_j}} = \frac{\dfrac{\partial U}{\partial (Edu_m + Edu_s)}}{\dfrac{\partial U}{\partial Z_j}} = \frac{\pi_{Edu}}{\pi_j} \tag{4.19}$$

将教育产品视为主流教育和影子教育构成的整体，则个人购买的教育产品的总和的边际效用等同于其他商品的边际效用。即在教育产品和其他商品之间形成了一种替代关系。而一旦存在教育赠与，则教育成本出现降低，使得个人意向购买更多的教育产品。但是由于主流教育产品的数量存在上限，在教育产品总需量上升的前提下，个人转向于购买影子教育产品，以确保购买教育产品数量的提高。因此，在教育赠与的背景下，个人购买影子教育产品的行为开始出现，并随着主流教育赠与的增加而增加。

因此，只有当主流教育存在赠与，个人通过参与主流教育可以获得利润，则个人会在选择主流教育的同时，也选择购买影子教育产品。而如果个人接受主流教育获得的收益为负，则个人不仅不购买影子教育产品，甚至会选择不接受主流教育。一个特殊的情况是，个人接受主流教育获得的收入和成本相同，利润为0，此时个人仅接受主流教育，不购买影子教育产品。

4.4.2 代际内影子教育的选择机制

由于同一个人在不同年龄对同一商品的消费量存在不同，将讨论范围局限在一代人之内，借鉴贝克尔（Becker）① 的家庭分析方法构建效用函数矩阵：

$$U = \begin{bmatrix} Z_{11} & \cdots & Z_{m1} \\ \vdots & \ddots & \vdots \\ Z_{1m} & \cdots & Z_{mn} \end{bmatrix} \tag{4.20}$$

① Becker G S A. Treatise of the Family [M]. Cambridge: Harvard University Press, 1991.

其中，Z_{mn}是第 n 年对第 m 种商品的消费，且定义每年消费的商品种类上限为 m 种。另外，定义 n 代表个人寿命。据此，构建个人的商品效用函数为：

$$U = \left(\sum_{i=1}^{m} Z_{i1},\ \sum_{i=1}^{m} Z_{i2},\ \cdots,\ \sum_{i=1}^{m} Z_{in}\right) = U(Z_1,\ Z_2,\ \cdots,\ Z_n) \tag{4.21}$$

其中，Z_n 是在第 n 年的个人总消费。

由于引入了时间序列，因此第 j 期的效用受到 $j-1$ 期的选择影响，引入关键变量投资，表现在人力资本不仅在截面数据中受年龄变化的影响，而且人力资本受前期投资的影响。据此，构建人力资本存量如下：

$$H_j = H_{j-1}(1-\delta) + Q_{j-1} \tag{4.22}$$

其中，H_j 是年龄 j 时的人力资本存量，δ 是给定的折旧率，Q_{j-1}是年龄 $j-1$ 时的总投资。Q_{j-1}可以由下式表示：

$$Q_{j-1} = Q(tw_{j-1},\ th_{j-1},\ tf_{j-1};\ H_{j-1}) \tag{4.23}$$

则时间 $j-1$ 的时间总量以时间 t_{j-1}衡量，为：

$$tw_{j-1} + th_{j-1} + tf_{j-1} = t_{j-1} \tag{4.24}$$

引入年龄 $j-1$ 时的工资率 w_j，a_j 为参数。在充分竞争的市场中，工资率决定于自身的人力资本存量：

$$w_j = a_j H_j \tag{4.25}$$

在完全的生命周期下，将商品分为当期货币商品和远期教育投资。假定教育投资需要使用货币交换，故其消费现值之和等于工资和其他收入的现值之和：

$$\sum_{j=1}^{n} \frac{p_j x_j + p_j^f x_j^f}{(1+r)^j} = \sum_{j=1}^{n} \frac{w_j \cdot tw_j}{(1+r)^j} + A \tag{4.26}$$

其中，r 为利息率，p_j 和 x_j 分别是购买商品的价格和数量，p_j^f和 x_j^f分别是教育投资的价格和数量，A 为除去劳动获得的货币商品之外的其他商品建构起的非人力资本的价值之和。将公式（4.25）代入公式（4.26），可得到生命周期内的财产总额 W：

$$\sum_{j=1}^{n}\frac{\pi_j Z_j+\pi_j^q Q_j}{(1+r)^j}=\sum_{j=1}^{n}\frac{p_j x_j+p_j^f x_j^f+w_j(th_j+tf_j)}{(1+r)^j}$$
$$=\sum_{j=1}^{n}\frac{w_j t_j}{(1+r)^j}+A=W \tag{4.27}$$

该式引入了财产现值之和、货币和非货币商品、人力资本进步和由完全竞争确定的工资率。构建拉格朗日乘子法确定效用最大化：

$$\mathcal{L}=U-\lambda\left[\sum_{j=1}^{n}\frac{p_j x_j+p_j^f x_j^f+w_j(th_j+tf_j)-w_j t_j}{(1+r)^j}\right]-A \tag{4.28}$$

则 x_j^f 的均衡条件是：

$$\sum_{k=j+1}^{n}\frac{\partial U}{\partial Z_k}\frac{\partial Z_k}{\partial H_k}\frac{\partial H_k}{\partial Q_j}\frac{\partial Q_j}{\partial x_j^f}+\lambda\sum_{k=j+1}^{n}\frac{a_k tw_k\left(\frac{\partial H_k}{\partial Q_j}\right)\left(\frac{\partial Q_j}{\partial x_j^f}\right)}{(1-r)^k}=\lambda\frac{p_j^f}{(1-r)^j} \tag{4.29}$$

在个人效用最大化下，也会有以下两个条件的成立：

$$\frac{\partial U}{\partial Z_k}=\lambda\frac{\pi_k}{(1-r)^k} \tag{4.30}$$

和

$$MC_j^f=\frac{p_j^f}{\frac{\partial Q_j}{\partial x_j^f}} \tag{4.31}$$

因此，公式（4.29）变换为：

$$MC_j^f=\sum_{k=j+1}^{n}\left[\frac{\pi_k\left(\frac{\partial Z_k}{\partial H_k}\right)+a_k tw_k}{(1+r)^{k-j}}\right]\frac{\partial H_k}{\partial Q_j}=MR_j \tag{4.32}$$

其中，MC_j^f 为年龄 j 时的预期教育投资边际成本，MR_j 为年龄 j 时未来边际收入的贴现值，上式表示了均衡情况下的最佳教育投资。这表明，个人的教育投资和年龄呈负相关关系，即随着年龄的提升，个人教育投资的数量开始下降，这同未来预期收益的贴现直接相关。即表现在教育投资越早，预期收益越高。

然而，正因为主流教育投入具有赠与性，导致主流教育投入总量存在上限，即意向购买数量和实际供给数量的不平衡，表现为意向购买的教育产品总量高于实际得到的教育产品总量。为了弥补这个差额，个人将家庭和劳动获得的收入投入到教育投资之中。即出现了工作时间 tw_j 和休息时间 th_j 的权衡。

引入家庭概念，其中定义父母工作时间代表市场部门，父母休息时间代表家庭部门。前者的投入表现为通过在市场部门工作并在市场上购买影子教育产品，后者的投入表现为通过在家庭部门工作以实现家庭教育。则：

$$th' = th \cdot f(H) \tag{4.33}$$

且：

$$\frac{\partial Z}{\partial H} = \frac{\partial Z}{\partial th'} \frac{\mathrm{d}f(H)}{\mathrm{d}H} th, \frac{\mathrm{d}f(H)}{\mathrm{d}H} > 0 \tag{4.34}$$

则：

$$MR_j = \sum_{k=j+1}^{n} \frac{w_k\left(\frac{\mathrm{d}f(H_k)}{\mathrm{d}H_k} \frac{th_k}{f(H_k)} + \frac{\mathrm{d}\ln w_k}{\mathrm{d}H_k}\right)}{(1+r)^{k-j}} \frac{\partial H_k}{\partial Q_j} \tag{4.35}$$

由此可知，由于人力资本在家庭和市场上的生产率不同，如果在家庭中使用的生产率更多，则主要意愿提高家庭生产率以满足教育投资，即表现为进行家庭教育；而如果在工作中用的效率更高，则主要意愿提高市场生产率以满足教育资本投资，即表现为购买影子教育产品。具体而言，个人如果以在家庭生产为主，休息时间较为充裕，则对于教育投资更倾向于家庭教育；而个人如果以在市场生产为主，劳动时间相对较多，则对于教育投资更倾向于影子教育。

因此，首先，教育赠与性导致了主流教育投资的上限的前提下，家庭教育和影子教育的补充作用导致了影子教育的产生；其次是时间分配，在家庭中，如果父母在市场中劳动生产率较高，则必然有意愿将时间放在市场上，从而倾向于将子女送往影子教育机构参加影子教育，其费用从劳动收入中提供，而如果父母在家庭中的生产率更高，则必然有意愿将时间放在家庭上，从而倾向于自己对孩子进行家庭教育，从而降低了购买影子教育产品的数量①。

4.4.3 代际间影子教育的选择机制

教育，尤其是主流教育，往往是在子女没有独立的收入之前所获得，因此需要进一步讨论代际传承的问题。借鉴贝克尔（Becker）的观点②引入家庭代际传承概念，则第 t 代父母的效用函数为：

$$U_t = U(Z_t, I_{t+1}) \tag{4.36}$$

其中，Z_t 为第 t 代父母的消费，I_{t+1} 为下一代子女的财产，假定子女的数量为 1，且人力资本和非人力资本具有同质性，π_t 是非人力资本投资的价格或人力资本投资的影子价格，y_t 是每单位的资本的使用总量，则：

$$Z_t + \pi_t y_t = I_t \tag{4.37}$$

则第 $t+1$ 代每单位资本价值是 W_{t+1}，由此，可计算第 t 代人的投资收益率为：

$$\pi_t y_t = \frac{w_{t+1} y_t}{1 + r_t} \tag{4.38}$$

其中，r_t 是每一代人的收益率，从而以折现的形式得到了投资收益率。以此计算子女的总财产为：

$$I_{t+1} = w_{t+1} y_t + w_{t+1} g_{t+1} + w_{t+1} u_{t+1} \tag{4.39}$$

其中，g_{t+1} 是子女得到的除父母外的赠与；u_{t+1} 是子女自身的天赋或运气。

将公式（4.37）和公式（4.38）代入公式（4.39），则预算约

① 在后文的第 5 章、第 7 章和第 9 章中，都有进一步的关于家庭教育的分析。家庭教育和影子教育是一种替代关系。即便是子女参加了影子教育，影子教育机构全权负责子女教育和需要父母陪同子女教育，其产品价格是有区别的，这个差值可以视为家庭教育的成本。

② Becker G S A. Treatise of the Family [M]. Cambridge: Harvard University Press, 1991.

束方程如下：

$$Z_t + \frac{I_{t+1}}{1+r_t} = I_t + \frac{w_{t+1}g_{t+1}}{1+r_t} + \frac{w_{t+1}u_{t+1}}{1+r_t} = S_t \tag{4.40}$$

因此，父母一代的收入和子女一代的消费不仅取决于父母的收入，而且取决于捐赠（包括社会捐赠或家庭捐赠）和子女天赋或运气的贴现值。则给出新的均衡条件为：

$$\frac{\frac{\partial U}{\partial Z_t}}{\frac{\partial U}{\partial I_{t+1}}} = 1 + r_t \tag{4.41}$$

公式（4.41）表明，收益率同对子女的投资数量无关。由于市场存在长期的作用，导致收益率在长期内处于均衡。父母可以采取自身举债并让子女偿还的方法，提高自身的效用，也可以尝试提高子女预期的收入来提高自身即期效用的办法。

假设 Z_t、S_t 是线性的函数关系，构建方程如下：

$$\frac{I_{t+1}}{1+r_t} = \alpha S_t \tag{4.42}$$

$$Z_t = (1-\vartheta) S_t \tag{4.43}$$

可得子女的收入方程为：

$$I_{t+1} = \vartheta(1+r_t)I_t + \vartheta w_{t+1}g_{t+1} + \vartheta w_{t+1}u_{t+1} \tag{4.44}$$

作为具有捐赠属性的教育，可以提高远期的子女收入，从而有效地提高即期效用。而当随着主流教育成本的降低，即教育赠与的出现，影子教育作为互补品的作用开始显现出来。

先排除影子教育的作用，仅考虑主流教育，定义效用函数为：

$$U = U(x_i^{me},\ Z_i) \tag{4.45}$$

其中，x^{me}是家庭投入到子女的主流教育总量，Z 是非主流教育产品的消费量。定义 x_i^{me} 和 Z_i 的价格分别为 $p_{x_i^{me}}$和 p_z，收入为 I，其预算约束为：

$$\sum_{i=1}^{n} \left(p_{x_i^{me}} x_i^{me} + p_z Z_i \right) = I \tag{4.46}$$

其均衡为：

$$\frac{\frac{\partial U}{\partial x_i^{me}}}{\frac{\partial U}{\partial Z_i}}=\frac{MU_{x_i^{me}}}{MU_{Z_i}}=\frac{P_{x_i^{me}}}{P_{Z_i}}=\lambda \tag{4.47}$$

由于主流教育的赠与性特征，教育成本开始降低，导致家庭倾向于更多的购买教育产品以重新出现平衡。但由于主流教育供给量有限，为了实现教育的获得，在不考虑家庭教育的前提下，父母开始选择购买影子教育产品。

构建新的效用函数为：

$$U=U(x_i^{edu},\ Z_i)=U(x_i^{me}+x_i^{se},\ Z_i) \tag{4.48}$$

其中，教育投入 x_i^{edu} 为主流教育和影子教育之和，x^{se} 为家庭投入的影子教育总量，定义其价格为 $p_{x_i^{se}}$，则其约束条件为：

$$\sum_{i=1}^{n}(p_{x_i^{me}}x_i^{me}+p_{x_i^{se}}x_i^{se}+p_z Z_i)=I \tag{4.49}$$

构建拉格朗日乘数法计算效用最大化，可得其均衡条件为：

$$\frac{\frac{\partial U}{\partial (x_i^{me}+x_i^{se})}}{\frac{\partial U}{\partial Z_i}}=\frac{MU_{(x_i^{me}+x_i^{se})}}{MU_{Z_i}}=\frac{P_{(x_i^{me}+x_i^{se})}}{P_{Z_i}}=\lambda \tag{4.50}$$

已知随着教育产品价格的降低，导致 $MU_{(x_i^{me}+x_i^{se})}$ 的增加，为了维持均衡，假定其他商品的边际效用值不变，影子教育的边际效用 $MU_{x_i^{se}}$开始出现下降，即影子教育的需求量开始增加。可知随着教育价格的下降，会出现影子教育需求量的增加。

这种投资的变化主要是来自政府对于主流教育的赠与，在考虑到家庭的代际传承中，为了获得尽可能高的 g_{t+1}，家庭有意向购买影子教育，在影子教育上的投资数量最多可以达到主流教育赠与价格和主流教育实际价格的差值，从而实现代际间的效用最大化。

4.5 影子教育产生的宏观条件：通过考核的不确定性

4.5.1　理论假设

个人接受主流教育的动机之一是以通过考核为目的，获得更高的远期收入。如果通过考核，则其可以获得较高的远期收入，如果无法通过考核，则其获得的远期收入则会降低。影子教育作为主流教育的补充，个人接受影子教育的动机则为提高通过考核的概率。这意味着在接受考核之前，如果确定通过的概率为 0 或 100%，个人不会选择购买影子教育产品。

考核主要以考试的形式呈现，而这也会促成影子教育的产生，因为“无论在过去还是现在，绝大多数的补习都是为考试服务”①。由于考试是主流教育一个时期的结束和另一个时期的开始，因此以考试作为分界线分为且仅分为即期和远期两个时期。即期是当下接受主流教育的时期，远期为考试之后的时期。即个人在即期接受主流教育，考试后在远期获得收益。这种时期的划分就为即期内接受影子教育实现了可能。对于个人而言，主流教育在即期存在着相当程度的同质性，而在远期则存在异质性。

具体表现在个人受教育的环境和教育质量在即期内的各阶段相同或相似。现实情况是义务教育阶段部分学生有可能会通过转学等方式改变即期内各阶段主流教育同质的条件，但一方面转学的比例

① ［英］马克·贝磊．教育补习与私人教育成本［M］．北京：北京师范大学出版社，2008：136.

占比较低[①]，另一方面主流教育均等化的推进[②]，导致即便转学，主流教育也存在同质的可能，且不仅在质量上同质，而且可能在价格上也同质。加之非义务教育阶段的主流教育，如大学或研究生教育，由于无法转学，在即期内的各阶段更无法改变教育环境和教育质量。

在不讨论考试后是否继续接受主流教育的前提下，远期方面存在两种可能，即在接受主流教育后会出现远期的异质性表现。第一，考试存在不通过和通过两种可能。由于考试通过后必然获得证明且具有发出信号的作用，因此考试通过的预期收益高于考试不通过的预期收益。第二，考试通过之后仍有获得证明具有同质性或异质性两种可能，其中前者多表现为资格性考试，后者多表现为选拔性考试。

在即期内获得的收益是确定的，而由于存在考试不通过相对于通过带来的收益降低，或异质性证明下不同分数带来的预期收益的不同，因此，在远期中个人的收益是不确定的。据此，定义研究的理论假设1。

假设1：以考试为分界，个人接受的主流教育包括即期和远期两个时期，即期是当下接受的同质的主流教育；远期是考试是否通过的区别，以及通过之后获得同质性或异质性证明的区别。

构建个人在即期内的预算约束为：

$$\sum_{i=1}^{m} p_i^R x_i^R = I^R \tag{4.51}$$

其中，$p_i^R x_i^R$ 是即期商品的价格和购买数量，I^R 是个人的即期收入。假设商品价格和个人收入均维持不变。

构建个人在远期的预算约束为：

---

① 如在中国人民大学组织进行的针对七年级的教育追踪调查数据 2013～2014 学年调查结果可知，在 19403 个样本中，有 71.39% 的学生在小学六年中的转学次数为 0。

② 如党的十九大报告中指出："要全面贯彻党的教育方针，落实立德树人根本任务，发展素质教育，推进教育公平……努力让每个孩子都能享有公平而有质量的教育。"这里提到的教育主要是主流教育。

$$\sum_{j=1}^{n} p_j^F x_j^F = I^F \tag{4.52}$$

其中，$p_i^F x_i^F$ 是远期商品的价格和购买数量，I^F 是个人的远期收入。假设商品价格和个人收入均维持不变。

引入名义利率 r，则在跨期选择下，个人在即期的预算约束为：

$$\sum_{i=1}^{m} p_i^R x_i^R + \frac{1}{1+r}\sum_{j=1}^{n} p_j^F x_j^F = I^R + \frac{I^F}{1+r} \tag{4.53}$$

通过引入跨期效应，进一步定义假设 2。

假设 2：个人接受的预算约束不变。

若具有不确定性的事件 A 的回报用收益来衡量，即对于 $p \circ x \oplus (1-p) \circ y$ 而言，期望回报是 $px+(1-p)y$，其中 x 和 y 分别代表事件 A 发生和不发生的情况下收益的数量。p 是事件 A 发生的概率。如果满足：

$$u(px+(1-p)y) > u(p \circ x \oplus (1-p) \circ y) = pu(x) + (1-p)u(y) \tag{4.54}$$

即 A 的期望回报的效用大于 A 的期望效用。由于期望回报效用是平时应得到的效用水平，而期望效用是他实际得到的效用水平，即表示该个人是厌恶风险的。即 $u'(x)>0$，且 $u''(x)<0$。

可以用曲率测度这种厌恶风险的程度，定义

$$r(w) = -\frac{u''(w)}{u'(w)} \tag{4.55}$$

其中，w 表示财富，$r(w)$ 为阿罗—帕特绝对风险厌恶测度①，如果 $r(w)>0$，则其为风险厌恶者。在此情况下，一个确定性的收益带来的效用水平高于不确定性的多种结果的效用水平。据此，定义假设 3。

假设 3：个人效用函数 $u(x)$ 是凹函数，偏好关系表现为风险厌恶。

---

① 黄有光，张定胜．高级微观经济学［M］．上海：格致出版社·上海三联书店·上海人民出版社，2008：60－61.

4.5.2 主流教育即期投入和远期产出分析

如前文所述，在接受主流教育后，个人通过考试后获得的远期收益具有同质性或异质性两种类型，这两种类型又分别包括考试不通过和考试通过两种情况。在不考虑影子教育的前提下，仅考虑以上两种情况下个人接受主流教育的投入产出。因为后文采用经济学的范式进行论述，故将接受主流教育表述为购买主流教育产品。但实际上，在不考虑机会成本的前提下，许多主流教育的成本也仍然是免费的。

1. 远期收入同质性下主流教育的投入产出分析

在远期收入同质性的背景下，个人购买主流教育产品的价格是 p_1，根据假设 1 的设定，个人购买的主流教育产品即期内是同质的，且这一价格个人只能被动接受而无法选择。因此，主流教育产品的成本是确定的[①]。

然而，购买主流教育产品的预期利润则存在两种可能：由于以考试作为通过标准，因此考试通过与否会影响远期的收入进而影响利润，所以考试通过之后的预期利润会大于考试不通过后的预期利润。

据此，假设即期主流教育投入和远期利润之间的关系为线性，定义主流教育的投入—利润模型：

$$TC_1 = a_1 - b_1\pi_1 a_1,\ b_1 \geqslant 0;\ 0 \leqslant \pi_1 \leqslant \frac{a_1(1+r)}{b_1} \tag{4.56}$$

---

① 个人在主流学校教育下通过考试之后，存在进一步接受主流学校教育的可能（如大学就读），也存在教育终止的可能（如大学毕业后就业）。相对于后者，前者存在进一步的教育成本。实际上，前者可以折现并加入条件 2 中其他商品的价格 p_2 之中，但此处为了行文方便不分情况讨论。故下文所述教育成本仅指即期教育成本，不讨论远期教育成本——即便在很多情况下这一成本本身是不存在的。

$$TC_2 = a_2 - b_2\pi_2 a_2,\ b_2 \geqslant 0;\ 0 \leqslant \pi_2 \leqslant \frac{a_2(1+r)}{b_2} \tag{4.57}$$

定义约束条件为：

$$\sum_{i=1}^{m} p_i^R x_i^R + \frac{1}{1+r}\sum_{j=1}^{n} p_j^F x_j^F = I^R + \frac{I^F}{1+r} \tag{4.58}$$

其中，TC_1 和 TC_2 分别是考试不通过和考试通过下的即期成本，该成本同时涵盖了教育成本和机会成本，π_1 和 π_2 是考试不通过和考试通过下所实现的利润，r 为折现率。其中，主流教育成本是自变量，主流教育利润是因变量。定义 TC 为投资即期教育的成本，则预算约束变为：

$$TC + \sum_{i=1}^{m-1} p_i^R x_i^R + \frac{1}{1+r}\sum_{j=1}^{n} p_j^F x_j^F = I^R + \frac{I^F}{1+r} \tag{4.59}$$

公式（4.56）~公式（4.59）表明：

（1）若考试不通过，由于已经在主流教育中接受了理论或实践的学习，个人仍然可以提升自身利润，这一利润在主流教育成本为 0 时达到极值 $a_1(1+r)/b_1$。但若考试通过，利润在主流教育成本为 0 时达到极值 $a_2(1+r)/b_2$，且 $a_2/b_2 > a_1/b_1$。

（2）随着主流教育成本的上升，利润会逐渐减少，当利润小于 0 时个人不会选择购买主流教育产品。故将利润为 0 的教育成本点称之为“退出教育点”。若考试不通过，则退出教育点为 a_1，若考试通过，则退出教育点为 a_2。实际上，由于考试不通过获得的预期利润小于考试通过的预期利润，因此前者的退出教育点低于后者，即 $a_1 < a_2$。

（3）个人是否购买主流教育产品会受到预算约束的影响。如果 $I^R + I^F/(1+r) < a_2(1+r)/b_2$，即便个人确定可以通过考试，也不会进行教育投资，即维持 $TC \leqslant I$。

（4）当成本为 0 时，利润等于收入，而当利润为 0 时，成本等于收入。据此，一种极端的现象是，主流教育成本为 0 时的收入和利润为 0 时的收入相等，但实际上，在个人可以购买主流教育产品的前提下，随着教育成本下降，一批早先受预算约束无法投资教育的人群开始加入竞争。由于远期收入同质下的考试往往为资格性考试，因此这种竞争必然导致通过考试的人数出现增加，进而影响了预期利润的降低。故而在成本和利润的关系中，成本变动的幅度不小于利润变动的幅度，即主流教育利润的价格弹性小于等于1，表达式为：

$$\left|\frac{\mathrm{d}\pi_1}{\mathrm{d}TC_1}\frac{TC_1}{\pi_1}\right| \leqslant 1 \tag{4.60}$$

$$\left|\frac{\mathrm{d}\pi_2}{\mathrm{d}TC_2}\frac{TC_2}{\pi_2}\right| \leqslant 1 \tag{4.61}$$

这种情况也表明，由于主流教育本身具有的公共品特征，导致随着主流教育成本的降低，参与个体的总量增加，则边际成本的降低幅度高于边际利润增加的比重。据此，构建主流教育成本和收入的关系模型为：

$$TR_1 = \alpha_1 + (1-\beta_1)\pi_1\alpha_1 \geqslant 0;\ 1 \geqslant \beta_1 \geqslant 0;\ \pi_1 \geqslant \frac{\alpha_1}{1-\beta_1} \tag{4.62}$$

$$TR_2 = \alpha_2 + (1-\beta_2)\pi_2\alpha_2 \geqslant 0;\ 1 \geqslant \beta_2 \geqslant 0;\ \pi_2 \geqslant \frac{\alpha_2}{1-\beta_2} \tag{4.63}$$

其中，TR_1 和 TR_2 是考试不通过和考试通过下的远期收入。

2. 远期收入异质性下主流教育的投入产出分析

在通过考试之后，由于远期形式的区别，导致远期收入出现异质性。排除个体和时代差异，仅讨论通过考试之后获得的异质性，其产生的原因为考试分数。考试分数增加，远期收入增加。

因此，这种情况下个人收入呈现分段函数的形式。以考试成绩为自变量，一旦突破考试分数线的阈值，作为因变量的个人预期收入会出现一次明显的跳跃。据此，构建远期收入异质性下成绩和利润之间的函数关系。

$$\begin{cases} TR_1 = \alpha_1 + \beta_1 Sc \leqslant A,\ \alpha_1,\ \beta_1 > 0;\ 0 > Sc < Sc^*;\ A > 0 \\ TR_2 = \alpha_2 + \beta_2 Sc > A,\ \alpha_2,\ \beta_2 > 0;\ Sc \geqslant Sc^*;\ \alpha_2 + \beta_2 Sc^* \geqslant A \end{cases} \tag{4.64}$$

其中，TR_1 和 TR_2 是考试不通过和考试通过的预期收入，Sc 是考试成绩。其中，Sc^* 是考试通过的分数线。如果考试不通过，则预期收入和考试成绩之间存在正相关性且假设其为线性关系，其中最大值为 A；如果考试通过，则预期收入和考试成绩之间也存在正相关性且假设其为线性关系。其中，即便以 Sc^* 的分数通过，其预期收益也高于没有通过的最大值 A，即以 Sc^* 为阈值出现了一次跃升，且在突破关节点之前预期收入相同，突破关节点之后，预期收入正向递增。故由远期收入异质性下成绩和利润之间的函数关系出发，进一步构建远期收入异质性下成本—利润的关系。

$$\begin{cases} TC_1 = a_1 - \dfrac{b_1\pi_1}{1+r}a_1,\ b_1 \geqslant 0;\ 0 \leqslant \pi_1 \leqslant \dfrac{b_1(1+r)}{a_1};\ Sc < Sc^* \\ TC_2 = a_2 - b_2\left[\dfrac{\pi_2}{1+r} - \theta(Sc - Sc^*)\right]a_2,\ b_2 \geqslant 0;\ 0 \leqslant \pi_2 \leqslant \dfrac{b_2(1+r)}{a_2};\ Sc \geqslant Sc^* \end{cases} \tag{4.65}$$

其中，TC_1 和 TC_2 分别是考试不通过和考试通过下的即期成本，π_1 和 π_2 是考试不通过和考试通过下所实现的利润。特别的，同远期收入同质性不同的是增加了 $Sc - Sc^*$ 作为自变量，θ 是参数，即在考试通过的前提下，实际考试分数和分数线的差值越大，考试成绩越高，则在成本相同的情况下，远期利润也会越高。

4.5.3 主流教育投入的期望效用

根据假设条件 3，个人是风险厌恶的，即个人的效用函数为凹函数，以此为理论假设，构建远期收入同质性和异质性下的教育投入的期望效用。

1. 远期收入同质性时教育投入的期望效用

远期收入同质性时，考上和考不上是两种不同的事件，定义事件 A^{ho} 为考试不通过后获得的利润，事件 B^{ho} 为考试通过后获得的利润，则消费者在 A^{ho} 和 B^{ho} 之间更偏好于 B^{ho}，即 $B^{ho} \succsim A^{ho}$，当这两种事件被置于某种概率 p^{ho} 之下，构建一个期望利润为 G^{ho} 的单赌集合：

$$G^{ho} = (p^{ho}, A^{ho}, B^{ho}) = p^{ho}A^{ho} + (1 - p^{ho})B^{ho} \tag{4.66}$$

其中，概率 p^{ho} 并非是完全意义上的事实性概率，而是个人认知概率。根据冯·诺依曼—摩根斯坦效用函数，构建对应的期望效用函数：

$$u(G^{ho}) = p^{ho}u(A^{ho}) + (1 - p^{ho})u(B^{ho}) \tag{4.67}$$

其中，$u(A^{ho})$ 和 $u(B^{ho})$ 分别表示两个事件——考试不通过和考试通过——的效用，效用由预期利润决定。即在定义域中的任何一个数值满足：

$$u(\cdot) = \pi(\cdot) \tag{4.68}$$

则也满足：

$$u(G^{ho}) = p^{ho}u(A^{ho}) + (1 - p^{ho})u(B^{ho}) > p^{ho}A^{ho} + (1 - p^{ho})B^{ho} \tag{4.69}$$

2. 远期收入异质性时教育投入的期望效用

远期收入异质性时，根据分数区别分为多种事件，其中考试不通过时根据考试分数情况分为 m 类，考试通过后根据考试分数情况分为 n 类，即共 $m+n$ 类。且这些事件被置于某种概率之下，其中事件 $A_i^{he} \mid (1 \leqslant i \leqslant m)$ 为考试不通过，$A_j^{he} \mid (1 \leqslant j \leqslant n)$ 为考试通过。由于考试通过优于考试不通过，因此个人在 A_i^{he} 和 A_j^{he} 之间更偏好于 A_j^{he}，即 $A_j^{he} \succsim A_i^{he}$，且在 A_i^{he} 和 A_j^{he} 中，因为分值越高，个人获得的收益越高，个人更偏好于分值更高的事件，即 $A_i^{he} \succsim A_{i-k}^{he}$，$0 < i < m$ 和 $A_j^{he} \succsim A_{j-h}^{he}$，$0 < h < n$。

则构建一个期望利润为 G^{he} 的单赌集合：

$$G^{he} = \{p_{i1}^{he} \cdot A_{i1}^{he}, \cdots, p_{im}^{he} \cdot A_{im}^{he}, p_{j1}^{he} \cdot A_{j1}^{he}, \cdots, \\ p_{jn}^{he} \cdot A_{jn}^{he} \mid p_{i\cdot}^{he} \geqslant 0, p_{j\cdot}^{he} \geqslant 0, \sum_{u,v=1}^{m,n} p_{iu}^{he} + p_{jv}^{he} = 1\} \tag{4.70}$$

根据冯·诺依曼—摩根斯坦效用函数，构建对应的期望效用函数：

$$u(G^{he}) = \sum_{u,\ v=1}^{m,\ n} (p_{iu}^{he} \cdot u(A_{iu}^{he}) + p_{jv}^{he} \cdot u(A_{jv}^{he})) \mid p_{\cdot}^{he} \geqslant 0,\ \sum_{i=1}^{n} p_{\cdot}^{he} = 1 \tag{4.71}$$

且满足：

$$\sum_{u,\ v=1}^{m,\ n} (p_{iu}^{he} \cdot u(A_{iu}^{he}) + p_{jv}^{he} \cdot u(A_{jv}^{he})) > \sum_{u,\ v=1}^{m,\ n} (p_{iu}^{he} \cdot A_{iu}^{he} + p_{jv}^{he} \cdot A_{jv}^{he}) \mid p_{\cdot}^{he} \geqslant 0,\ \sum_{i=1}^{n} p_{\cdot}^{he} = 1 \tag{4.72}$$

通过对两种主流教育的冯·诺依曼—摩根斯坦效用函数进行分析后可知，在既有的主流教育投入产出条件下，由于考试分数的获得具有一定程度的不确定性，因此其效用也并非是固定的。在效用最大化的约束条件下，个人有主动提高效用的动机，在此背景下，影子教育随之出现。

这也可以解释为什么在学期末或学制末，购买影子教育产品的数量会增加。在世界上的很多国家，临考前购买影子教育产品的数量增加都是常态，例如在毛里求斯，购买影子教育的高峰集中在小学末、初中末和高中末的考试之前；在新加坡，购买影子教育的高峰出现在小学和中学教育最后一年①。

4.5.4 影子教育投入的期望效用

虽然同样具有不确定性和使用冯·诺依曼—摩根斯坦效用函数，影子教育投入和保险投入具有一定程度的相似和区别。

其相似性在于，影子教育投入和保险投入的目的都是采用一定的资金投入避免自己陷入最坏的境遇，换言之，即便无法实现最

① ［英］马克·贝磊．直面影子教育系统：课外辅导与政府政策抉择［M］．巴黎：国际教育规划研究所，2012：26.

好，但一定要避免最坏。

而区别在于，保险投入的关键是如果个人陷入了最坏的状态，偿付的保费可以改变这一状态，以避免陷入最坏的状态。而影子教育投入下却不可能直接偿付进而导致个人效用的转变——即便是部分“保过班”，也没有考试不通过偿付更多钱的现象产生[①]。

影子教育投入的目的不是获得偿付进而直接改变效用，而是通过学习提高考试通过的概率，从而提高个人效用。

1. 远期收入同质性下影子教育投入的期望效用

构建远期收入同质性下参加影子教育后的效用函数：

$$u(G_{SE}^{ho}) = (p^{ho} - p(SE))u(A^{ho} - SE) + (1 - p^{ho} + p(SE))u(B^{ho} - SE) \tag{4.73}$$

其中，SE 是购买的影子教育产品的总量，可以用具体的数值衡量，$A^{ho} - SE$ 和 $B^{ho} - SE$ 则是考试不通过和考试通过后获得的净利润，可知 $SE \geqslant 0$，则 $A^{ho} \gtrsim A^{ho} - SE$，且 $B^{ho} \gtrsim B^{ho} - SE$。

通过购买影子教育产品可以影响考试是否通过的概率，购买影子教育产品越多，通过的概率越高。$p(SE)$ 是参加影子教育后的概率改变量，$\mathrm{d}p(SE)/\mathrm{d}SE > 0$。且 $0 \leqslant p(SE) < 1$。

对于影子教育是否可以提高学生成绩，教育学界一直存在争议，但实际上主要存在以下三个问题没有解决：一是没有解决内生性问题，即成绩好的学生可能是之前选择了影子教育，而影子教育的选择可能是维持而非提升成绩；二是没有对购买影子教育决策者的分析。在中小学生选择购买影子教育时，存在大量家长意愿购买但孩子不想学习的现象，由于决策者不是消费者，这种影子教育产品虽然也被消费，但无法有效地提高学生成绩；三是衡量标准并不统一。部分是根据学生主观判断成绩变化，部分是根据期末考试成

① 市场上的“保过班”大多数是考试不通过偿付一定比例，几乎没有全额偿付的现象，更谈不上偿付额高于学费的情况。即便有极少数的全额赔付的情况，若考虑到预付费和后期赔付下的货币折现的数额大小，可知其仍然不是完全意义上的全额偿付。

绩变化，这都无法有效地衡量影子教育的作用。

而如果从经典的霍桑试验角度出发，影子教育作为主流教育的一种补充，可以提高学生的自信心，而购买影子教育产品的关键恰恰是提升考试通过的概率。这种概率不仅客观上提高了学生的通过概率，而且从主观上满足了学生的心理诉求。因此，购买影子教育产品对于个人成绩的提升具有积极作用。

G_{SE}^{ho}为购买影子教育产品后的集合，且满足：

$$G_{SE}^{ho}=(p^{ho}-p(SE),\ A^{ho}-SE,\ B^{ho}-SE) \tag{4.74}$$

这也就可以解释哪些人选择了购买影子教育产品。如果确定考过的概率极高，即 $1-p^{ho}\to 1$，且 $p(SE)\to 0$。此时：

$$u(G_{SE}^{ho})=(1-p^{ho})u(B^{ho}-SE) \tag{4.75}$$

$$u(G_{ho})=(1-p^{ho})u(B^{ho}) \tag{4.76}$$

即 $u(G^{ho})>u(G_{SE}^{ho})$。个人不会选择购买影子教育产品。

同理，如果确定考试通过的概率极低，即 $p^{ho}\to 1$，且 $p(SE)\to 0$。此时：

$$u(G_{SE}^{ho})=p^{ho}u(B^{ho}-SE) \tag{4.77}$$

$$u(G_{ho})=p^{ho}u(B^{ho}) \tag{4.78}$$

即 $u(G^{ho})>u(G_{SE}^{ho})$。个人也不会选择购买影子教育。

这也符合实际：在选择购买影子教育产品的学生中，往往是学习最差的学生和学习最好的学生出现缺位，而“班级成绩排名中等的学生最有可能参加影子教育”①。因为当不存在不确定性时，个人没有必要购买影子教育产品，这样反而会降低个人效用。如高中的学业水平考试（会考），几乎没有与之相关的影子教育产品提供，原因在于其不存在不确定性。王兆璟和王艳艳发现，“由于人们对学业水平考试的忽视，使得学业水平考试成了一种形式……整个过程组织得并不严密。如监考比较松，甚至直

① 薛海平，李静．家庭资本、影子教育与社会再生产［J］．教育经济评论，2016，1（4）：73.

接允许学生抄袭，评卷也是能过且过。”① 即当该考试通过率极高时，追求效用最大化的个人对影子教育产品没有需求，也就不会产生相应的供给。

此外，这一理论也能解释部分成绩最好的学生仍然购买影子教育产品的现象：因为影响个人选择购买影子教育产品的概率 p^{ho} 是一种主观定义，即便个人客观上已经达到了通过的标准，但自身感觉水平存在无法通过的可能，这种概率越高，个人购买影子教育产品的概率也就会越高。同理，即便个人成绩很差，当其对自身的学习仍然有信心时，也会选择购买影子教育。这一行为在远期收入异质性下可以得到进一步的解释。

2. 远期收入异质性下影子教育投入的期望效用

相对于远期收入同质性下参加影子教育，远期收入异质性下的影子教育选择更符合当前的大多数考试。据此，增加一个预期锚点的概念，表现为个人预期自己能考上的程度，通常用考试分数来定义。预期锚点以下类同于远期收入同质性下的考试不通过，是极力避免的选择；预期锚点及以上类同于远期收入同质性下的考试通过，是努力实现的选择。

构建远期收入异质性下参加影子教育后的效用函数：

$$u(G_{SE}^{he}) = \sum_{i=1}^{m}(p_{fi}^{he} - p_{fi}^{he}(SE))u(A_i^{he} - SE) + \sum_{j=1}^{n}(p_{pj}^{he} + p_{pj}^{he}(SE))u(B_j^{he} - SE) \tag{4.79}$$

其中，p_{fi}^{he} 和 p_{pj}^{he} 表示出现预期锚点之下和之上的概率，$p_{fi}^{he}(SE)$ 和 $p_{pj}^{he}(SE)$ 表示影子教育影响下的概率增量，且 $SE \geqslant 0$。其符号表明，购买影子教育产品的数量越多，落入预期锚点之下的概率越

① 王兆璟，王艳艳．我国高中学业水平考试与法国高中毕业会考的比较分析［J］．教育理论与实践，2016，36（1）：17.

低，落入预期锚点及以上的概率越高。且 $\sum(p_{fi}^{he}+p_{pi}^{he})=1$，$\sum(-p_{fi}^{he}(SE)+p_{pi}^{he}(SE))=0$，即 $\sum(p_{fi}^{he}-p_{fi}^{he}(SE)+p_{pi}^{he}+p_{pj}^{he}(SE))=1$。

这同远期收入同质性最大的区别在于，远期收入异质性下购买影子教育产品会产生外部性。即同时购买影子教育产品的人数越高，自身购买影子教育产品带来的概率增量就会越低。据此，构建概率增量为：

$$p_{fi}^{he}(SE)=p_{fpi}^{he}(SE_p)-p_{fsi}^{he}(SE_s) \tag{4.80}$$

$$p_{pj}^{he}(SE)=p_{ppj}^{he}(SE_p)-p_{psj}^{he}(SE_s) \tag{4.81}$$

其中，$p_{ppi}^{he}(SE_p)$ 和 $p_{psi}^{he}(SE_s)$ 分别表示个人和社会对预期锚点上的概率产生的增量，其中影子教育下个人的概率增量为正，表示随着个人购买影子教育产品导致超越预期锚点及之后的概率提高；社会的概率增量为负，表示随着社会购买影子教育产品，外部性导致了超越预期锚点及之后的概率降低。

此外，$\forall A_i^{he}$，B_j^{he}，$A_i^{he}<B_j^{he}$。同时，由于 $SE\geqslant 0$，则 $A_i^{he}\gtrsim A_i^{he}-SE$，且 $B_j^{he}\gtrsim B_j^{he}-SE$。

通过构建预期锚点，在远期收入异质性下的影子教育对于效用的影响实际上可以解释当前普遍购买影子教育产品的原因。由于天然具有的选拔性特质，远期收入异质性下的问题不只是考得好，而是考得比竞争对手们更好。2004 年，韩国政府发起了“通过重建公共教育系统降低课外辅导开支政策”，在该政策指引下，政府聘用韩国一线影子教育教师通过无线电视和互联网免费给全国学生传授课程①。但这仍然无法改变韩国学生购买影子教育产品的积极性：2007 年，韩国购买影子教育产品的小学生、初中生和高中生的比重分别为 88.2%、78.4% 和 63.1%，与之相比，1997 年，这一数据

① Lee J. Two Worlds of Private Tutoring: The Prevalence and Causes of After-school Mathematics Tutoring in Korea and the United States [J]. Teachers College Record, 2007, 109 (5): 1228.

分别为 72.9%、56.0% 和 32.0%[①]。其根本原因是因为，购买影子教育产品不仅是要提升自身的人力资本——更具体的表现是提高考试分数，且一定要在选拔性考试中超过别人。当一个影子教育课程成为公共品之后，以超过别人为目的的学生会选择购买具有私有性的影子教育产品。当随着周边的竞争对手纷纷购买影子教育产品后，即便个人深知自身水平足够高，但因为这种外部性作用会降低对于达到预期锚点及以上的成绩的概率 $p_{psj}^{he}(SE_s)$，个人也会积极购买影子教育产品，从而维持概率增量不会降低。

4.5.5 影子教育投入的数量

个人购买影子教育产品的数量会影响个人的效用，则效用最大化问题可以转化为：

$$\underset{SE\geqslant 0}{\mathrm{Max}}u[(p^{ho}-p(SE))(A^{ho}-SE)+(1-p^{ho}+p(SE))(B^{ho}-SE)] \tag{4.82}$$

$$\underset{SE\geqslant 0}{\mathrm{Max}}u[\sum_{i=1}^{m}(p_{fi}^{he}-p_{fi}^{he}(SE))(A_i^{he}-SE)+\sum_{j=1}^{n}(p_{pj}^{he}+p_{pj}^{he}(SE))(B_j^{he}-SE)] \tag{4.83}$$

上式分别对应远期收入同质性和远期收入异质性的购买影子教育产品的效用最大化。则分别进行最优化计算。

远期收入同质性下，根据公式（4.82），如果 SE 在 SE^* 点最优，则必然满足以下条件：

$$\begin{aligned}&(p^{ho}-p'(SE^*))(A^{ho}-SE^*)-(p^{ho}-p(SE^*))(A^{ho}-SE^*)+\\&(1-p^{ho}+p'(SE^*))(B^{ho}-SE^*)-(1-p^{ho}+p(SE^*))(B^{ho}-SE^*)=0\end{aligned} \tag{4.84}$$

---

① Kim M. School Choice and Private Supplementary Education in South Korea [R]. IIEP Policy Forum on Confronting the Shadow Education System: What Government Policies for What Private Tutoring? Paris: IIEP－UNESCO, 2007: 1.

化简得：

$$(p(SE^*)-p'(SE^*))(A^{ho}-B^{ho})=0 \tag{4.85}$$

由于考试自带的选拔性，因此 $A^{ho}\neq B^{ho}$，$p(SE^*)-p'(SE^*)=0$，可知：

$$p(SE)=Ce^{SE} \tag{4.86}$$

其中，C 是常数，e 是自然对数。

这表明，在预期主流教育收入同质性的前提下，购买影子教育产品对考试通过概率增量呈现指数增长。同时，因为 $p(SE)\leqslant 1$，因此这是在 C 足够小的前提下实现的。此时，考试通过的概率为 $1-p^{ho}+p(SE^*)$，个人预期的利润为 $B^{ho}-SE^*$。同时，这决定了影子教育产品购买的上限为 B^{ho}，即如果 $B^{ho}<SE$，预期的利润为负，个人也不会购买影子教育产品。

这也解释了另一种现象：部分家庭中，影子教育的投入过高，已经超过了家庭的承受范围，但一旦考试无法通过，影子教育的投入将变为家庭的沉没成本。这种情况下仍然会有家庭进行投入，这是因为，即便影子教育投入 $SE>A^{ho}$，而如果影子教育投入可以有效地提高概率增量，只要维持在 $SE<B^{ho}$，仍然会有个人投资影子教育。

在具有资格性考试特征的预期主流教育同质性下产生的影子教育产品购买，个人意愿购买影子教育产品的本质原因在于，自身的投资可以提高自身的通过概率，在主流教育成本固定的前提下，这并不受到其他考生外部性的影响。因此，仅购买较少的影子教育产品就可以整体提高自身考试通过的概率。而如果将概念引申到具有外部性的预期教育收入异质性的条件下，影子教育投入的影响又会出现显著的区别。

远期收入异质性下，根据公式（4.83），如果 SE^{**} 是最优点，则必然满足以下条件：

$$\sum_{i=1}^{m}(p_{fi}^{he}(SE^{**})-p_{fi}^{he\prime}(SE^{**}))(A_{i}^{he}-SE^{**})+ \sum_{j=1}^{n}(p_{pj}^{he\prime}(SE^{**})-p_{pj}^{he}(SE^{**}))(B_{j}^{he}-SE^{**})=0 \tag{4.87}$$

则其必然存在一个均衡解，此时，$p(SE)=Ce^{SE}$。

然而，同远期收入同质化下最大的区别在于，由于外部性的普遍存在，导致购买影子教育产品带来的概率增量在个人层面表现为增加，而由竞争者带来的增量表现为减少。即引入 $p_{ppi}^{he}(SE_p)$ 和 $p_{psi}^{he}(SE_s)$ 两个概念来表达在预期锚点之上的增量。此时，$p_{pj}^{he}(SE)=Cp_{ppj}^{he}(SE_p)-Cp_{psj}^{he}(SE_s)$，表现为：

$$p_{pj}^{he}(SE)=e^{Cp_{ppj}^{he}(SE_p)-Cp_{psj}^{he}(SE_s)}=\frac{e^{Cp_{ppj}^{he}(SE_p)}}{e^{Cp_{psj}^{he}(SE_s)}} \tag{4.88}$$

可知在 C 足够小的前提下，概率增量的影响因素主要是自身影子教育产品的购买量和社会中竞争对手的影子教育购买量。然而，这两个因素只有前者是可以个人决定的，后者的数量由社会所决定。因此，当社会中周边竞争者大量选择购买影子教育产品时，为了提高自身水平，也有选择购买影子教育产品的动机，从而也使对周东洋和吴愈晓（2018）的理论分析和另一个视角的验证①，而这种情况也符合贝克尔（Becker）援引杜森贝里（Duesenberry）的观点对经济学和社会学进行一个经典边界界定："经济学是研究选择的学科，社会学是研究人们为什么无法选择的学科"②。

---

① 周东洋，吴愈晓．教育竞争和参照群体——课外补习流行现象的一个社会学解释［J］．南京师范大学学报，2018，（5）：84－97.

② Becker G S. Accounting for Tastes［M］. Cambridge：Harvard University Press，1996：17.

第 5 章

影子教育产品消费者选择的一般分析

5.1 引言

增加教育的投入可以提升人力资本进而促进经济和社会发展，这已经成为共识。因此，各国均大量对教育进行投入。陈纯槿和郅庭瑾根据世界银行公布数据整理后发现，2013 年，各国公共财政教育支出占公共财政支出比例总体分布在 6.8% ~18.4%，且普遍在趋势上呈现增长的态势①。这其中大多投入到了非营利的主流教育之中。

然而，影子教育的出现却并不完全和主流教育同步变动。就教育投入而言，公共财政教育支出占 GDP 比例上，德国和韩国相差不大②，但后者的影子教育发展程度远高于前者；就教育发展程度而言，日本和越南差距较大，但双方均有较为发达的影子教育产业。因此，主流教育和影子教育之间存在着相关性，但这并非单纯由教育投入和教育发展程度所决定的。

当前，中国的影子教育从无到有，已经发展到了较高的水平。

① 陈纯槿，郅庭瑾．世界主要国家教育经费投入规模与配置结构［J］．中国高教研究，2017，(11)：78.

② 同①：79。

然而，相对于作为必需品的主流教育，什么条件下会产生作为补充需求的影子教育？本章从影子教育消费者的视角出发，以中国当下为例证，结合主流教育的变动，来讨论影子教育出现的条件。主要包括以下三方面。

首先，从产出角度分析。主流教育投资的预期收入的增加会导致个人和家庭期望获得主流教育年限的提高，而因为主流教育年限的获得存在选拔性，因此导致影子教育产品的需求增加。

其次，从成本角度分析。主流教育投入的成本降低产生的收入效应会导致个人收入的相对增加，从而给购买影子教育产品创造了条件。

最后，从教育均衡化角度分析。教育均衡化减少主流教育中的不平等，使得不同阶层、不同背景的人群可以获得相同的主流教育机会。而作为有继续获得更多主流教育产品动机的个人，这种均衡会导致自身通过考核的概率降低，因此，他们有动机维持初始的不均衡。在主流教育均衡化的背景下，影子教育成为了维持不均衡的有效方式。

5.2 理论分析和研究假设

5.2.1 预期教育收入与影子教育产品选择

20 世纪 80 年代适逢改革开放初期，由于市场经济的发展导致体力劳动者积累了更多的物质财富，而脑力劳动者的收入却并没有同比提升，导致民间广泛流传“造导弹不如卖茶叶蛋”之类的观点。杨卫安将其定义为晚清以来的第三次“读书无用论”，这种观点直到 20 世纪 90 年代脑力劳动者所获得的利益逐渐超过体力劳动者之后才有所改变①。这意味着由于接受教育后的预期收入降低，个人不会选择接受主流教育，则更加不会选择购买影子教育产品。即如果接受教育后获得的预期收入，“包括政治、经济、文化、社会资本等各方面”少于个人支付的教育成本，“人们都会倾向于不接受教育”②。而一旦接受教育后的预期收入增加，人们就会开始倾向于接受教育，进而购买影子教育。

舒尔茨认为，将教育视为一种投资，主要原因正是因为接受教育可以“增加学生的预期收入”，“学生所提供的费用的收益率比学校的全部要素费用的收益率还要高。学生从所付费用上又有所得，它实际上比选择性投资的收益率具有更大的吸引力”③。这意味着学生接受教育的动机之一就是可以通过教育获得更多的预期收入。换言之，预期收入越高，学生接受教育的意愿也会越高。

对于教育预期收入数量衡量存在不同的方法，其中最为合理的是使用整个职业生涯所获得的预期总收入除以职业生涯年限，但这种方法要求积累较多的行业面板数据，数据上相对难以搜集。当前常用的方法是估计教育收益率来代替预期收入，即体现的是一个时点而非周期范围。如邓峰和丁小浩④、于洪霞⑤、许玲丽和艾春荣⑥等均从教育收益率角度研究以反映教育预期收入，表现为“高等教育回报率越高，……居民接受高等教育的意愿越强”⑦；此外，也有学者用直接提问的方法衡量教育预期收入，如《首都高等教育质

① 杨卫安．“读书无用论”何以会产生？——晚清以来出现的四次“读书无用论”评述［J］．河北师范大学学报（教育科学版），2018，20（4）：47.

② 同①：48。

③ ［美］西奥多·舒尔茨．教育的经济价值［M］．长春：吉林人民出版社，1982：38－39.

④ 邓峰，丁小浩．中国教育收益率的长期变动趋势分析［J］．统计研究，2013，(7)：39－47.

⑤ 于洪霞．生命周期偏误与中国教育收益率元分析［J］．经济研究，2013，(8)：68－80.

⑥ 许玲丽，艾春荣．高等教育回报的质量差异——对部属、省属与地方高校的比较研究［J］．经济理论与经济管理，2016，(8)：102－112.

⑦ 李明桥．预期总收入与城乡居民高等教育选择行为［J］．教育经济评论，2018，3（5）：126.

量与学生发展状况调查》中通过问卷直接询问新生对自身的收入预期，调查结果显示，大学入学新生对大学毕业后的收入预期平均为3387元，其中男生（3540元）高于女生（3270元）预期①。又如高伟等通过问卷询问被访人员“高等教育是否提升个人价值/社会价值”和“高等教育是否具有可替代性”来衡量高等教育的预期收入②。但从本质上而言，这种直接提问法同估计教育收益率的本质是相同的③。

随着义务教育的强制参与和高中教育的普及，教育预期收入的研究多集中在高等教育阶段，而正是因为接受高等教育的预期收入具有异质性——学校水平越高，预期教育收入也会越高④——家庭都期望自己的子女能够就读于水平更高的学校。然而，优质的高等教育的获得需要通过考试来实现，这种具有选拔性的考试关键并非是能否及格，而是能否超过身边的竞争对手。而随着社会中普遍高等教育预期期望提高，“学生家长都在为孩子们的成绩和考试分数担心焦虑”开始出现⑤。此时，家庭便会投入更多资金购买影子教育产品以提高子女成绩。

由于自身能力范围内能接受的主流教育在质量上日渐趋同，因此家庭将提升成绩的期望寄托在购买数量更多、质量更高的影子教育产品上，从而影响受教育水平并最终影响预期收入。为了实现阶层流动，家庭开始购买影子教育产品，这不仅包括高经济资本和文化资本的家庭，低经济资本和低文化资本的家庭也开始购买影子教

---

① 杨钋，翁秋怡．高等教育扩招背景下收入预期对高等教育选择的影响［J］．教育发展研究，2014，(23)：21.

② 高伟，张苏，王婕．土地流转、收入预期与农村高等教育参与意愿［J］．管理世界，2013，(3)：86.

③ 杨钋，翁秋怡．高等教育扩招背景下收入预期对高等教育选择的影响［J］．教育发展研究，2014，(23)：24.

④ Li H, Meng L, Shi X, Wu B. Does Attending Elite Colleges Pay in China?［J］. Journal of Comparative Economics, 2012, 40 (1): 78-88.

⑤ ［美］乔尔·斯普林．论教育全球化［J］．清华大学教育研究，2010，31（6）：15.

育产品。如高雪莲认为[①]，对农村学生而言，通过高考改变命运是他们最主要的阶层流动渠道。也只有通过大量购买影子教育产品，他们才能进入更好的中学。而“在那些教育资源薄弱、升学无望的初中里，他们很难有机会考上重点高中……他们中的大部分人都被过早地抛到了教育的边缘”。

由于选拔性考试制度设计上的公平性，期望通过考试改变个人生活状态甚至实现阶层流动的人群，都会积极准备考试以接受更好的教育。在当前面临着“阶层固化的预警”[②] 的背景下，家庭都有通过考试进而受到更高层次的教育的意愿。更高层次的教育可以带来更高的预期收益，这几乎是他们突破所处阶层、改变文化资本继承的最佳选择，而购买影子教育产品正是确保这一预期收入实现的重要砝码。据此，提出假设 5.1。

假设 5.1：教育预期收入越高，学生购买影子教育产品可能性越高，数量越多。

5.2.2　即期教育成本与影子教育产品选择

教育成本属于教育经济学中的概念，最早是 20 世纪 50 年代末 60 年代初随教育经济学的产生而出现的。舒尔茨在《教育的经济价值》中提出，教育成本主要包括提供教育服务的成本和机会成本，前者的来源主要是政府和家庭，后者是受教育者放弃工作报酬所形成的[③]。王善迈对此进一步细分，从负担主体、成本发生、表现形态、成本内涵、成本形态、成本计量和成本发生时间角度进行划分。按成本表现形态区分，可分为直接和间接成本。其中前者包

---

① 高雪莲．区隔的童年：城市儿童与乡村流动儿童的课余世界 [J]．北京社会科学，2017，(9)：30.

② 陈云松，贺光烨，句国栋．无关的流动感知：中国社会“阶层固化”了吗? [J]．社会学评论，2019，7 (6)：53.

③ [美] 西奥多·舒尔茨．教育的经济价值 [M]．长春：吉林人民出版社，1982：16－19.

括社会和个人直接成本，分别是社会财政支出费用和个人支付的直接教育成本；后者表现为机会成本，包括社会间接成本和个人间接成本，分别是政府为发展教育放弃固定资产可能的税收和租金，和个人未就业而放弃的工作产生的机会成本[①]。其中，相对于可以用货币来衡量的成本，表现为非货币教育成本的机会成本，又可以分为显性、隐形和心理三个维度来进行分析[②]。由于机会成本存在一定的主观判断，并且政府可能会强制要求家庭承担这一成本[③]，因此之后的论述集中在显性教育成本。

教育成本的增加会导致家庭成本的增加，进而导致家庭净利润的减少，因此选择不接受教育的概率会出现提升。杨卫安援引2006年《中国青年报》社会调查中心研究报告并指出，当时的高等教育成本“已经成为城乡居民致贫的重要原因”，进而成为了世纪之交前“新读书无用论”的产生的重要原因[④]。然而当下财政支出在教育投入上不断增加，在第十二个五年计划期间，作为支出的公共财政预算教育投入和作为收入的学费收缴的增速分别为16.67%和3.60%[⑤]，导致接受主流教育成本日益降低。

由于收入效应的作用，主流教育的成本降低会导致个人期望购买更多的主流教育，这种成本的变化不仅表现在即期的主流教育成本降低，而且也表现在远期主流教育预期成本的下降，从而导致个人有动力购买更多的影子教育产品以提高获得更多的主流教育的概率。这一方面是由于远期主流教育成本降低导致个人提升了对其获

---

① 王善迈．教育投入与产出研究［M］．石家庄：河北教育出版社，1996：169－171.

② 王奕俊，吴林谦，杨悠然．受教育者成本收益视角的东西部职业教育协作精准扶贫机制分析［J］．苏州大学学报（教育科学版），2019，（1）：62.

③ 如《中华人民共和国义务教育法》第二条规定：“义务教育是国家统一实施的所有适龄儿童、少年必须接受的教育。”（中华人民共和国教育法　中华人民共和国义务教育法　中华人民共和国教师法［M］．北京：中国法制出版社，2019：20.）

④ 杨卫安．“读书无用论”何以会产生？——晚清以来出现的四次“读书无用论”评述［J］．河北师范大学学报（教育科学版），2018，20（4）：48.

⑤ 金芳颖，楼世洲．教育政策社会学视域下我国公办高校学费定价标准及行为研究——基于浙江省普通高校的数据分析［J］．教育发展研究，2019，（19）：27.

得的意愿，另一方面是由于即期主流教育成本降低为购买影子教育产品提供了预算约束上的可能——具体表现在如果教育成本过高，个人会首选主流教育而没有多余的预算去购买影子教育产品；而随着教育成本的降低，尤其是在义务教育阶段取消了学费乃至于“对家庭经济困难的适龄儿童、少年免费提供教科书并补助寄宿生生活费”①，教育成本降低为个人购买影子教育产品提供了可能。因此，这种教育成本主要表现为即期教育成本。据此，提出假设 5.2。

假设 5.2：即期教育成本越低，个人购买影子教育产品可能性越高，数量越多。

5.2.3　所处教育环境的均衡化与影子教育产品选择

当下，教育均衡化在政府的政策指引下不断推进。《中华人民共和国义务教育法》中规定：“促进学校均衡发展，缩小学校之间办学条件的差距，不得将学校分为重点学校和非重点学校。学校不得分设重点班和非重点班”②。在具体的实施上，要求“县级人民政府教育行政部门应当均衡配置本行政区域内学校师资力量”③。2019 年 6 月，中共中央国务院进一步要求“推进义务教育学校免试就近入学全覆盖。……民办义务教育学校……与公办学校同步招生；对报名人数超过招生计划的，实行电脑随机录取。……落实优质普通高中招生指标分配到初中政策，公办民办普通高中按审批机关统一批准的招生计划、范围、标准和方式同步招生”④。即在义务教育阶段和高中教育的教育均衡化已经发展到了一定的程度的前

① 中华人民共和国教育法　中华人民共和国义务教育法　中华人民共和国教师法［M］. 北京：中国法制出版社，2019：28.

② 中华人民共和国教育法　中华人民共和国义务教育法　中华人民共和国教师法［M］. 北京：中国法制出版社，2019：24.

③ 同②：26。

④ 中共中央　国务院关于深化教育教学改革全面提高义务教育质量的意见［J］. 人民教育，2019，(Z3)：10.

提下，进一步推行教育均衡化是未来的发展方向。

而当政府采取措施控制初等教育和中等教育的教育质量差距时，高等教育却仍然允许出现差距，即存在“不同类型、不同层次的高等教育”[①]。包括在2015年开始实施的“双一流”建设方案中要求的“推动一批高水平大学和学科进入世界一流行列或前列”[②]，表明了中国允许高等教育的差距存在。这同初等和中等教育的均衡化形成了矛盾，接受初等和中等教育的重要目的之一是接受更好的高等教育，而面对初、中等教育均衡化和高等教育不均衡化之间的矛盾时，家庭应如何对初、中等教育形式进行选择?

拉夫特里和豪特（Raftery & Hout）的最大化地维持不平等（maximally maintained inequality，MMI）理论认为，在义务教育尚未普及时，由于不同家庭中的子女接受义务教育的概率不同，导致教育竞争的核心问题是是否可以参与到义务教育之中[③]。而卢卡斯（Lucas）的有效地维持不平等（effectively maintained inequality，EMI）理论则讨论了普及义务教育之后人们的选择，当义务教育普及但存在校际间不均衡时，人们竞争的核心开始转变为追求更好的教育质量而非单纯地追求教育获得[④]。

EMI理论虽然讨论了教育普及后的家庭教育选择，却没有论述教育均衡后家庭的教育选择。然而，MMI理论和EMI理论中的理论内核仍然是合理的，即为了追求远期非均衡化的教育目标，个人在即期要确保自身接受教育的不平等。具体表现在个人期望接受更好的高等教育就需要在初等和中等教育中也维持有效教育不平等。

---

① 中华人民共和国高等教育法［M］. 北京：中国法制出版社，2016：7.

② 国务院关于印发统筹推进世界一流大学和一流学科建设总体方案的通知［J］. 中华人民共和国国务院公报，2015，(32)：113.

③ Adrian E. Raftery and Michael Hout. Maximally Maintained Inequality: Expansion, Reform, and Opportunity in Irish Education, 1921－75［J］. Sociology of Education, 1993, 66 (1): 41－62.

④ Lucas S R. Effectively Maintained Inequality: Education Transitions, Track Mobility, and Social Background Effects［J］. American Journal of Sociology, 2001, 106 (6): 1642－1690.

然而，由于初等和中等教育中出现了教育均衡化，导致家庭开始追求别的方法来维持教育不平等，影子教育随之出现。

在初等和中等教育中，优势家庭在传统情况下由于自身的经济、社会、文化优势，可以就读更好的学校，然而当下这一优势开始丧失。教育均衡化下，大量社会层次相对较低的家庭享受和优势家庭相同的教育资源，此时，为了维持教育不平等，优势家庭会追逐更高的教育质量和更多的教育数量。而由于不仅获得主流教育资源的机会相同，主流教育资源的质量在各校间的分布也开始趋同，优势家庭只能将视线转移到影子教育上，影子教育可以使优质家庭的子女获得更高质量和更多数量的教育，从而增加通过考试的概率。因此，教育均衡化下优势家庭会首先购买影子教育产品。而劣势家庭也不甘于接受这种外部性带来的自身通过考试概率降低的现实，从而在优势家庭的影响下也开始购买影子教育产品。

影子教育的选择是一种家庭的主观行为，其关键在于当家庭主观认为自身所处的环境中出现教育均衡，为了实现不均衡的目的并形成自身的有效教育不平等，家庭会产生购买影子教育产品的行为。当前，在家长中存在“不能让孩子输在起跑线上”的认知，当看到周边其他家庭的子女购买了影子教育，家长会担心自己孩子相比于他人少学了知识。甚至将子女成绩退步也归咎于没有购买影子教育产品①。这一现象符合有效维持不平等的理论内核，即以考试为导向的教育关键不是追求自己有多优秀，而是追求自己比别人优秀了多少。如果别人开始行动，自己自然也要开始行动；而如果别人没有行动，自己则要行动以保持同他人的不平等。由此，教育均衡化下购买影子教育产品的行为开始产生。

因此，家庭购买影子教育产品是一种有效地维持不平等以规避教育均衡化的行为，这种行为更多的是受子女所处教育环境所影

① 彭文静．结构功能理论视角下的中小学补习教育［J］．教育理论与实践，2011，31（2）：9.

响，以至于可以将这种主观感受定义为是家庭主体对周围群体的歧视行为，即宁可支付成本也要避免和他们维持相同的层次。据此，从动态的人口流动和静态的文化资本两个角度出发论述主流教育均衡下产生影子教育的机制。

1. 教育均衡化背景下的人口流动作用于影子教育的机制

教育均衡化背景为子女随着家庭迁移而改变就读学校提供了可行性，而这种人口流动也会导致“本地人”对“外地人”歧视的产生。这种歧视甚至可能和外地人的户籍或来源地无关，而仅仅因为是外地人的身份，就会使得外地人无论“在精神还是物质层面上，或多或少地受到本地人的歧视”[①]。因此，本地人和外地人之间由于地域差别开始形成身份差别，且随着外地人的比重增加而增加[②]。这种矛盾会使本地人和外地人均产生了改变现状的动机：本地人开始不愿意仅仅接受主流教育，因为这样会使自身子女接受的教育质量和数量同他们所歧视外地人相同；而无论外地人是否歧视本地人，也并不期望落后于本地人的教育水平，从而也开始购买影子教育产品。这种因为歧视而产生的购买影子教育产品行为可以在心理上满足个人对身份的界定，其根源在于外来人口的流入，并且呈现“流入者越多，这些矛盾就越明显”的现象[③]。据此，给出假设5.3.1。

假设5.3.1：教育均衡化下，一个学校内本地人口比重越高，购买影子教育产品的可能性越低，数量越少。

---

① 张皓星．“外地人”歧视对工资差距的影响［J］．当代经济科学，2014，36（5）：107.

② 贝克尔（Becker）在论文（*The Economics of Discrimination*）中提出“少数族裔成员的数量增加，则对他们的歧视程度也会加重，这是因为这个社会的主体群体成员会担心少数族裔群体的力量会与日俱增。”本地人口对外来人口的歧视同样来自担心他们会侵害到自己的既有利益，在这一方面，外来人口同少数族裔具有相似的特点。

③ 陈云松，张翼．城镇化的不平等效应与社会融合［J］．中国社会科学，2015，（6）：81.

2. 教育均衡化背景下的文化资本趋同作用于影子教育的机制

随着教育均衡化的推进，学校中家庭的背景开始多元化，甚至是传统的交费即可就读的民办中小学，在当前部分地区也开始针对报名人数超招生计划全部使用电脑摇号进行录取，其中40%甚至100%的用于电脑派位①。在此背景下，相同学习环境下的不同学生所处家庭的文化资本开始趋异。

由布迪厄提出文化资本主要包括三类，客体文化资本、身份文化资本和制度文化资本②，其中客体化文化资本作为物质客体存在，在短期内存在可更改性。而身体文化资本和制度化文化资本所具有的长期性特点导致了其相对固定的静态特征。

正如前文所述，本地人对外地人的歧视程度是由外地人的比重所决定的，且单调递增；但文化资本下的歧视却是由同一群体中文化资本的差异所决定的，无论文化资本高低，相近文化资本的人群很少产生歧视，歧视主要来自文化资本的差异——差异越大，歧视越严重。由于教育均衡化，学校中家长文化背景趋同的传统开始被打破，同一学校开始存在各种文化资本背景的家庭，优势文化资本家庭对劣势文化资本家庭开始出现歧视，进而产生维持教育不平等的需求——相对于文化资本趋同的环境中，由于文化资本趋异下的不同家庭享受到了相同的主流教育，从而更容易让优势文化资本家庭对自身子女的发展产生恐慌，进而选择影子教育以确保教育不平等。而由于来自于优势文化资本家庭所天然具有的文化权威背景，这种“力量使得在某一领域内文化资本较多的个人成为该领域内其他成员效仿学习的对象，其拥有的文化资本类型对其他成员有示范作用”③。他们对影子教育

---

①　张贺．宁夏民办中小学报名人数超招生计划的全部摇号录取［N］．宁夏日报，2019－7－15：2.

②　［法］皮埃尔·布尔迪厄．文化资本与社会炼金术：布尔迪厄访谈录［M］．上海：上海人民出版社，1997：189－211.

③　姚俭建．论西方社会的中产阶级——文化资本理论框架内的一种解读［J］．上海大学学报（社会科学版），2005，(3)：111.

产品的购买会导致劣势文化资本家庭效仿，从而成为具有示范作用的“意见领袖”①。因此，使用代表个人知识、技能、社会地位的文化资本在学校范围内的趋异性来讨论对影子教育选择的影响，据此，提出假设5.3.2。

假设5.3.2：教育均衡化下，一个学校内家庭文化资本趋同程度越高，购买影子教育产品的可能性越低，数量越少。

5.3 研究设计

5.3.1 研究对象和模型设定

本书采用的数据库是CEPS基线调查数据库，涵盖中国28个县区近20000名学生的调研数据。其样本的选取较为科学，可以反映出当前我国初中教育的实际情况，因此使用该数据库以检验本章假设具有一定的合理性。

为检验假设5.1，构建了模型（5.1）和模型（5.2）。

$$ShadEduc_i = \xi_0 + \xi_1 expect_i + \sum control + \varepsilon_i \tag{5.1}$$

$$ShadEduc\_t_i = \xi_0 + \xi_1 expect_i + \sum control + \varepsilon_i \tag{5.2}$$

其中，因变量是学生购买影子教育产品的情况，共采用两个变量用以衡量：一是学生是否购买影子教育产品（*ShadEduc*），是从“质”上来考察影子教育产品购买的情况，其中购买影子教育产品赋值为1，不购买影子教育产品赋值为0；二是学生购买影子教育产品的时长（*ShadEduc_t*），是从“量”上考察影子教育产品购买的情况，定义为购买了多少分钟的影子教育产品。此外，由于本书

① 曾丽，翁时秀，李想，张影莎．有计划购买还是冲动消费？——出境旅游高消费现象探析［J］．旅游学刊，2017，（5）：31.

论述的影子教育仅包括主流教育的补充，因此采用的是针对学生提问的“是否上校外辅导班（与课业有关）”和“上校外辅导班（与课业有关）多久”作为因变量。因为已经区分了影子教育和补习教育，因此没有采用常用的“本学期，这个孩子有没有上校外辅导班或学习兴趣班”和“本学期，孩子上校外辅导班或学习兴趣班所需要的费用共计”两个问题作为因变量。由于模型（5.1）的因变量是虚拟变量，因此使用 Probit 回归，模型（5.2）使用 OLS 回归。

构建核心自变量预期教育收入（*expect*）。作为预期收入，不同个人对于相同学历带来的教育收入认知并非同质，但具有普遍性的是预期教育收入和预期教育水平的关系，表现为“教育的回报预期较低的家庭可能会选择……学历层次较低的高等教育”，“预期回报较高的家庭常会选择……学历层次较高的院校，从而保证子女在进入劳动力市场时占据有利地位”①。

因此，将个人认知的预期教育收入用个人教育预期来替代，表现为教育预期收入和个人教育预期存在同步性，教育预期的收入越高，个人教育预期的学历也就越高。如岳昌君和杨中超研究发现，本科生和专科生虽然在就业率上不相上下，但毕业后的收益率前者要显著高于后者②；哈尔托赫等（Hartog et al.）发现，大学生对研究生毕业后的预期收入越高，则继续读研的意向越高。而如果预期研究生收入不高，则读研意向会相应降低；而仅讨论本科生时发现，在高等教育扩张的背景下，作为优秀学校代表的 211 高校的教育回报率相对其他高校收益率更高③。

上述研究可以说明，无论是高学历相对于低学历（本科和专

---

① 杨钋，翁秋怡．高等教育扩招背景下收入预期对高等教育选择的影响［J］．教育发展研究 2014. 23：19 - 20.

② 岳昌君，杨中超．我国高校毕业生的就业结果及其影响因素研究——基于 2011 年全国高校抽样调查数据的实证分析［J］．高等教育研究，2012，(4)：35 - 44.

③ Li H，Meng L，Shi X，Wu B. Does Attending Elite Colleges Pay in China?［J］. Journal of Comparative Economics，2012，40 (1)：78 - 88.

科、研究生和本科）或者是优秀学校相对于普通高校（211 高校和其他高校），教育预期收入越高，个人教育期望也越高。因此，用个人教育期望表示教育预期收入具有一定的合理性。

具体变量方面，一是使用针对学生提问的“你希望自己读到什么程度”，定义为自身期望（*expect_a*）；二是使用针对家长提问的“您希望孩子读到什么程度”，定义为父母期望（*expect_b*）。两个变量均根据 CEPS 给定的九分法进行分类，分别是：①现在就不要念了；②初中毕业；③中专/技校；④职业高中；⑤高中；⑥大学专科；⑦大学本科；⑧研究生；⑨博士。并根据序号在数据库中进行赋值。其中，学生问卷中自身期望方面的问题比父母问卷多了一个选项为“无所谓”，由于比重在样本中较低（3.56%），且很难进行具体的重要性界定，加之也为了和父母期望保证一致性，故将此选项定义为缺失值。

控制变量借鉴了薛海平的研究①，将家庭资本分为五种，包括家庭内社会资本、家庭外社会资本、文化资本、经济资本和政治资本。使用五种变量进行衡量，分别是：父母检查作业（*homework*）、父母职业（*stprhoccu*）、父母受教育水平（*stprhedu*）、家庭经济状况（*steco*）、政治面貌（*politics*）。除此之外，还使用了学校排名（*schrank*）衡量学校情况，学生性别（*sex*）代表学生个人情况。

其中，父母检查作业（*homework*），是由学生回答“上个星期父母有没有检查过作业”，根据 CEPS 给定的四分法进行分类，分别是：①从未；②一到二天；③三到四天；④几乎每天，并根据序号在数据库中进行赋值。父母职业（*stprhoccu*）采取了父母双方职业的最高值，并根据 CEPS 给定的九分法进行分类，分别是：①国家机关事业单位领导与工作人员；②企业/公司中高级管理人员；③教师/工程师/医生/律师；④技术工人（包括司机）；⑤生产与制

① 薛海平，李静. 家庭资本、影子教育与社会再生产［J］教育经济评论，2016，(11)：60－81.

造业一般职工；⑥商业与服务业一般职工；⑦个体户；⑧农民；⑨无业、失业、下岗，并根据序号在数据库中进行赋值。此外，问卷中给定的第十类为“其他”，但由于比重在样本中较低（4.05%），且很难进行具体的重要性界定，故做缺失处理；父母受教育水平（*stprhedu*）采取了父母双方教育水平的最高值，并根据CEPS给定的九分法进行分类，分别是：①没受过任何教育；②小学；③初中；④中专/技校；⑤职业高中；⑥普通高中；⑦大学专科；⑧大学本科；⑨研究生及以上，并根据序号在数据库中进行赋值；家庭经济状况（*steco*）采取了CEPS给定的五分法，分别是：①非常困难；②比较困难；③中等；④比较富裕；⑤很富裕，并根据序号在数据库中进行赋值。政治面貌（*politics*）采取了两分法，即群众和非群众，非群众包括中共党员和民主党派，赋值为1，群众赋值为0；学校排名（*schrank*）是在对校领导询问学校初中部在本县（区）的排名，分别是：①最差；②中下；③中间；④中上；⑤最好，并根据序号在数据库中进行赋值。学生性别方面（*sex*），如是男生赋值1，女生赋值0。

然而，在具体的数据上，学生的经济资本最能体现出多层数据结构的特征：家庭存在社会资本、文化资本、政治资本的区别，而这些变量无论赋值多少，都会呈现对影子教育选择影响“多”或“少”的问题。即影响家庭购买影子教育产品的概率和购买的时长体现为一种“影响效应”；但经济资本赋值的高低，则有可能呈现一个“有”或“无”的问题，即经济资本较低的家庭即便有强烈的购买影子教育产品的意向，但由于家庭收入的约束无法购买影子教育产品，体现为一种“决定效应”。

因此，参考雷雳和张雷[①]，构建是否购买影子教育产品的两层线性回归模型（HLM2）：

---

① 雷雳，张雷．多层线性模型的原理及应用［J］．首都师范大学学报（社会科学版），2002，（2）：110－114.

水平 1：

$$ShadEduc_{ij} = \beta_{0j} + \beta_{1j}expect_{ij} + \sum control + \varepsilon_{ij} \tag{5.3}$$

水平 2：

$$\beta_{0j} = \gamma_{00} + \gamma_{01}steco_j + \mu_{0i} \tag{5.4}$$

$$\beta_{1j} = \gamma_{00} + \gamma_{01}steco_j + \mu_{1i} \tag{5.5}$$

其中，下标 i 和 j 分别表示影子教育选择时的影响效应和决定效应。由于斜率和截距在水平 1 模型中呈现随机变化，将水平 2 的公式（5.4）和公式（5.5）嵌入到水平 1 的公式（5.3）之中，可知：

$$ShadEduc_{ij} = \gamma_{00} + \gamma_{01}steco_j + \gamma_{10}expect_{ij} + \gamma_{11}steco_j \cdot expect_{ij} + \mu_{ij}expect_{ij} + \sum control + \mu_{0i} + \varepsilon_{ij} \tag{5.6}$$

其中，γ_{00} 和 γ_{01} 分别表示截距 β_{0j} 对作为特征变量的 *steco* 回归后的截距和斜率，γ_{10} 和 γ_{11} 分别表示斜率 β_{1j} 对教育预期收入回归的截距项和斜率。

同时构建将购买影子教育产品时长作为因变量的两层线性回归方程：

$$ShadEduc_{t_{ij}} = \gamma_{00} + \gamma_{01}steco_j + \gamma_{10}expect_{ij} + \gamma_{11}steco_j \cdot expect_{ij} + \mu_{ij}expect_{ij} + \sum control + \mu_{0i} + \varepsilon_{ij} \tag{5.7}$$

即通过引入多层线性模型，从家庭收入约束的角度进行影响购买影子教育产品的因素分析。

针对假设 5.2，构建模型（5.8）和模型（5.9）。

$$ShadEduc_i = \xi_0 + \xi_1 cost_i + \sum control + \varepsilon_i \tag{5.8}$$

$$ShadEduc\_t_i = \xi_0 + \xi_1 cost_i + \sum control + \varepsilon_i \tag{5.9}$$

其中，*cost* 表示即期教育成本，而作为因变量的即期教育成本分为两类：第一类是主流教育成本（*educost*），是针对家长提问的孩子每学期交给学校的费用是多少，其中包括学费、书本费、活动费、学校住宿费和其他费用。第二类是即期教育成本。由于有 9.90% 的学生获得了数额不等的助学金，因此构建了第二类即期教育成本。

学生的主流教育净成本（*educost_n*）为主流教育费用同助学金之差。控制变量同模型（5.1）相同。由于模型（5.8）的因变量是虚拟变量，因此使用 Probit 回归，模型（5.9）使用 OLS 回归。

针对假设 5.3.1，构建模型（5.10）和模型（5.11）。

$$ShadEduc_i = \xi_0 + \xi_1 local_i + \sum control + \varepsilon_i \tag{5.10}$$

$$ShadEduc\_t_i = \xi_0 + \xi_1 local_i + \sum control + \varepsilon_i \tag{5.11}$$

其中，*local* 表示学生所处教学环境中本地学生的比重，以用来衡量教育均衡化的程度。构建本地学生人口比重（*schlocal*）作为核心自变量，即本县（市、区）内的学生占学生总数的比重。由于模型（5.10）的因变量是虚拟变量，因此使用 Probit 回归，而模型（5.11）使用 OLS 回归。

然而，这并不意味着大部分是本地生源的学校并不"均衡"，一个乡镇中学的生源都来自本乡镇，并非是该中学不均衡，而是随着教育均衡化的发展，生源广的学校更能体现教育政策的均衡化目标。当前，伴随着重点中学制度的取消和务工人员子女可以和当地生源享受相同教育的政策进一步推行，生源地来源较广的学校相对于生源地来源单一的学校而言，更能体现出教育均衡化的本质，也代表了未来发展的方向。

针对假设 5.3.2，构建模型（5.12）和模型（5.13）。

$$ShadEduc_i = \xi_0 + \xi_1 culture_i + \sum control + \varepsilon_i \tag{5.12}$$

$$ShadEduc\_t_i = \xi_0 + \xi_1 culture_i + \sum control + \varepsilon_i \tag{5.13}$$

其中，*culture* 表示家庭文化资本的趋同程度。构建家庭文化资本，其中，使用父母最高学历（*stprhedu*）作为身体文化资本，使用父母最高职业（*stprhoccu*）作为制度文化资本。定义同一所学校中所有家长的最高学历标准差（*edusd*）为身体文化资本趋同程度，定义同一所学校中所有家长的最高职业标准差（*occusd*）为制度文化资本趋同程度。其中，标准差越小，表明该学校内文化资本趋同，反之，定义为趋异。由于模型（5.12）的因变量是虚拟变量，因此使用 Probit 回归，模型（5.13）使用 OLS 回归。

主要变量定义详见表 5.1。

表 5.1　　　　主要变量定义

变量类型	变量	变量定义
因变量	*ShadEduc*	是否购买影子教育产品。购买为 0，不购买为 1
	ShadEduc_t	购买影子教育产品的时长。单位为分钟
考察变量	*expect_a*	自身期望，用以衡量预期收入。期望值最低为 1，最高为 9
	expect_b	父母期望，用以衡量预期收入。期望值最低为 1，最高为 9
	educost	主流教育成本，用以衡量即期成本。单位为千元
	educost_n	主流教育净成本，用以衡量即期成本。单位为千元
	schlocal	本地学生比重，用以衡量教育均衡化程度。单位为百分比
	edusd	最高学历标准差，用以衡量身体文化资本趋同
	occusd	最高职业标准差，用以衡量制度文化资本趋同
控制变量	*homework*	父母检查作业，用以衡量家庭内社会资本。最低为 1，最高为 4
	stprhoccu	父母职业，用以衡量家庭外社会资本。最低为 1，最高为 9
	stprhedu	父母受教育水平。用以衡量文化资本。最低为 1，最高为 9
	steco	家庭经济状况。用以衡量经济资本。最低为 1，最高为 5
	politics	政治面貌。用以衡量政治资本。群众为 0，党员和民主党派为 1
	schrank	学校排名。用以衡量学校情况。最低为 1，最高为 5
	sex	学生性别。用以表示学生个人情况。最低为 0，最高为 1

5.3.2　描述性统计

根据变量在 CEPS 数据库中的呈现，构建描述性统计如表 5.2。

表 5.2　描述性统计

变量	样本量	均值	标准差	最小值	最大值
ShadEduc	18785	0.3275	0.4693	0	1
ShadEduc_t	18785	80.5067	162.1562	0	2930
expect_a	18636	6.7847	1.6974	1	9
expect_b	18778	6.9827	1.5733	1	9
educost	13662	1.2600	4.4664	0.0000	99.9990
educost_n	13662	1.2142	4.4728	-30.0000	99.9990
schlocal	19487	82.0657	18.9622	4.6154	100.0000
edusd	19487	1.6100	0.3005	0.7730	2.1593
occusd	19487	1.7724	0.4023	0.7653	2.6930
homework	19275	2.3971	1.1777	1	4
stprhoccu	18567	6.4517	1.9998	1	9
stprhedu	19441	4.4904	2.0241	1	9
steco	19428	2.8155	0.5991	1	5
politics	18246	0.1230	0.3284	0	1
schrank	19345	3.9464	0.8341	1	5
sex	19487	0.5153	0.4998	0	1

从数值上看，有 32.75% 的学生选择了购买影子教育产品，平均每人购买时长为 80.51 分钟。而在所有购买影子教育产品的学生中平均购买时长为 245.78 分钟。

教育期望方面，子女的自身期望和家长对子女的期望存在偏差，后者略高于前者，表明家长对子女的预期高于子女对自身的预期，且根据均值可知，双方教育期望均略低于大学本科的水平；主流教育总缴费方面，有 30.39% 的学生无需任何费用，而由于奖学金的存在，使得平均主流教育成本从 1260 元降低到了 1214.2 元；

生源方面，学校生源地有 82.07% 为本地；父母受教育程度方面，其平均教育程度介于中专/技校和职业高中之间，在同一学校中的标准差为 1.61，整体的标准差为 2.02，可知父母教育程度在校间的差异大于校内差异；父母职业方面，其平均职业级别为 6.45，在同一学校中的标准差为 1.77，整体的标准差为 2.00，可知父母职业在校间的差异大于校内差异。

父母检查作业方面，平均每周检查子女作业的次数在“1～2天”至“3～4 天”之间，家庭经济状况方面，平均经济状况接近于中等；政治面貌方面，有 87.70% 的被访家长是群众；学校排名方面，学校水平平均接近于中上水平；性别方面，有 51.53% 的被访学生为男性。

5.4 实证结果分析

5.4.1 预期教育收入与影子教育产品选择的实证检验

为了验证假设 5.1，通过分析教育预期对影子教育产品选择的影响，进行相应的回归分析，其结果详见表 5.3。

表 5.3　教育预期对影子教育产品选择的影响

变量	是否购买影子教育产品		购买影子教育产品时长	
	回归 1	回归 2	回归 3	回归 4
expect_a	0.1061*** (0.0119)		5.1938*** (0.7264)	
expect_b		0.0749*** (0.0126)		3.5283*** (0.7731)

续表

变量	是否购买影子教育产品		购买影子教育产品时长	
	回归1	回归2	回归3	回归4
homework	0.1222*** (0.0152)	0.1299*** (0.0149)	4.7315*** (1.0751)	5.1809*** (1.0568)
stprhoccu	-0.0986*** (0.0096)	-0.0959*** (0.0094)	-5.2511*** (0.7768)	-5.3154*** (0.7606)
stprhedu	0.2077*** (0.0098)	0.2110*** (0.0096)	11.8705*** (0.7583)	11.8864*** (0.7468)
steco	0.2987*** (0.0348)	0.2961*** (0.0342)	14.8998*** (2.3615)	14.4213*** (2.2816)
politics	0.0682** (0.0272)	0.0859*** (0.0265)	6.1607*** (2.1812)	7.4299*** (2.1581)
schrank	0.0903*** (0.0231)	0.1012*** (0.0226)	3.6179** (1.4727)	4.2675*** (1.4556)
sex	-0.1820*** (0.0359)	-0.2073*** (0.0352)	-8.7311*** (2.4791)	-10.1933*** (2.4080)
_cons	-3.2238*** (0.1751)	-3.1082*** (0.1768)	-39.2508*** (12.1110)	-30.4949** (12.0672)
N	16032	16591	16032	16591
Pseudo R^2	0.0889	0.0855	—	—
Prob. > chi2	0.0000	0.0000	—	—
R^2	—	—	0.0623	0.0601
Prob. > F	—	—	0.0000	0.0000

注：(1) 括号外的数字为估计系数，括号内的数字为估计系数的稳健性标准误；(2) *、**、*** 分别表示在10%、5%和1%的水平下显著。

表5.3的回归1和回归2表明，无论是子女教育预期（*expect_a*）还是父母教育预期（*expect_b*），教育预期对是否购买影子教育产品

（*ShadEduc*）的回归系数都显著为正（$p<0.01$），这表明个人对教育的期望值越高，即希望读到的教育层次越高，个人在当下预期未来的教育所带来的人力资本提升和个人收入的增加也就会越高，从而最终导致个人更愿意在当下选择购买影子教育产品。其中，虽然子女对自身的教育期望均值略低于父母对子女的教育期望，但从回归系数可知，子女期望对影子教育选择的作用值比父母对子女期望的作用值高 41.65%，表明在初中阶段，子女自主性对影子教育选择的作用高于父母自主性。这种情况会随着年龄的增加而增加。就读小学的子女对影子教育的自主性选择相对于父母自主性的作用，会明显低于中学生；而如果子女成年甚至已经有了收入，父母的自主性对子女选择影子教育的作用会进一步降低。在第 7 章会从父母自主性降低的角度单独考虑子女的作用。

表 5.3 的回归 3 和回归 4 表明，无论是子女还是父母，教育预期对影子教育产品购买时长（*ShadEduc_t*）的回归系数都显著为正（$p<0.01$），这一方面印证了个人预期对购买影子教育产品的作用——个人对教育的预期越高，影子教育产品的购买量也会越多，另一方面也说明，子女对购买影子教育产品的时长也有比父母更强的自主性作用——该参数值比父母的高 47.2%。

控制变量方面，由是否检查家庭作业（*homework*）可知，检查孩子作业更多的家庭购买影子教育产品的概率更高，购买影子教育产品的时长更长。实际上，相对于“指导子女的作业”“检查孩子的作业”在执行上更具可行性，从而避免了家庭教育对影子教育的替代作用，而只是通过检查家庭作业表现家庭内社会资本对影子教育产品购买的作用；由父母职业（*stprhoccu*）可知，随着父母职业层次的逆增长，影子教育的消费量也会显著减少。这一方面可能受到职业带来的收入对影子教育选择的影响，另一方面也受职业带来的社交作用对影子教育产品购买的影响；由父母受教育水平（*stprhedu*）可知，随着父母受教育水平的提升，子女购买影子教育产品的比重和购买影子教育的时长都在提高，其绝对值高于父母职业的绝对值，可知在同样分成九类之后，父母受教育层次的提升显著高于父母所在职业的影响，这一方面同学历提升下收入的增加进而有购买影子教育产品的意愿直接相关，另一方面也是由于父母接受过更高等级的教育从而可以更有效地对子女进行言传身教，提升学习动力有关；由家庭经济状况（*steco*）可知，随着家庭经济状况的提高，购买影子教育的比率和时长都有所提高，这是由影子教育自身所具有的营利性决定的，即高收入人群更有能力购买更多的影子教育产品；由家庭政治状况（*politics*）可知，党员和民主党派对于影子教育产品的购买比率和购买数量相对于群众均正向显著，这可能是由政治地位所决定的，但是其参数值相对最小（0.0682），可知其作用小于其他因素；学校情况方面，表现在学校层次（*schrank*）越高，购买影子教育产品的概率越高，时长越长，这同第 4 章中论述的影子教育同个人成绩相互作用的论述相印证，也可能是学校成绩同家庭经济资本和社会资本相关决定的；表现在个体方面的性别（*sex*）变量呈现出相对于男生，女生购买了更多的影子教育产品。

以上分析验证了预期收入对影子教育选择的影响机制，即主流教育的预期收入越高，个人对于这种主流教育的预期期待值就越高，而由于主流教育会通过学业考核的形式进行人员筛选，而由于购买影子教育产品可以提升通过考核的概率，因此会增加对于影子教育产品的购买。

使用两层线性模型分析的回归结果详见表 5.4。结果和表 5.3 的结论相同，没有改变主要变量的符号和显著性。

表 5.4　教育预期对影子教育产品选择的影响（两层线性模型分析）

变量	是否购买影子教育产品		购买影子教育产品时长	
	回归 1	回归 2	回归 3	回归 4
expect_a	0.0192*** (0.0022)		5.1823*** (0.7788)	

续表

变量	是否购买影子教育产品		购买影子教育产品时长	
	回归 1	回归 2	回归 3	回归 4
expect_b		0.0132 *** (0.0023)		3.5160 *** (0.8111)
homework	0.0238 *** (0.0030)	0.0254 *** (0.0030)	4.8080 *** (1.0626)	5.2542 *** (1.0397)
stprhoccu	-0.0218 *** (0.0020)	-0.0212 *** (0.0019)	-5.2924 *** (0.6865)	-5.3542 *** (0.6720)
stprhedu	0.0456 *** (0.0020)	0.0461 *** (0.0020)	11.8430 *** (0.7107)	11.8604 *** (0.6922)
politics	0.0171 *** (0.0056)	0.0208 *** (0.0055)	6.0485 *** (1.9522)	7.3414 *** (1.9131)
schrank	0.0190 *** (0.0044)	0.0210 *** (0.0044)	3.6749 ** (1.5540)	4.3285 *** (1.5202)
sex	-0.0356 *** (0.0071)	-0.0406 *** (0.0069)	-8.8126 *** (2.4772)	-10.2587 *** (2.4190)
_cons	0.0329 (0.0408)	0.0525 (0.0402)	11.8148 (14.1770)	17.9016 (13.6543)
N	16032	16591	16032	16591
var(_cons)	0.0039 (0.0032)	0.0036 (0.0029)	456.6136 (400.1748)	385.5700 (335.3573)
var(Residual)	0.1969 (0.0022)	0.1969 (0.0022)	24193.3900 (270.2797)	24050.5600 (264.1149)
LR 检验	77.38 ***	44.25 ***	80.90 ***	42.55 ***

注：（1）括号外的数字为估计系数，括号内的数字为估计系数的稳健性标准误；（2）*、**、*** 分别表示在 10%、5% 和 1% 的水平下显著。

5.4.2 即期教育成本与影子教育产品选择的实证检验

为了验证假设5.2，通过分析即期教育成本对影子教育产品选择的影响，进行相应的回归分析，其结果详见表5.5。

表5.5 即期教育成本对影子教育产品选择的影响

变量	是否购买影子教育产品		购买影子教育产品时长	
	回归1	回归2	回归3	回归4
educost_n	-0.0135** (0.0066)		-0.7043** (0.2840)	
educost		-0.0141** (0.0068)		-0.6810** (0.2721)
homework	0.1322*** (0.0176)	0.1321*** (0.0176)	5.1432*** (1.1841)	5.1422*** (1.1845)
stprhoccu	-0.0912*** (0.0110)	-0.0912*** (0.0110)	-4.9715*** (0.8723)	-4.9718*** (0.8724)
stprhedu	0.2237*** (0.0112)	0.2236*** (0.0112)	11.7473*** (0.8505)	11.7421*** (0.8502)
steco	0.2421*** (0.0401)	0.2418*** (0.0401)	10.9898*** (2.6824)	10.9614*** (2.6844)
politics	0.1178*** (0.0310)	0.1178*** (0.0310)	9.3893*** (2.4604)	9.3887*** (2.4604)
schrank	0.1560*** (0.0267)	0.1562*** (0.0267)	6.9184*** (1.5868)	6.9169*** (1.5867)
sex	-0.1605*** (0.0411)	-0.1604*** (0.0411)	-6.6752** (2.7027)	-6.6778** (2.7023)

续表

变量	是否购买影子教育产品		购买影子教育产品时长	
	回归 1	回归 2	回归 3	回归 4
_cons	-2.7888 *** (0.1852)	-2.7864 *** (0.1853)	-12.5807 (13.3686)	-12.4638 (13.3709)
N	12291	12291	12291	12291
Pseudo R^2	0.0862	0.0863	—	—
Prob. > chi2	0.0000	0.0000	—	—
R^2	—	—	0.0589	0.0589
Prob. > F	—	—	0.0000	0.0000

注：（1）括号外的数字为估计系数，括号内的数字为估计系数的稳健性标准误；（2）*、**、*** 分别表示在 10%、5% 和 1% 的水平下显著。

表 5.5 的回归 1 和回归 2 表明，无论是主流教育净成本（*educost_n*）还是主流教育成本（*educost*），教育成本对影子教育产品购买（*ShadEduc*）的回归系数都显著为负（$p < 0.05$），这表明主流教育成本的降低对于影子教育产品的购买会产生积极作用。此外，在 1793 名获得助学金的学生中，学费为 0 的学生占到了 64.24%，总缴纳费用为 0 的学生占到了 32.62%，可知获得助学金的大部分是低学费学生，而助学金的获得对其教育成本会产生显著的影响，即体现在引入助学金之后主流教育净成本低于主流教育成本。这一情况在回归系数中也有所表现，总成本对是否购买影子教育产品的概率的绝对值高于净成本，说明成本增加，购买影子教育的概率也会增加。

实际上，在主流教育成本为 0 甚至为负的家庭中存在大量低收入家庭，即便教育成本很低，由于教育天然的机会成本，使得他们没有能力购买影子教育产品，即便购买影子教育产品，其时长也会相对较低。因此，回归 1 和回归 2 讨论是否选择的问题，意味着成本越低，选择的概率越高；而回归 3 和回归 4 是讨论选择数量问题。此时，由于低教育成本人群和低收入人群的重合，虽然整体上教育成本降低仍然增加购买影子教育时长，但更低的教育成本下个人选择影子教育的数量低于较高教育成本下的选择量。回归3和回归4验证了这一观点，即虽然教育成本对购买影子教育产品时长（*ShadEduc_t*）的回归系数仍然显著为负（$p<0.05$），但成本相对更高的总成本购买影子教育的时长的系数绝对值（0.6810）相对低于成本更低的净成本的绝对值（0.7043），体现在成本增加，影子教育的购买量也会相应地减少。此外，控制变量方面，表5.5中的结论和显著性和表5.3相一致，此处不再赘述。

对假设5.2的检验说明，教育投入的降低增加了主流教育的受教育人数、提高了个人的人力资本，在实际上形成了教育公平的同时，反而产生了大量影子教育的需求。而影子教育作为纯粹的以营利为目的的市场行为，对于无法支付其成本的个人来说，反而形成了一种新的不公平。

5.4.3　教育的均衡化与影子教育产品选择的实证检验

为了验证假设5.3.1和假设5.3.2，通过分析教育均衡化对影子教育产品选择的影响，进行相应的回归分析，其结果详见表5.6。

表5.6　教育均衡化对影子教育产品选择的影响

变量	是否购买影子教育产品			购买影子教育产品时长		
	回归1	回归2	回归3	回归4	回归5	回归6
schlocal	−1.1855*** （0.0995）			−60.8230*** （6.9311）		
edusd		1.2388*** （0.0732）			59.6270*** （4.6867）	
occusd			1.7708*** （0.0600）			86.0897*** （3.7224）

续表

变量	是否购买影子教育产品			购买影子教育产品时长		
	回归 1	回归 2	回归 3	回归 4	回归 5	回归 6
homework	0.1277*** (0.0149)	0.1074*** (0.0151)	0.1012*** (0.0153)	4.9830*** (1.0383)	3.8397*** (1.0415)	3.2956*** (1.0274)
stprhoccu	-0.0872*** (0.0094)	-0.0848*** (0.0094)	-0.0561*** (0.0097)	-4.6948*** (0.6741)	-4.6277*** (0.6711)	-2.7418*** (0.6708)
stprhedu	0.2164*** (0.0096)	0.1718*** (0.0100)	0.1151*** (0.0104)	12.1769*** (0.6829)	9.6617*** (0.7155)	6.7627*** (0.7169)
steco	0.2453*** (0.0331)	0.2157*** (0.0333)	0.1545*** (0.0338)	11.8849*** (2.1301)	10.5783*** (2.1266)	6.8297*** (2.1077)
politics	0.1050*** (0.0267)	0.1083*** (0.0268)	0.0529* (0.0275)	8.2984*** (1.9150)	8.3764*** (1.9088)	5.5084*** (1.8878)
schrank	0.2112*** (0.0241)	0.0233 (0.0231)	-0.1568*** (0.0240)	9.4024*** (1.5829)	1.1751 (1.5336)	-6.9248*** (1.5742)
sex	-0.2193*** (0.0352)	-0.2082*** (0.0353)	-0.1984*** (0.0361)	-10.7542*** (2.4117)	-10.1097*** (2.4061)	-9.4145*** (2.3800)
_cons	-1.9766*** (0.1628)	-3.9122*** (0.1710)	-4.1000*** (0.1627)	26.6827*** (11.1659)	-70.1338*** (11.1947)	-81.2623*** (10.5458)
N	16655	16655	16655	16655	16655	16655
Pseudo R^2	0.0903	0.0979	0.1288	—	—	—
Prob. > chi2	0.0000	0.0000	0.0000	—	—	—
R^2	—	—	—	0.0633	0.0680	0.0882
Prob. > F	—	—	—	0.0000	0.0000	0.0000

注：（1）括号外的数字为估计系数，括号内的数字为估计系数的稳健性标准误；（2）*、**、*** 分别表示在 10%、5% 和 1% 的水平下显著。

表 5.6 的回归 1 和回归 4 表明，本县（市、区）的学生占全校学生的比重（*schlocal*）越高，购买影子教育产品（*ShadEduc*）的

概率则越低，购买影子教育的数量（*ShadEduc_t*）则越少，且均在统计上具有显著性（$p < 0.01$），从而证明了假设 5.3.1。

回归 2 和回归 5 表明，学校中父母学历的最高值的标准差（*edusd*）越高，购买影子教育产品的概率越高，购买影子教育产品的数量越多，且均在统计上具有显著性（$p < 0.01$）；回归 3 和回归 6 表明，学校父母职业的最高值的标准差（*occusd*）越高，购买影子教育产品的概率越高，购买影子教育的数量越多，且均在统计上具有显著性（$p < 0.01$）。从而综合证明了假设 5.3.2。

另外，从回归系数上可知，父母学历最高值的标准差和父母职业最高值的标准差虽然都和影子教育产品的购买存在正相关性，但后者的边际作用高于前者。这可能是由两种原因导致的：一方面，父母学历相对于职业具有一定的隐蔽性，学生和家长作为主体对于周边其他学生家长的职业信息和关注度要高于对于他们学历的关注度；另一方面，这也可以体现出制度文化资本相对于身体文化资本在示范作用中的重要性更高。

对假设 5.3.1 和假设 5.3.2 的检验说明，随着主流教育均衡化的推进，为了维持不平衡，影子教育开始表现出更加重要的作用。这也应该是政策制定者关注的方向。

5.5 稳健性检验

针对假设 5.1 的检验可知，子女自身的期望和父母对子女的期望均对影子教育的选择产生了正向显著的作用。然而，如果考虑到子女对父母的“迎合”作用，即子女可能自身期望不高，但由于父母期望较高，从而选择影子教育进而产生了一种“迎合效应”。据此，构建变量“子女认为的父母对自身的期望”为 *expect_c*，同 *expect_a* 和 *expect_b* 的表示内容相同，并进行回归。回归 1 是对影子教育选择（*ShadEduc*）的影响，回归 2 是对影子教育选择数量

（*ShadEduc_t*）的影响。其结果仍然是正向显著的，控制变量的作用和显著性也没有变化。具体结论详见表 5.7。

表 5.7　　稳健性检验：子女认为的父母对自身期望对影子教育选择的影响

变量	子女认为的父母期望	
	回归 1	回归 2
expect_c	0.0967 *** (0.0126)	4.2285 *** (0.7615)
homework	0.1233 *** (0.0152)	4.8723 *** (1.0779)
stprhoccu	-0.0953 *** (0.0096)	-5.0378 *** (0.7838)
stprhedu	0.2064 *** (0.0098)	11.8065 *** (0.7610)
steco	0.2979 *** (0.0348)	15.0793 *** (2.3606)
politics	0.0688 ** (0.0272)	6.8933 *** (2.2211)
schrank	0.0942 *** (0.0231)	3.9143 *** (1.4755)
sex	-0.1892 *** (0.0358)	-8.9687 *** (2.4785)
_cons	-3.1704 *** (0.1749)	-35.2100 *** (12.2416)
N	16035	16035
Pseudo R^2	0.0861	—

续表

变量	子女认为的父母期望	
	回归 1	回归 2
Prob. > chi2	0.0000	—
R^2	—	0.0598
Prob. > F	—	0.0000

注：（1）括号外的数字为估计系数，括号内的数字为估计系数的稳健性标准误；（2）*、**、*** 分别表示在 10%、5% 和 1% 的水平下显著。

表 5.3 和表 5.7 中的收入对影子教育选择的影响均是从预期角度出发进行的分析，其作用机制是预期收入更高导致预期学历更高，进而导致即期购买影子教育产品更多。这种预期产生的作用放在即期是否仍然会产生这种积极的作用？构建即期学习期望的两个变量，*expect_n*1 为子女对自身的期末学业要求，*expect_n*2 为家长对子女的期末学业要求，根据 CEPS 的问卷调整为四档，分别为：①没有特别要求；②班上的平均水平；③中上；④班上前五名，并在数据库中进行相应的赋值。回归结果发现，即期学习期望对影子教育的选择虽然正向，但显著性不高（$p < 0.10$），而对购买影子教育产品的时长则表现为正向不显著（$p > 0.10$），其中子女自身即期教育期望对购买影子教育产品的显著性表现为 $p = 0.934$，父母对子女的教育期望对购买影子教育产品的显著性表现为 $p = 0.743$。这表明影响影子教育消费概率和数量的主要是预期教育期望而非即期教育期望。具体结论详见表 5.8。

表 5.8　稳健性检验：即期教育期望对影子教育选择的影响

变量	是否购买影子教育产品		购买影子教育产品时长	
	回归 1	回归 2	回归 3	回归 4
*expect_n*1	0.0340* (0.0195)		0.1117 (1.3506)	

续表

变量	是否购买影子教育产品		购买影子教育产品时长	
	回归 1	回归 2	回归 3	回归 4
expect_n2		0. 0340 * (0. 0205)		0. 4651 (1. 4182)
homework	0. 1325 *** (0. 0150)	0. 1316 *** (0. 0150)	5. 3747 *** (1. 0622)	5. 2534 *** (1. 0597)
stprhoccu	-0. 0956 *** (0. 0094)	-0. 0975 *** (0. 0094)	-5. 2468 *** (0. 7679)	-5. 3363 *** (0. 7701)
stprhedu	0. 2209 *** (0. 0095)	0. 2201 *** (0. 0095)	12. 4993 *** (0. 7430)	12. 4695 *** (0. 7401)
steco	0. 2890 *** (0. 0342)	0. 2934 *** (0. 0343)	14. 4046 *** (2. 2972)	14. 6855 *** (2. 3093)
politics	0. 0900 *** (0. 0265)	0. 0849 *** (0. 0266)	7. 4871 *** (2. 1652)	7. 3234 *** (2. 1679)
schrank	0. 1166 *** (0. 0225)	0. 1209 *** (0. 0226)	5. 0572 *** (1. 4373)	5. 1807 *** (1. 4423)
sex	-0. 2164 *** (0. 0352)	-0. 2155 *** (0. 0353)	-10. 6818 *** (2. 4254)	-10. 7842 *** (2. 4383)
_cons	-2. 5968 *** (0. 1630)	-2. 6135 *** (0. 1621)	-11. 8076 (11. 6326)	-11. 3695 (11. 4681)
N	16585	16501	16585	16501
Pseudo R^2	0. 0840	0. 0841	—	—
Prob. > chi2	0. 0000	0. 0000	—	—
R^2	—	—	0. 0588	0. 0592
Prob. > F	—	—	0. 0000	0. 0000

注：(1) 括号外的数字为估计系数，括号内的数字为估计系数的稳健性标准误；(2) *、**、*** 分别表示在 10%、5% 和 1% 的水平下显著。

针对假设5.2的检验是从成本的角度出发进行的分析，即主流教育成本变化下，购买影子教育产品的概率和数量的变动方向。然而，在当前存在部分收费高昂的中学，学生是以留学为目的而并非参加中考和高考，他们没有购买影子教育产品的动机；或者高额学费包括了影子教育的内容，将影子教育产品内生在了学费之中。对于此类学生，不购买影子教育产品并非是学费太高，而是不需要购买或已经购买但无法通过调查问卷表现出来。

因此，通过缩尾（winsorize）处理，对主流教育成本进行了右侧5%的缩尾。这一方面可以排除掉可能存在的高价学费背后的不参加中考、高考和影子教育内生在学费中的样本，另一方面也可以避免有可能存在主流教育成本较高的异常值，降低样本方差。由于样本量较大，因此采用了将右侧数值删除的方法直接减少样本量，并再次进行回归，结果详见表5.9。

表5.9　稳健性检验：教育预期对影子教育产品选择的影响

变量	是否购买影子教育产品		购买影子教育产品时长	
	回归1	回归2	回归3	回归4
educost_n	-0.0401* (0.0217)		-3.9266** (1.8249)	
educost		-0.0608*** (0.0205)		-3.3842*** (1.2497)
homework	0.1267*** (0.0180)	0.1278*** (0.0179)	4.6575*** (1.2238)	4.7846*** (1.2240)
stprhoccu	-0.0923*** (0.0112)	-0.0932*** (0.0112)	-4.9712*** (0.8788)	-4.8944*** (0.8729)
stprhedu	0.2258*** (0.0115)	0.2246*** (0.0114)	11.8813*** (0.8796)	11.9117*** (0.8766)

续表

变量	是否购买影子教育产品		购买影子教育产品时长	
	回归 1	回归 2	回归 3	回归 4
steco	0. 2508 *** (0. 0410)	0. 2451 *** (0. 0407)	10. 9957 *** (2. 7664)	10. 7057 *** (2. 7501)
politics	0. 1043 *** (0. 0318)	0. 1006 *** (0. 0317)	8. 2380 *** (2. 5161)	8. 0528 *** (2. 4976)
schrank	0. 1779 *** (0. 0275)	0. 1778 *** (0. 0275)	8. 1317 *** (1. 6098)	8. 2277 *** (1. 6046)
sex	-0. 1580 *** (0. 0422)	-0. 1601 *** (0. 0420)	-7. 1906 ** (2. 7800)	-7. 2328 *** (2. 7634)
_cons	-2. 8666 *** (0. 1901)	-2. 8259 *** (0. 1894)	-14. 2010 (13. 7675)	-14. 8261 (13. 7348)
N	11680	11814	11680	11814
Pseudo R^2	0. 0892	0. 0893	—	—
Prob > chi2	0. 0000	0. 0000	—	—
R^2	—	—	0. 0608	0. 0605
Prob. > F	—	—	0. 0000	0. 0000

注：（1）括号外的数字为估计系数，括号内的数字为估计系数的稳健性标准误；（2）*、**、*** 分别表示在 10%、5% 和 1% 的水平下显著。

由结果可知，回归结果在统计上仍然是显著的，因此可以作为假设 5. 2 的验证。此外，在系数上，净成本相对于总成本也呈现在购买影子教育产品的概率更低，时长却更长的现象。这表明，主要的结论没有变化，仍然表现为主流教育成本和购买影子教育产品的概率和时长的负相关关系。

此外，在进行缩尾之后，表 5. 9 中的新样本回归的系数绝对值显著高于表 5. 5 中完整样本系数的绝对值。这表明，高教育成本人群因为已经在主流教育上进行了投入，对于影子教育的投入需求会出现降低。而当将此类样本删减掉之后，教育成本降低导致的影子教育投入增加的效用会变得更加突出。从而也对 5. 4. 2 的分析进行了佐证。

针对假设 5. 3. 1 和假设 5. 3. 2 教育均衡化下影子教育产品的选择，前文分析是采用了学校中本县（市、区）的学生比重、全校范围父母学历的标准差和全校范围父母职业的标准差进行分析。考虑到学生的社交范围可能无法达到学校的层面，因此将范围局限在班级内：使用“班级内本县（市、区）的学生比重”（*cls_local*）代替初始关键自变量并进行假设 5. 3. 1 的稳健性检验，使用“班级范围父母学历的标准差”（*cls_edusd*）和“班级范围父母职业的标准差”（*cls_occusd*）代替初始关键自变量并进行假设 5. 3. 2 的稳健性检验。结果详见表 5. 10。

由结果可知，回归结果在统计上仍然是显著的（$p < 0.01$），因此可以验证假设 5. 3. 1 和假设 5. 3. 2。此外，在系数上，父母学历的标准差的系数仍然显著小于父母职业的标准差。这表明主要的结论没有变化，仍然表现为教育均衡化购买影子教育产品概率和数量的增加。

此外，同表 5. 6 的结果相比可知，相对于学校层面本县（市、区）学生比重、父母学历的标准差和父母职业的标准差，班级层面的作用相对更小，这表明家庭对于影子教育产品的选择受到的影响更多的来自学校而非家庭的人员和文化资本构成。

表 5. 10　稳健性检验：班级背景下教育均衡化对影子教育产品选择的影响

变量	是否购买影子教育产品			购买影子教育产品时长		
	回归 1	回归 2	回归 3	回归 4	回归 5	回归 6
cls_local	−0. 4365*** (0. 0819)			−16. 6949*** (5. 6875)		
cls_edusd		0. 7294*** (0. 0591)			34. 2839*** (3. 8861)	

续表

变量	是否购买影子教育产品			购买影子教育产品时长		
	回归 1	回归 2	回归 3	回归 4	回归 5	回归 6
cls_occusd			1.1618*** (0.0486)			54.8020*** (3.0140)
homework	0.1413*** (0.0152)	0.1162*** (0.0150)	0.1096*** (0.0151)	5.9450*** (1.0587)	4.4190*** (1.0426)	3.9009*** (1.0327)
stprhoccu	-0.0918*** (0.0096)	-0.0893*** (0.0094)	-0.0586*** (0.0096)	-4.9620*** (0.6860)	-4.8801*** (0.6723)	-3.0767*** (0.6767)
stprhedu	0.2213*** (0.0098)	0.1872*** (0.0099)	0.1440*** (0.0102)	12.5073*** (0.6952)	10.6533*** (0.7129)	8.4307*** (0.7126)
steco	0.2684*** (0.0335)	0.2476*** (0.0330)	0.2043*** (0.0335)	13.3722*** (2.1635)	12.2937*** (2.1240)	9.6907*** (2.1105)
politics	0.1035*** (0.0272)	0.1004*** (0.0267)	0.0623** (0.0271)	7.8418*** (1.9568)	7.9874*** (1.9132)	6.0837*** (1.8987)
schrank	0.1557*** (0.0240)	0.0695*** (0.0227)	-0.0534** (0.0234)	6.4740*** (1.6014)	3.0699* (1.5235)	-2.3015 (1.5492)
sex	-0.2199*** (0.0357)	-0.2125*** (0.0352)	-0.2021*** (0.0357)	-10.2899*** (2.4583)	-10.4215*** (2.4119)	-9.7369*** (2.3942)
_cons	-2.4494*** (0.1619)	-3.3902*** (0.1644)	-3.6506*** (0.1599)	-4.2746 (10.9695)	-44.6564*** (10.8928)	-57.0334*** (10.4694)
N	16033	16655	16655	16033	16655	16655
Pseudo R^2	0.0859	0.0911	0.1127	—	—	—
Prob > chi2	0.0000	0.0000	0.0000	—	—	—
R^2	—	—	—	0.0599	0.0633	0.0773
Prob. > F	—	—	—	0.0000	0.0000	0.0000

注：(1) 括号外的数字为估计系数，括号内的数字为估计系数的稳健性标准误；(2) *、**、*** 分别表示在 10%、5% 和 1% 的水平下显著。

5.6 小结

本章运用CEPS数据分析了个人选择影子教育产品的原因，有以下几点结论。

(1) 个人对主流教育的预期收入越高，在即期购买影子教育的概率越高，购买影子教育产品的数量越多。预期收益通过个人期望自己接受主流教育的程度表示，且在统计上表现为正向显著。然而，个人对即期教育的预期虽然同购买影子教育产品的概率呈现正向相关，但在统计上并不显著。表明影响购买影子教育产品的因素主要是远期而非即期。

(2) 个人在即期接受主流教育的成本越低，在即期购买影子教育的概率越高，购买影子教育产品的数量越多，即期成本通过学生在学校缴纳的总学费和去除助学金的净费用表示，且在统计上表现为逆向显著。考虑到可能存在部分高收费学校学生不需要购买影子教育产品或学费包含了影子教育成本，将学费收费中最高的5%的样本删掉后，结果仍然是显著的，没有改变前文的分析。

(3) 个人接受主流教育均衡度越高，在即期购买影子教育的概率越高，购买影子教育产品的数量越多，教育均衡度通过人口流动和文化资本趋异两点表示。即人口流动下学校中外地户籍的学生比重越高，因为身份差别导致购买影子教育产品的概率和数量增多。学校中家庭的文化资本趋异性越严重，因为地位恐慌和示范作用导致购买影子教育产品的概率和数量增多。这两种行为的共同目的在于提高自身相对于周围人群教育考核通过的概率，从而维持不平等的状态，从而分析了教育均等化下的个人行为，扩展了EMI理论。此外，如果将范围缩小到班级内的外来人口和文化资本趋异，结果仍然是显著的，没有改变前文的分析。

这三个条件一旦变化，影子教育的购买概率和数量都会下降：

如果“读书无用论”沉渣泛起，个人对于教育预期收入持悲观态度，期望接受更多的主流教育的积极性下降，也就必然减少甚至不购买影子教育产品；如果主流教育成本极高，且预计这一成本不大于获得教育之后的收入溢价的现值，个人参加主流教育的概率下降，必然也会减少购买影子教育产品的概率和数量；如果取消以分数作为教育考核的标准，如 1977 年恢复高考之前，是否能够就读大学并非完全根据考试成绩来决定，个人购买影子教育产品以辅导课程的需求就会降低，而一旦“一考定终身”，影子教育产品的需求必然会增加。

本章的分析进一步验证了第 4 章中的分析，个人对影子教育产品的购买根源于教育赠与和通过考核的不确定性。主流教育的预期收入增加、即期成本降低，体现了教育的赠与，而为了更多地获得这种赠与，个人需要通过考核，而这种考核要求人与人之间的成绩不平等，为了维持这种不平等，消费者对影子教育产品的需求也就出现了。

第 6 章

影子教育产品生产者生产的一般分析

6.1 引言

随着消费者对影子教育产品需求的日益增大，影子教育生产者在数量上不断增加、在规模上不断扩张。然而，伴随着影子教育的发展，影子教育企业违约事件却频频发生，以至于出现了大量“跑路”的现象。2016～2017 年间，媒体曝光的此类“跑路”案件多达十几起，涉案金额从数百万元到数亿元不等[①]。根据媒体公开报道进行整理发现，2019 年 1～4 月，仅上海地区就有 5 家影子教育企业“跑路”。2019 年 10 月，成立 21 年的“韦博英语”倒闭了，全国范围涉及资金或过亿元[②]。甚至出现“机构都跑了，（学生）却仍要继续为它还贷”的现象[③]。根据教育部的通告，2018 年全国共摸排校外培训机构 401050 所，存在问题机构 272842 所，现已完成整改 211225 所[④]。这意味着在摸排的校外培训机构中有 68.03%

---

① 李向磊，蒋政．贝拓英语关门事件背后：预付费模式难题待解 [N]．中国经营报，2018－09－24：D3.

② 邹松霖．韦博英语败局 [J]．中国经济周刊，2019，(20)：25－27.

③ 赵丽梅．韦博跑路 学员“中镖”[N]．中国青年报，2019－11－12：9.

④ 教育部办公厅关于全国校外培训机构专项治理行动整改工作进展情况的通报（截至 2018 年 11 月 30 日）.

存在问题。这些校外培训机构中多数是影子教育企业，从而也意味着影子教育企业存在高违约的可能。

然而，与违约几乎同时发生的是影子教育企业大量上市。2015年开始，教育企业大量选择在新三板上市[①]，这其中大部分是影子教育企业。

从时间节点上看，这两者之间存在逻辑关系：影子教育企业“跑路”的重要原因是因为资金链断裂，而上市的目的是为了筹措资金。但事实却与这一机制并不完全相符。

首先，影子教育企业的经营模式是消费者先付费，企业后服务，很少出现拖欠学费的问题，因此企业也就不缺少现金；其次，影子教育行业以辅导为主营业务，对于资产要求不高，属于典型的轻资产行业——2016 年，新三板教育类行业的市净率为 8.53%，居于各行业首位，为各行业平均值的 152.75%[②]，而如果仅考虑影子教育企业，其资产比重会更低；最后，影子教育企业师资较为灵活，作为核心竞争力的师资多数甚至全部来自外聘，部分企业甚至可以实现先收费，后聘请教师，不会造成资产积压。因此，对于保证核心业务不变的影子教育企业而言，其融资的积极性并不高，募集资金这一最主要的上市动机并不成立。因此，影子教育企业本身没有强烈的上市动机[③]。

一方面，从上市企业运营模式和财务报告中可以得知，影子教育企业并无上市融资的强需求；另一方面，影子教育企业却又出现了资金链断裂进而违约的现象。因此，这些现象可能由共同的原因所决定，且由此作出的选择是影子教育生产者在风险约束下的最优选择。

由于市场上大量企业提供类似的影子教育产品，影子教育生产

---

① 李立勋，郑艺佳．教育企业扎堆新三板［N］．北京商报，2015－05－28．

② 唐勇．中国新三板年度报告［M］．北京：机械工业出版社，2018．

③ 影子教育企业初创时往往有筹措资金的需要，但这大多通过风险投资的形式进行。企业上市要求良好的过往业绩，初创企业不会选择这种方式筹措资金。因此，此处论述的均为有一定历史和规模的影子教育企业选择上市的原因分析。

者面临着双重风险：第一是消费者对自身的信任程度不够，第二是自身员工“自立门户”形成新的竞争对手。前者既是外部问题，却又是生产者内在决定的；后者既是内部问题，却又存在出现外部竞争的可能。孟庆蛟和孙曰瑶提出，教育类企业包括服务滞后性和轻资产性两个特质①。其中，服务滞后性使得消费者存在疑虑，而轻资产性使得员工出走成为可能。因此，无论影子教育生产者选择违约或是上市，这些存在矛盾的生产者选择存在都是为了解决影子教育生产者自身面临双重风险的可能。

本章基于品牌经济学的视角分析影子教育企业的行为，以影子教育企业存在轻资产性和服务滞后性的特质为基础②，分析影子教育生产者为什么会做出这些“不理智”的行为。即相对于第 5 章分析的“消费者什么条件下会选择影子教育”，本章研究的主题是“生产者创造什么条件可以让消费者选择自己的影子教育产品”。

6.2 理论分析

6.2.1 一般的生产者的违约利润模型

由于信息不对称的存在，消费者在消费前有担心生产者违约的可能。假设违约后该生产企业不再存在，即“跑路”，构建企业违约下的违约利润函数：

① 孟庆蛟，孙曰瑶．教育类企业上市后为何业绩不会变脸？——基于新三板的微观数据［J］．财经理论与实践，2019，（6）：40－54.

② 并非所有的教育企业都具有轻资产性，典型的反例如飞行培训学校。然而，影子教育作为主流教育的补充多数属于轻资产行业。当前，实际上存在的少部分重资产的影子教育类企业，其问题反而转换为为什么他们要选择购置重资产，后文会对此进行分析。

$$\begin{cases} \pi^u = \sum_{i=1}^{n} \frac{TR_i - TC_i}{(1+r)^{i-1}} \\ \pi^b = BR_1 - BC_1 \end{cases} \tag{6.1}$$

其中，π^u 和 π^b 分别没有违约和违约之后的利润，TR_i 和 TC_i 分别是时间 i 下的企业收入和企业成本，r 是折现率；BR 和 BC 分别是企业当下违约后所得的违约收益和违约成本。由于一旦违约企业不再存在，因此企业收入和企业成本表现为长期，而企业违约收益和违约成本仅在即期呈现，且仅能获得一期的收益，损失一期的成本。

据此，分析生产者违约的条件和消费者信任生产者不会违约的条件。

1. 生产者违约条件

对于个别生产者而言，只要满足：

$$\sum_{i=1}^{n} \frac{TR_i - TC_i}{(1+r)^{i-1}} > BR_1 - BC_1 \tag{6.2}$$

企业就不会选择违约。期望进行长期生产并考虑消费者复购的生产者一般会选择不违约，以在长期内获得稳定的收益。但影子教育企业由自身的轻资产性和服务滞后性产生了不同的结论。

第一，轻资产性。影子教育企业提供的产品多是以教师的授课，这种授课形式一方面对于固定资产需要极少，另一方面表现在不存在产品库存的问题，即表现为轻资产性①。马克思将商品转换为货币称为商品的“惊险的跳跃（saltomortale）”②，“这个跳跃如果不成功，摔坏的不是商品，但一定是商品占有者”③。然而，影子教育生产者天然具有的轻资产性使得其机会成本并不高，很难

① 顾学雍，汪丹华．创客运动与全球化的科技教育［J］．现代教育技术，2015，25（5）：12－17.

② 马克思恩格斯全集：第 31 卷［M］．北京：人民出版社，1998：483.

③ 资本论（第一卷）［M］．北京：人民出版社，2004：127.

"摔坏"商品的占有者，导致其违约成本低。

第二，服务滞后性。因为考虑到整体的学习规划要根据学生报名的课时决定，因此学生大都是预付费，后服务，即服务滞后性。即便当前要求影子教育企业"不得一次性收取时间跨度超过 3 个月的费用"①，但影子教育企业多会选择各种方法去规避。这使得账面上有大量学生的预付费，而一旦违约，这些费用都可以作为违约收益，导致其违约收益很高。

因此，由于生产者较低的违约成本和较高的违约收益，导致其存在违约的可能增加。这种可能性将风险转移到了消费者身上，使得消费者开始考虑什么条件下可以使自身确保生产者不违约。

2. 消费者视角下生产者不违约的条件

对于消费者而言，生产者的预期利润现值是很难观测到的数值，但消费者可能观测到生产者的违约收入和违约成本：前者是自身支付的产品费用，后者是在产品无法兑付时的补偿。

如果生产者有较多的固定资本，即便生产者违约，消费者也可以使用法律的途径将生产者的固定资本兑换为货币并对自身进行一定程度的补偿，即生产者拥有的固定资本越多，消费者对于生产者的信任相对越高。然而，影子教育生产者由于其轻资产的特质，导致其可以兑换的固定资产比重很低，因此很难使消费者产生充足的信任。

如果生产者选择先提供产品再进行收费的模式，消费者面临的生产的违约收入为 0，因此可以确保生产者不违约。然而，影子教育生产者由于其服务滞后性的特质，导致其大多是全部预付费后再提供产品，进而也很难使消费者产生充足的信任。

当下出现的大量影子教育企业因为资金链断裂而违约行为，从

① 国务院办公厅．国务院办公厅关于规范校外培训机构发展的意见［J］．中华人民共和国国务院公报，2018，（25）：13.

而同影子教育企业的轻资产性特质相悖；影子教育企业没有为筹集资金而上市的动机，但却存在大量的上市行为，从而同影子教育企业的服务滞后性特质相悖。其原因在于轻资产性和服务滞后性会使消费者对于影子教育生产者天然存在一定的不信任性，为了弥补这种信任度上的缺失，影子教育企业需要采取此类有悖于自身特质的方式予以解决。

6.2.2 信任度模型

1. 教师—学生信任模型

影子教育企业在诞生初期，多是以教师的校外兼职的形式出现的，其授课地点在教师或学生家中，或者是在学校教室，这种“教师—学生”的形式，不存在中介，大多是通过家长或学生的口碑进行传播而形成。这种基于口碑的社交圈，一方面使得教师和学生之间的信任度较高，另一方面也很难出现违约行为，因此不会产生信任危机。作为一种稳定的状态，当前在中国仍然大量存在这种教育形式①。

借鉴孙曰瑶和刘华军②构建信任度模型如下：

$$Co_i^p = Co^p(MB_i^p,\ EB_i^p) = \alpha_i f_1(MB_i^p) \cdot f_2(EB_i^p) \qquad (6.3)$$

其中，Co_i^p 为在时间是 i 时的消费者对个别教师的信任度，受物质利益 MB 和情感利益 EB 的影响，α 为信任参数。物质利益是由一定的物质或有形的载体所组成并视为物质载体的构成，具体到影子教育中，表现为教师学历、教龄、毕业院校等；情感利益是由一定的情感要素组成，并视为情感载体的构成，具体到影子教育中，表现为情感依赖、观念认同等。

---

① 陈义媛．一座小城的补习班江湖［J］．中国老区建设，2018（1）：18－20.

② 孙曰瑶，刘华军．品牌经济学原理［M］．北京：经济科学出版社，2007：280－284.

情感利益和物质利益对信任度的具体作用主要表现在以下两点。

第一，物质利益越高，信任度越高。特殊情况为，当物质利益为 0 时，即便情感利益很高，由于产品本身无法满足消费者的需要，信任度也为 0。即

$$\frac{\partial Co^p}{\partial MB^p}>0,\ \frac{\mathrm{d}f_2}{\mathrm{d}MB^p}>0,\ f_1(0)=0 \tag{6.4}$$

第二，情感利益越高，信任度越高。特殊情况为，当情感利益为 0 时，信任度仅由物质利益来决定。即

$$\frac{\partial Co^p}{\partial EB^p}>0,\ \frac{\mathrm{d}f_2}{\mathrm{d}EB^p}>0,\ f_2(0)=1 \tag{6.5}$$

信任度本身对产品产生了溢价作用——信任度提高，选择成本随之降低，消费者愿意接受更高的溢价去购买物质利益相同的产品，其根本原因在于情感利益的不同①。具体而言，提高信任度进而降低选择成本的因素包括利益的单一性、需求的敏感性、商标的单义性、记忆的持久性、传播的可信性和终端的确定性②。

具体到影子教育生产中，信任度的提高可以使同质的产品售出更高的价格，从而实现“信任溢价”。但是，又由于轻资产性和服务滞后性，导致影子教育企业优先选择的提高消费者信任度以降低选择成本的方式是传播的可信性。这是因为在影子教育创立初期，由于招生多由社交范围内的人群通过口碑的形式传递，因此实现较强的可信性是最容易操作的方式。

然而，这种信任机制的最大问题在于规模存在上限。随着招生规模的扩大，教师对每个学生的关注程度开始降低，加之个人劳动时间存在上限，因此，在影子教育生产者希望进一步扩大招生规模的情况下，这种信任机制开始变换。

---

① 孙曰瑶，刘华军. 品牌经济学原理［M］. 北京：经济科学出版社，2007：281.

② 孙曰瑶，刘华军. 品牌经济学原理［M］. 北京：经济科学出版社，2007：39.

2. 企业—个别生产者—学生信任模型

轻资产性和服务滞后性的两个特质产生于影子教育发展的初期。然而，随着资本的进入和生产者对利润更高的诉求，影子教育企业的规模不断扩大，从事营销、咨询的人员数量显著增加，不仅天然隔离了消费者和作为个别生产者的教师，而且影子教育企业会尽量避免教师和学生间不必要的沟通，以防止教师私下联系学生，以高于自身课酬和低于学生支付费用的价格提供课程教学，甚至于是“自立门户”。而家长却希望了解更多影子教育个别生产者（教师）的信息。由于这种教育市场中的信息不对称现象，甚至出现了大量以母亲为主体的搜寻合理影子教育产品的“经纪人”行为，即所谓的“母职的经纪人化”①。因此，随着教师和学生之间的疏离感增强，这种初始的“教师—学生”的信任机制开始崩塌，教师逐渐由小商品经济形式下的生产者变成了大规模教育企业中的个别生产者。即影子教育的提供者变成了独立从业的私人教师和课业辅导公司两类②。在影子教育规模扩大的情况下，一种新的信任机制的构建是生产者必须考虑的重点。

构建 Co_i^c 作为时间为 i 时消费者对企业的信任度，表述为：

$$Co_i^c = Co^c(MB_i^c,\ EB_i^c) = \beta_i f_3(MB_i^c) \cdot f_4(EB_i^c) \tag{6.6}$$

其中，β 为信任参数。企业的物质利益和情感利益的概念内涵和个别生产者相同，具体表现在：一方面，物质利益越高，信任度越高。特殊情况为，当物质利益为 0 时，即便情感利益很高，由于产品本身无法满足消费者的需要，信任度也为 0。即

$$\frac{\partial Co^c}{\partial MB^c} > 0,\ \frac{\mathrm{d}f_2}{\mathrm{d}MB^c} > 0,\ f_1(0) = 0 \tag{6.7}$$

---

① 杨可．母职的经纪人化——教育市场化背景下的母职变迁［J］．妇女研究论丛，2018，(2)：79－90.

② ［英］马克·贝磊．直面影子教育系统：课外辅导与政府政策抉择［M］．巴黎：国际教育规划研究所，2012：65－66.

另一方面，情感利益越高，信任度越高。特殊情况为，当情感利益为 0 时，信任度仅由物质利益来决定。即

$$\frac{\partial Co^c}{\partial EB^c}>0,\ \frac{\mathrm{d}f_2}{\mathrm{d}EB^c}>0,\ f_2(0)=1 \tag{6.8}$$

消费者对企业的信任度和消费者对个别生产者的信任度之间形成了嵌套：总信任度为两者的乘积。这意味着在针对具体的个别生产者上，如果消费者对其信任度为 0，无论对企业的信任度为何值，消费者不会购买该生产者的产品；同理，如果消费者对企业的信任度为 0，无论对个别生产者的信任度如何，消费者也不会购买该生产者的产品。

对于影子教育生产者而言，是更多地关注并加强企业的信任度，还是更多地维持并提升个别生产者的信任度，一种权衡开始出现。

6.2.3　信任度视角下个别影子教育生产者的违约利润模型

假设个别生产者处于初始状态：仅靠自身提供产品，且除劳动时间成本之外不需要固定资本投入。则该个别生产者的利润为：

$$\pi_i = Co_i^p P_i Q_i - t_i tw_i = \alpha_i f_1(MB_i^p)\cdot f_2(EB_i^p) P_i Q_i - t_i tw_i \tag{6.9}$$

其中，P 是影子教育产品的价格，Q 是影子教育产品的销量，t 是生产者提供产品的时长，tw 是生产者单位时间的机会成本，在此情况下，作为溢价作用存在的 Co^p 越高，代表了消费者对该生产者个人的信任度，生产者提供的价格也会越高，则其利润随之增加。

而如果在生产中引入企业，此时提供产品的有多名生产者，且供职于同一家企业，此时，个别生产者的利润为：

$$\pi_i = (1-\lambda) Co_i^c Co_i^p P_i Q_i - t_i tw_i \tag{6.10}$$

其中，λ 是企业从生产者收入中提留的费用，用以平抑成本和产生利润，且 $0\leqslant\lambda\leqslant 1$。

在消费者购买影子教育产品中，企业对应影子教育企业，生产者对应教师，消费者对影子教育产品的选择需要同时考虑影子教育企业和教师。然而，企业同个别生产者信用度的大小不同也会造成不同的结果。

考虑个别影子教育生产者为企业生产时的个人利润和自身生产时的个人利润的关系，则如果满足：

$$Co_i^p P_i Q_i - t_i tw_i > (1-\lambda) Co_i^c Co_i^p P_i Q_i - t_i tw_i \tag{6.11}$$

即

$$(1-\lambda) Co_i^c < 1 \tag{6.12}$$

则个别生产者为企业生产时个人的利润不如脱离企业自身生产时产生的利润。而由于影子教育企业天然具有的轻资产化，导致个别生产者“自立门户”的成本很低，从而产生了个别生产者的违约风险。

因此，影子教育企业会尽量避免消费者普遍对个别生产者产生的信任度，这是因为个别生产者的信任度增加产生的违约风险不仅导致企业流失了员工，而且会在市场上出现一些了解自己的新竞争者。为了避免这种情况，企业采取了两种方法。

（1）尝试疏离消费者对自身企业个别生产者的情感依托，部分影子教育企业的学生甚至无法在缴费之前了解授课教师的确切信息，从而导致企业在同个别生产者议价时保持主动权，维持较高的 λ，以保证较高的获利。但是，若完全衰减个别生产者的情感利益，也不利于长期的招生。

（2）提高 Co^c，一方面可以提高自身获利能力，另一方面也可以避免个别生产者的出走，或将个别生产出走的影响降至最低①。因此，从效率而言，提升企业自身的信任度是最优的方法。

① 更进一步的是，当企业面向消费者具有相当高的情感利益时，个别生产者对企业本身也会产生认同感，从而可以在人力资本使用上降低成本和离职率。但因为这属于员工对企业的认知，此处不再赘述。

6.2.4　信任度视角下影子教育企业的违约利润模型

加入企业和个别生产者，通过信任度下的嵌套关系构建影子教育生产者的违约利润模型：

$$\begin{cases}\pi^{u}=\lambda\sum_{i=1}^{m}\sum_{j=1}^{n}\left[\frac{Co_{ij}^{c}Co_{ij}^{p}TR_{ij}}{(1+r)^{i-1}}-TC_{ij}^{v}\right]-TC_{1}^{f}\\ \pi^{b}=Co_{i1}^{c}Co_{i1}^{p}TR_{i1}-TC_{1}^{f}\end{cases}\tag{6.13}$$

首先，该模型描述了 m 名个别生产者在 n 年里产生的总利润：企业收入仅来自个别生产者的收入之和。而假设不考虑固定资本的折旧和未来的进一步固定资本投资，企业成本包括支付给个别生产者的劳务费用之和的现值、企业预期流动资本（TC^{v}）之和的现值和企业的固定资本（TC^{f}），且假定固定资本仅在第一期内投入，在后期没有新增。

其次，该模型描述了生产者在即期违约的利润，其中违约收益 $BR_1=Co_{i1}^{c}Co_{i1}^{p}TR_{i1}$，违约成本 $BC_1=TC_1^{f}$。即如果生产者在即期违约，其违约成本仅为当期投资的固定成本。另外，对于当期流动资本 TC_1^{v}，其主要包括雇用非教师员工的成本，而此类员工的培训费用属于一次投资长期使用，因此仍然计入固定成本。

1. 个别企业违约条件

对于生产者而言，只要满足：

$$\lambda\sum_{i=1}^{m}\sum_{j=1}^{n}\left[\frac{Co_{ij}^{c}Co_{ij}^{p}TR_{ij}}{(1+r)^{i-1}}-TC_{ij}^{v}\right]>Co_{i1}^{c}Co_{i1}^{p}TR_{i1}\tag{6.14}$$

企业就不会选择违约。而对于影子教育生产者而言，其面临的情况一方面是账面上的高现金流，另一方面是预期未来经营不善。这种情况下很容易让影子教育企业增加违约的概率。实际上，当前大量影子教育企业“跑路”之后参与维权的大多是消费者，就是因为此类原因所决定的——预期未来经营不善的影子教育生产者很少采取将课程完整地上完之后安静地离开，其主要原因在于即期收入高于预期利润现值之和。

然而，这恰恰是消费者尽量避免的行为：影子教育企业的违约不仅会造成经济上的损失，还会影响自身的学习进度和效率，因此，消费者需要给自己一个确定的影子教育企业不违约的条件。

2. 消费者视角下企业不违约的条件

而对于作为观察者的消费者，如果消费存在预付费行为，只要满足：

$$\sum_{i=1}^{m} Co_{i1}^{c} Co_{i1}^{p} TR_{i1} < TC_{1}^{f} \tag{6.15}$$

就不会担心企业有跑路的风险，这是由于消费者观察到企业的固定资本较高，而这意味着如果企业违约，消费者可以通过法律用固定资本偿付自身的预付费，从而规避企业违约带来的风险。

因此，为了使消费者对自身提升信任度，生产者需要在多场合表现出自身拥有的固定资产，以向生产者发出有效信号。然而，对于影子教育生产者而言，虽然其天然具有轻资产性，但为了提升消费者的信任，需要提升固定资本以增加消费者对自身的情感利益。具体表现在运用 6.2.2 中论述的五种方法的两种。

（1）传播的可信性。影子教育企业通过支付昂贵租金和店面装修，传递给消费者企业正规、不会“跑路”的信号，以提高消费者的信任度，而实际上这种信号的费用会通过情感利益转移到消费者支付的费用之中。

（2）终端的确定性。影子教育企业在通过大量雇用终端销售员工并予以培训的基础上，先是确保进入终端的员工的稳定性，通过高底薪和绩效留住员工；再是确保导购对消费者提供确定性的帮助以坚定消费者的选择。同前述内容相同，这一成本也会通过情感利益转移到价格之中。

然而，伴随着高额的固定资本投入，必然导致成本的增加，而高额租金和店面装修的普及，使得生产者很难预估未来的收益额，从而导致企业自身违约风险的增加——伴随着资金链断裂，生产者往往会以违约行为而结束。但在早期的教师—学生信任模型中，由于轻资产性，传统的影子教育生产者是很难资金链断裂的，这种资金断裂的一个重要原因在于影子教育企业要提升消费者对自身的信任度。

在此背景下，生产者需要寻找新的思路来解决问题，由于消费者天然对正规、规模大的企业具有更好的情感认同，而生产者也需要从这些角度出发来解决消费者不信任的问题。“上市”作为确保生产者正规、规模大的信号产生了。

6.2.5　IPO 效应视角下影子教育企业上市动机分析

IPO 效应是指 IPO 公司当年的经营业绩显著低于上市前一年，并且在上市后的 3 ~ 5 年内的业绩低于上市前的平均水平。然和卡尼（Jain & Kini）从上市前的盈余管理方面分析，提出企业在上市后无法维持其发行前的业绩水平，盈利能力也会下降①。这一效应在中国资本市场上同样存在，国内学者陈晓将其形象地称为“变脸”②。2012 年 3 月，深交所发文称，上市公司 IPO 后会出现 1 ~ 2 年的业绩增长缓慢甚至下滑现象，随后会恢复业绩增长态势，希望投资者对待创业板持有更多的耐心和宽容。

① Jain B, Kini O. The Post - Issue Operating Performance of IPO Firms [J]. The Journal of Finance, 1994, 49 (5): 1699 - 1726.

② 陈晓. 上市公司的“变脸”现象探析 [M]. 北京：企业管理出版社，2003.

对于上市企业业绩变脸现象，除用传统的盈余管理进行探讨[①②③④]之外，卢森波姆等（Roosenboom et al.）[⑤]、陈等（Chen et al.）[⑥⑦⑧] 分别用盈余管理的角度分析了荷兰、中国台湾地区、美国、英国、约旦上市后变脸情况。

对于中国市场而言，也存在上市前盈余管理越严重，上市后公司业绩下降越多的现象[⑨]。盈余管理可以形成良好业绩以达到企业上市的条件，进而提高发行价格、增加融资额[⑩]，但上市后为规避高额税款，业绩往往出现下滑，故而形成了上市后业绩变脸的现象。结合中国国情，国内学者从发审委联系[⑪⑫]、政治关联[⑬]、

---

① Teoh S H, Welch I, Wong T J. Earnings Management and the Long-run Market Performance of Initial Public Offerings [J]. Journal of Finance, 1998, 53 (6): 1935 – 1974.

② Aharony J, Lin C, Loeb M. Initial Public Offerings, Accounting Choices, and Earnings Management [J]. Contemporary Accounting Research, 2010, 10 (1): 61 – 81.

③ Alhadab M, Clacher I, Keasey K. A Comparative Analysis of Real and Accrual Earnings Management around Initial Public Offerings under Different Regulatory Environments [J]. Journal of Business Finance & Accounting, 2016, 43 (7 – 8): 849 – 871.

④ Gounopoulos D, Pham H. Credit Ratings and Earnings Management around IPOs [J]. Journal of Business Finance & Accounting, 2017, 44: 1 – 42.

⑤ Roosenboom P, Goot T, Mertens G. Earnings Management and Initial Public Offerings: Evidence from the Netherlands [J]. International Journal of Accounting, 2003, 38 (3): 243 – 266.

⑥ Chen K Y, Lin K L, Zhou J. Audit Quality and Earnings Management for Taiwan IPO Firms [J]. Managerial Auditing Journal, 2005, 20 (1): 86 – 104.

⑦ Chahine S, Arthurs J, Filatotchev I, Hoskisson R. The Effects of Venture Capital Syndicate Diversity on Earnings Management and Performance of IPOs in the US and UK: An Institutional Perspective [J]. Journal of Corporate Finance, 2012, 18 (1): 179 – 192.

⑧ Alhadab M. Real and Accrual Earnings Management around Initial Public Offerings in Jordan [J]. International Business Research, 2018, 11 (1): 204 – 216.

⑨ 李明，郑艳秋．盈余管理、媒体负面报道与公司上市后业绩变脸——基于我国创业板上市公司的经验证据［J］．管理评论，2018，30（12）：212 – 225.

⑩ 朱武祥，张帆．公司上市前后经营业绩变化的经验分析［J］．世界经济，2001（11）：11 – 18.

⑪ 李敏才，刘峰．社会资本、产权性质与上市资格——来自中小板 IPO 的实证证据［J］．管理世界，2012（11）：110 – 123.

⑫ 杜兴强，赖少娟，杜颖洁．“发审委”联系、潜规则与 IPO 市场的资源配置效率［J］．金融研究，2013（3）：143 – 156.

⑬ 逯东，万丽梅，杨丹．创业板公司上市后为何业绩变脸？［J］．经济研究，2015，50（2）：132 – 144.

风险投资①、媒体监督②③等角度进行分析，认为这些也有可能导致业绩变脸。但上市后业绩变脸的主要原因均引向了盈余管理。

当前，IPO效应已经成为学界共识，新三板作为主要针对中小微型企业的股权交易平台，也面临着上市后业绩变脸的难题。2018年6月，11371家新三板公司中，因为业绩下滑严重，有460家公司未按时披露2017年年报，另有147家申请摘牌，而未披露年报的103家企业将被强制摘牌。而在公布的2017年新三板的10735份年报中，处于亏损的有2513家，占总数的23.36%。

但对于影子教育企业而言，为了达到上市条件同样也会进行盈余管理，然而，中国新三板的影子教育企业却并不变脸。在2017年的新三板行业报告中，影子教育行业销售毛利率为51.61%，为各行业平均值的1.64倍，居于各行业首位。而在对数据进行分析后发现，上市行为不仅不会导致变脸，反而有效地促进了新三板影子教育企业的发展，提升了财务绩效。那么，在新三板上市的影子教育上市公司为何不会变脸？

一方面是影子教育企业并不变脸，另一方面是企业并无上市融资的强需求。故而存在这样一种动机。不仅让对融资积极性不高的影子教育企业可以接受上市前审计、上市后的监管所带来的高成本，而且又可以突破IPO效应的怪圈，在市场中逆势腾飞。这种动机是什么呢？

这种动机就是上市行为本身。影子教育企业轻资产性和预付费性服务模式导致了企业一旦“跑路”，消费者的损失极大，因此消费者需要尽可能获得影子教育企业信息以防止这种道德风险，但影子教育企业同消费者之间往往没有中间商，反而加剧了两者间的信

① 徐虹，林钟高，彭圆圆．内部控制、风险投资与上市公司IPO业绩变脸［J］．江西财经大学学报，2017（4）：32－44.

② 熊艳，杨晶．媒体监督与IPO业绩变脸：甄别、传导还是治理［J］．财贸经济，2017，38（6）：66－79.

③ 李明，郑艳秋．盈余管理、媒体负面报道与公司上市后业绩变脸——基于我国创业板上市公司的经验证据［J］．管理评论，2018，30（12）：212－225.

息不对称。同时，面对着市面上同质的影子教育产品，“上市公司”这一产品的品牌效应作为信号，对提升消费者对自身的情感利益的重要性开始凸显。

消费者在面对产品类似的多家影子教育企业时，作为上市公司的影子教育企业可以更好地树立企业规模大、正规经营的形象，减少信息不对称所带来的消费者选择成本。这种形象的提升并不需要通过大量地购置固定资产，而是通过上市产生的品牌效应构成了一种隐性担保。而其他行业，尤其是传统制造业，其面对的上下游企业多数是保持长期合作，与消费者购买影子教育产品多是一次博弈、较少回购不同，其信息不对称的现象并不明显，生产者通过上市来树立企业形象的动机很难成立。因此，影子教育企业可以通过上市形成品牌效应，这就是影子教育企业的上市动机。

6.3 研究假设

上市不仅不可以满足企业分散风险、筹集资金、获取监督的需要，也可以通过上市获得品牌效应①②。这一结果首先是通过提升企业的知名度实现的：上市之后，交易所里企业名称的展现、相关媒体的报道相当于面向数千万投资者的广告③；上市的严格要求和门槛，也会使消费者产生“上市公司是正规公司”的认知，进而对企业形成认同；周岩锋指出，企业上市可以获得品牌效应，境外上市相对于境内可以获得更高的知名度，使得消费者产生对上市品牌

① Rajan R G, Zingales L. What Do We Know about Capital Structure? Some Evidence from International Data [J]. Journal of Finance, 1995, 50 (5): 1421 -1460.

② 马磊，徐向艺．上市公司控制权私有收益计量方法的比较及其改进［J］．山东大学学报（哲学社会科学版），2007（2）：111 -116.

③ 张新建，林树，孙俊峰，赵军．出版企业上市利弊分析及对策［J］．科技与出版，2012（11）：23 -26.

的信任[①]。这种广告效应和认同效应对于自身知名度不高的企业意义尤为重大。这体现了从信任到溢价的传递，产生了品牌效应。品牌是与目标顾客达成长期利益均衡，从而降低其选择成本的排他性品类符号，品牌效应体现的是使目标客户选择某一种产品的单一利益点[②]。

作为影子教育产品的消费者，其消费行为都是“先试听、后交费”，选择的都是自身满意的产品，因此对于产品质量都有一定的预知。但是，表现为道德风险，同样的课程质量消费者愿意承担的成本有所区别，由于消费者需要预付学费，使得生产者一旦“跑路”，所获效用骤降为0——影子教育企业的轻资产特质导致企业“跑路”成本降低，会进一步加强消费者的担忧。因此，在众多同类别的影子教育企业中展现出自身的实力，提升消费者的信任度，可以为自身产品产生溢价。

对于生产者而言，良好的企业形象通过良好的品牌效应，最终会反映到促进公司的财务绩效之中[③]，而上市行为对增进企业的品牌效应会产生积极的影响[④]，从而最终实现提升企业产值、利润和品牌价值[⑤]。据此，提出假设6.1。

假设6.1：上市行为对影子教育企业会产生品牌效应，从而对财务绩效产生积极影响。

当前，消费者面对着信息过剩的现状，他们不仅在消费时主动去对比，而且还接受着企业不停地传递过来的新信息。这种信息的

---

① 周岩锋．我国体育品牌的上市路径及效应分析［J］．广州体育学院学报，2013，33（6）：31－36.

② 孙曰瑶．自主创新的品牌经济学研究［J］．中国工业经济，2006（4）：59－65.

③ Mc Williams A，Siegel D，Wright P M. Corporate Social Responsibility：Strategic Implications［J］. Journal of Management Studies，2006，43（1）：1－18.

④ Rajgopal S，Venkatachalam M，Kotha S. The Value Relevance of Network Advantages：The Case of E－Commerce Firms［J］. Journal of Accounting Research，2010，41（1）：135－162.

⑤ 孙世攀，赵息，李胜楠．股权控制、债务容量与支付方式——来自我国企业并购的证据［J］．会计研究，2013（4）：52－57.

传播需要企业通过广告的形式传递给目标客户。而上市可以有效提升企业的品牌价值和市场影响力，具有无形的广告效应[①]。企业通过对产品有规则的广告投资，不仅将产品信息传递给消费者，而且可创造和保持独特的商标价值和品牌形象，为企业带来比竞争者更高的品牌溢价，从而为企业创造更高的经济效益[②]。

由于影子教育行业多数属于轻资产，对于接近上市条件的、大型影子教育企业而言，则要面对两个方面的竞争。

（1）相对于小型影子教育企业，大型影子教育企业要避免自身份额被蚕食，就必须通过树立品牌形象来提升自身财务绩效，因此，影子教育企业有动机主动地传递自身品牌。然而，同小型影子教育企业乃至于私人家教重点宣传“名师”相比，由于“名师”资源和其时间的稀缺性大型影子教育企业将宣传的主题定义为自身企业品牌，以在消费者面前树立良好形象。与其他行业不同，因消费者对影子教育产品的选择多数属于一次博弈，因此，树立一个“单一利益点”就变得无比重要。

单一利益点指品牌对目标消费者所承诺的利益点只有一个[③]，广告也多数集中在一个利益点之上。对于消费者而言，某位私人家教虽然授课很好，但对于他未来授课的内容连续性、时间稳定性、承诺可信性都没有有效的信号发出，而一家影子教育企业可以通过宣传上市行为来证明其正规性，从而解决了消费者对小机构的可能的顾虑。

（2）相对于和自身规模相同的大型影子教育企业，多年以来广告宣传角度的同质性也可以被上市行为改变，从而产生广告效应。由于2015年修订的《中华人民共和国广告法》对极限用语的限制使用，使得企业很难使用独到的广告内容。而上市之后的影子教育

---

① 李福祥，王媛媛．企业整体上市中的国有资本增值研究［J］．上海金融，2013（1）：8-12.

② 柯忠义．创业板上市公司经济绩效及影响因素——基于贝叶斯模型平均法（BMA）的实证研究［J］．数量经济技术经济研究，2017，34（1）：146-161.

③ 孙曰瑶．自主创新的品牌经济学研究［J］．中国工业经济，2006（4）：59-65.

企业通过宣传“首家国内上市中小学教育企业”“全国首家教育升学类企业上市新三板”“中国考研上市第一股”，一方面可以规避违反法律的风险，另一方面也可以起到独特的广告效应，在规模相仿的企业中产生竞争优势。

通过将有上市行为影子教育企业先后同小型影子教育企业和同规模的大型影子教育企业比较，可知广告效应可以在保证已有市场份额的前提下有效地提升企业的产量，从而实现通过广告促进产量进而提升利润的目标。据此，提出假设 6. 2. 1。

假设 6. 2. 1：影子教育企业将上市行为作为广告宣传可以对财务绩效产生积极影响。

在影子教育企业将上市行为作为广告宣传可能提升财务绩效的前提下，是否还有其他因素影响影子教育企业上市后的财务绩效呢？广告本身对企业会产生品牌效应，从而降低消费者的选择成本，提高消费者选择自身产品的概率。然而，如果剥离品牌作用带来的积极作用，上市行为对财务绩效会产生何种影响，是否又会重新落入盈余管理导致的 IPO 效应的怪圈中，财务绩效出现下滑呢？

根据假设 6. 2. 1 的理论基础，提出假设 6. 2. 2a 及其备择假设 6. 2. 2b。

假设 6. 2. 2a：剥离品牌效应的影子教育企业，上市行为对财务绩效会产生消极影响。

假设 6. 2. 2b：剥离品牌效应的影子教育企业，上市行为对财务绩效不会产生消极影响。

假设 6. 2. 1 的目的是验证广告行为是否是对企业的财务绩效产生影响，以及这种影响大小和方向的程度。实际上，对于上市企业而言是否选择广告是一种自主选择，在自身网站上进行广告行为对于企业的边际成本影响趋近于 0，但是，在新三板上市的影子教育企业中仍然有不宣传自身上市的企业。此类行为原因可能是相对于其他同行，自身行业的特质较弱，不是一个完全意义上的影子教育企业，上市对其财务绩效的影响也会相对较小。因此，通过将特质分为两类来分析影子教育企业上市对财务绩效带来的不同影响，一方面可以从另一个角度分析上市对财务绩效带来的是否为正面影响，来进一步验证研究假设6.1；另一方面可以解释不宣传上市行为的原因，即是否在本质上弱特质影子教育企业的上市行为带来的财务绩效影响也较弱。

不同于其他需要通过中间商才能找到终端客户的企业，影子教育行业直面消费者，从而导致影子教育企业和消费者的信息不对称：首先，消费者和企业体量不对等，导致消费者对影子教育企业了解程度较低；其次，影子教育辅导消费大多是一次博弈，消费者选择产品需要预付费，部分辅导产品还存在不回购的可能；再次，由于没有中间商，消费者更容易信任大企业，从而影响消费选择；最后，影子教育行业轻资产性导致了消费者面临企业“跑路”所带来的道德风险的概率加大。

因此，在前文论述的基础上增加影子教育企业的第三种特质：（1）轻资产性。由于以辅导为主营业务，加之互联网的发展，导致固定资产比重较低；（2）服务滞后性。影子教育企业多采用先付费后服务的形式，因此付费和服务并不同步；（3）产品同质性。传统的具有区域分割性的影子教育企业运营模式当前受到了互联网行业发展的冲击，加之区域内传统影子教育企业发展和交通便利带来的人口流动，使得消费者的可选择性开始急剧增加。“互联网+教育”的形式同传统影子教育相比虽有所不同，但产品内容仍是同质性，使得消费者对于影子教育服务的选择更多地关注于品牌。相对于前两种特质，产品同质性在互联网高速发展的今天的重要性日益凸显。

同为影子教育企业，其特质也具有区别。有部分企业需要较高的固定资产，也有部分企业通过上市拓展横向业务，或者虽然是影子教育企业但其提供的服务具有特殊性使得市场中同类型企业较少，因此，虽然有部分影子教育企业的主营业务没有改变，但实际上存在部分非影子教育的特质。因此，将资产比重较高、主营业务单一、产品市场竞争性较强的企业定义为强特质影子教育企业，反之定义为弱特质影子教育企业。一方面，上市行为对于强特质影子教育企业产生的品牌效应更能提升其财务绩效；另一方面，此类上市企业更有动机宣传自身的上市行为。据此，提出假设6.3。

假设6.3：强特质影子教育企业的上市行为可以更好地提升财务绩效。

6.4 研究设计

6.4.1 模型设定

为了检验研究假设6.1，本书构建了模型6.16。因变量为财务绩效（*finance*），借鉴《首次公开发行股票并在创业板上市管理暂行办法》（2009）的规定，选取营业收入（*income*）和营业利润（*profit*）作为衡量财务绩效的指标①。

$$finance_{it} = \alpha_{it} + \beta_1 ipo_{it} + \beta_2 ipo_{i,t-\tau} + \sum control + \varepsilon_{it}(\tau = 1,\ 2) \tag{6.16}$$

模型（6.16）的考察变量是：是否上市（ipo_{it}），是否上市滞后τ期（$ipo_{i,t-\tau}$），是为1，否为0。两者的系数和显著性是本书关注的重点，其目的在于考核上市行为是否对财务绩效产生积极影响，并且考核这种影响是否是显著的。因为品牌效应对财务绩效的影响存在滞后的可能，因此加入了滞后效应。鉴于有53%的企业为2016年之后上市，上市后的数据仅有四期，因此滞后三期及三期以上数理意义不大，因此仅考察上市和上市滞后一、二期。考虑到行

① 首次公开发行股票并在创业板上市管理暂行办法［J］. 司法业务文选，2009(19)：27-34.

业所处的宏观环境和内部治理等因素，控制变量包括：总资产周转率（*ttc*）、营业周期（*oc*）、存货周转天数（*dit*）、资产负债率（*alr*）和流动资产总量（*tca*）。

针对研究假设 6. 2. 1、假设 6. 2. 2a、假设 6. 2. 2b，本书构建了模型（6. 17）。因变量为财务绩效（*finance*），仍然选择收入和利润来度量。上市行为作为广告对财务绩效的作用首先需要企业上市为前提，其次才能通过广告影响财务绩效。这需要检验广告行为的中介作用。参考温忠麟和叶宝娟的方法[①]，构建中介效应检验的基本流程如图 6. 1 所示。

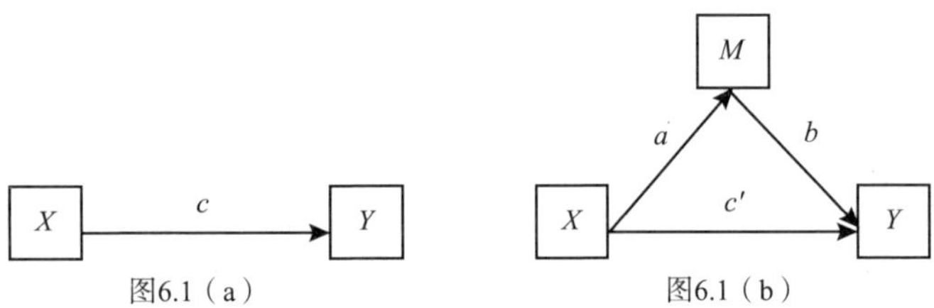

图 6. 1　中介效应检验示意图

图 6. 1 中，X 为影子教育企业的上市行为，为自变量，M 为广告行为，为中介变量，Y 为企业的财务绩效，为因变量。图 6. 1（a）中为影子教育企业上市行为对财务绩效的总效应，已经在模型（6. 16）中估计得到。图 6. 1（b）是解释变量 X 通过中介变量 M 影响被解释变量 Y。其中，a 为上市行为对广告行为的影响，b 为控制了上市效应 X 影响后中介变量广告效应 M 对财务绩效 Y 的影响，c' 为控制中介变量后上市效应对财务绩效的直接效应。估计方程为模型（6. 17）：

① 温忠麟，叶宝娟．中介效应分析：方法和模型发展［J］．心理科学进展，2014，22（5）：731－745.

$$\begin{cases} Y = cX + \varepsilon_1 \\ M = aX + \varepsilon_2 \\ Y = c'X + bM + \varepsilon_3 \end{cases} \tag{6.17}$$

模型（6.17）的考察变量如下，上市之后是否将上市行为作为广告宣传，若有则为 1，若无则为 0。由于广告的传播形式众多，仅将网络宣传作为广告宣传的方式进行分析：企业在自己的官方网站上公开宣传自己上市（写明上市或注明股票代码），定义为广告行为。这一方面是由于网络宣传的持久性较强，另一方面，相对于纸媒、户外广告、宣传单页等度量指标的不确定性，网络广告宣传可以保持来源口径的一致性。模型（6.17）的控制变量和模型（6.16）相同。

模型（6.17）重点考察 b 和 c' 的值，通过引入中介变量，不仅可以发现广告行为对于财务绩效的影响大小，而且可以在剥离广告行为影响后发现上市行为本身对于财务绩效的影响。如果上市行为对财务绩效的系数为负，表示可以接受假设 6.2.2a，即上市行为对于影子教育企业也会有消极影响，并没有改变 IPO 效应的结论。反之，则为接受假设 6.2.2b。

为了检验假设 6.3，本书构建了模型（6.18）和模型（6.19）。$finance_{it}$ 和 $finance_{jt}$ 分别表示了在时间 t 时的强特质（i）和弱特质（j）的企业的财务绩效，财务绩效选择收入和利润来度量。在轻资产性、服务滞后性、产品同质性三者中，轻资产性较容易区分出一个企业的影子教育的强弱特质，因此用货币资金同总资产的比重大小衡量企业特质，其中大于等于平均值的企业为强特质影子教育企业，反之为弱特质类影子教育企业。

$$finance_{it} = \alpha_{it} + \beta_{i1} ipo_{it} + \sum control + \varepsilon_{it} \tag{6.18}$$

$$finance_{jt} = \alpha_{jt} + \beta_{j1} ipo_{jt} + \sum control + \varepsilon_{jt} \tag{6.19}$$

模型（6.18）和模型（6.19）的考察变量是强特质和弱特质类影子教育企业的上市行为（ipo_{it} 和 ipo_{jt}），其中上市为 1，反之为 0，目的是为了分析不同特质的影子教育企业的上市行为对财务绩效的影响大小。控制变量和模型（6.16）相同。

以上各模型的具体变量定义详见表6.1。

表6.1　　　　主要变量定义

项目	变量符号	变量定义
因变量	*income*	企业营业收入，衡量企业财务绩效。单位是元
	profit	企业总利润，衡量企业财务绩效。单位是元
考察变量	*ipo*	企业是否上市，是为1，否为0
中介变量	*ad*	企业是否会通过广告宣传上市行为，是为1，否为0
控制变量	*ttc*	总资产周转率，销售收入净额/平均资产总额，衡量企业销售能力。单位是百分比
	oc	营业周期，衡量企业对应收账款和存货的管理能力。单位是天
	dit	存货周转天数，衡量企业营运能力。单位是天
	alr	资产负债率，总负债/总资产，衡量企业经营活动能力。单位是百分比
	tca	流动资产总量，衡量企业变现能力。单位是元

6.4.2　研究对象和描述性统计

本书选取了2014～2017年在新三板IPO的影子教育企业作为研究样本。微观数据方面，在剔除了主营业务和影子教育无关并保留了已退市的企业样本后，最终样本为94家。本书的微观数据来自万得（Wind）和国泰安（CSMAR）数据库，数据库中部分由于退市导致的缺失数据，均从企业公布的年报中补齐；企业官方网站网址来自全国中小企业股份转让系统中的证券品种数据库，并对是否进行广告宣传进行了手工搜集。另外，在具体的实证检验中，对营业总收入和营业利润取其自然对数值。描述性统计如表6.2所述。

表 6.2　　描述性统计

变量	样本量	均值	标准差	最小值	最大值
income	716	34326795532.72	95890756.96	161167.96	1157258050.39
profit	716	4752725501.92	22596964.73	-34363912.84	327730212.36
ipo	716	0.58	0.49	0	1
ad	716	0.41	0.49	0	1
ttc	716	0.94	1.03	0.02	9
oc	716	141.80	581.56	0.01	8294.36
dit	716	143.39	663.79	0.04	8071.75
alr	716	51.62	57.91	1.21	845.75
tca	716	43083262268.78	167196311.13	20620.39	2819960724.50

6.5 实证结果分析

6.5.1 上市行为和财务绩效的实证检验

表 6.3 的回归 1 和回归 4 显示，上市（*ipo*）对收入（*income*）和利润（*profit*）的回归系数都显著为正（$p<0.01$），表明上市确实可以带来财务绩效的提升。回归 2 和回归 5 表明，同时考虑上市和上市滞后一期，上市行为本身都会对财务绩效带来影响，且这种财务绩效在上市行为滞后 1 期的表现要优于滞后 0 期，这也符合现实情况——作为品牌作用的上市行为，需要一定的时间才能最终作用到财务绩效。这种效应在滞后 2 期的表现可以在回归 3 和回归 6 中得到验证。

表 6.3　上市对财务绩效的影响

变量	收入			利润		
	回归 1	回归 2	回归 3	回归 4	回归 5	回归 6
ipo	0.7202 *** (0.1277)	0.4548 *** (0.1370)	0.4037 *** (0.1274)	1.2738 *** (0.4000)	0.7154 (0.4571)	0.8923 ** (0.4070)
ipo_{-1}		0.7521 *** (0.1366)			1.3981 *** (0.4175)	
ipo_{-2}			0.5734 *** (0.1312)			1.1459 *** (0.3070)
ttc	-0.0476 (0.0627)	-0.0514 (0.0616)	0.0236 (0.0682)	-0.2685 (0.2728)	-0.2786 (0.2735)	-0.1531 (0.3128)
oc	-0.0004 *** (0.0001)	-0.0004 *** (0.0001)	-0.0004 *** (0.0001)	-0.0033 (0.0040)	-0.0038 (0.0038)	-0.0043 (0.0036)
dit	0.0001 (0.0001)	0.0001 (0.0001)	0.0001 (0.0001)	0.0044 (0.0076)	0.0055 (0.0073)	0.0052 (0.0070)
alr	0.0034 (0.0034)	0.0034 (0.0033)	0.0023 (0.0030)	0.0075 (0.0110)	0.0064 (0.0107)	0.0067 (0.0103)
tca	0.2458 *** (0.0437)	0.2385 *** (0.0436)	0.2524 *** (0.0550)	0.1686 * (0.0984)	0.1512 (0.0998)	0.1557 (0.1124)
_cons	12.1183 *** (0.7170)	12.2263 *** (0.7081)	12.2060 *** (0.8820)	11.6107 *** (1.5082)	11.8731 *** (1.4785)	12.0774 *** (1.5931)
year	控制	控制	控制	控制	控制	控制
N	716	716	716	716	716	716
R^2	0.4325	0.4385	0.4103	0.1864	0.1990	0.1836
Prob. > F	0.0000	0.0000	0.0000	0.0000	0.0000	0.0000

注：（1）括号外的数字为估计系数，括号内的数字为估计系数的稳健性标准误；（2）*、**、*** 分别表示 10%、5% 和 1% 的水平下显著。

以上实证结果表明，上市对于影子教育企业的财务绩效具有正面作用——上市行为对收入和利润的正面作用，同已有的“上市后变脸”形成了对比。导致这一作用的原因很可能是上市行为作为一种信号传递给消费者，让消费者相信企业是正规的，从而构成了品牌效应，而消费者对于企业正规性的认知恰好满足了消费者规避生产者道德风险的单一利益点，由此加大了对上市影子教育企业产品的选择概率。

6.5.2　作为广告的上市行为宣传与财务绩效的实证检验

由于广告对企业的财务绩效的影响存在中介效应，参考赵等（Zhao et al.）进行 Sobel - Goodman 检验①。结果详见表 6.4。

表 6.4　上市行为和广告行为对财务绩效的影响

变量	收入			利润		
	回归1 路径 c finance	回归2 路径 a ad	回归3 路径 b&c' finance	回归4 路径 c finance	回归5 路径 a ad	回归6 路径 b&c' finance
ipo	0.3468 *** (0.1093)	0.7167 *** (0.0263)	-0.3666 ** (0.1417)	0.6533 *** (0.1541)	0.7195 *** (0.0330)	-0.4394 ** (0.2055)
ad			0.9911 *** (0.1410)			1.5188 *** (0.2011)
_cons	16.4305 *** (0.0704)	0.2799 *** (0.0169)	16.1530 *** (0.0805)	14.7175 *** (0.0957)	0.2752 *** (0.0205)	14.2995 *** (0.1062)
N	716	716	716	716	716	716
R^2	0.0139	0.5108	0.0699	0.0359	0.4960	0.1379
Prob. > F	0.0016	0.0000	0.0000	0.0000	0.0000	0.0000
Sobel Test	0.7104 ** (0.1117)			1.0928 *** (0.1532)		

注：（1）括号外的数字为估计系数，括号内的数字为估计系数的稳健性标准误；（2）*、**、*** 分别表示在 10%、5% 和 1% 的水平下显著。

① Zhao X, Lynch J, Chen Q. Reconsidering Baron and Kenny: Myths and Truths about Mediation Analysis [J]. Journal of Consumer Research, 2010, 37 (2): 197-206.

表6.4的回归1和回归4显示上市行为对财务绩效产生了积极且显著的影响，这同表6.3显示的思路相一致，但由于估计方法不同，因此在具体数值上有所差别。回归2和回归5表明，上市行为积极且显著地促进了广告行为的产生，也符合客观实际。回归3和回归6表明，上市行为通过作为中介变量的广告行为影响了财务绩效，其中，广告行为积极且显著地影响了财务绩效，其参数显著高于上市行为的影响。导致这一作用的原因很有可能是上市行为作为信号的有效传递。在当前影子教育企业高强度竞争的前提下，“企业是正规的”这一信号需要通过广告宣传并形成隐形担保，进而降低消费者的选择成本。这表明，在剥离了上市行为作为品牌对企业提升财务绩效的影响之外，上市行为对于财务绩效的作用最终为负，即传统的分析企业上市后变脸的因素（如盈余管理）在新三板上市的影子教育企业上依然存在。由于广告宣传对于影子教育企业的财务绩效具有正面作用，因此不变脸的原因在于上市所带来的正面作用（品牌效应）弥补了导致上市后变脸的负面效应（盈余管理带来的IPO效应）。

6.5.3 影子教育企业的特质强度与财务绩效的实证检验

表6.5表明，强特质的影子教育企业的上市效应，体现在回归系数上，均显著高于弱特质企业，表明影子教育特质更强的企业上市确实可以更大程度上提升财务绩效，即上市行为产生的品牌效应在强特质影子教育企业表现更显著。

表6.5　　影子教育企业的特质强度对财务绩效的影响

变量	收入		利润	
	回归1 强特质	回归2 弱特质	回归3 强特质	回归4 弱特质
ipo	0.8021*** (0.1562)	0.6408*** (0.1810)	1.4588* (0.7199)	1.3243*** (0.3932)

续表

变量	收入		利润	
	回归 1 强特质	回归 2 弱特质	回归 3 强特质	回归 4 弱特质
ttc	-0.1339 (0.1425)	-0.0158 (0.0749)	0.3975 (0.4708)	-0.6716 * (0.3680)
oc	-0.0004 *** (0.0001)	-0.0021 ** (0.0010)	-0.0001 (0.0024)	-0.0034 (0.0064)
dit	0.0001 (0.0001)	-0.0009 (0.0011)	0.0031 (0.0103)	0.0087 (0.0102)
alr	0.0012 (0.0027)	0.0059 (0.0038)	-0.0001 (0.0202)	0.0172 (0.0117)
tca	0.2266 *** (0.0756)	0.2548 *** (0.0489)	0.2313 ** (0.0832)	0.0723 (0.1920)
_cons	12.5617 *** (1.2029)	12.0069 *** (0.7956)	9.9344 *** (1.7665)	12.8731 *** (2.7671)
year	控制	控制	控制	控制
N	312	404	312	404
R^2	0.4435	0.4844	0.2121	0.2648
Prob. >F	0.0000	0.0000	0.0000	0.0000

注：(1) 括号外的数字为估计系数，括号内的数字为估计系数的稳健性标准误；(2) *、**、*** 分别表示在 10%、5% 和 1% 的水平下显著。

6.6 稳健性检验

针对假设 6.2.2 的检验，可能存在将企业上市写入网页的目的是“企业说明”而不是“广告宣传”，因此，将企业宣传的形式进一步细分，只有在网站首页标明“上市企业”字样的，才属于上市企业，而将上市写入企业简介或企业发展历程中的不计入广告行为。经检验，稳定性虽有所下降，但主要结论没有改变，主要结论详见表 6.6。

表 6.6　稳健性检验：作为中介变量的广告行为对财务绩效的影响

变量	收入			利润		
	路径 c finance	路径 a ad	路径 b&c' finance	路径 c finance	路径 a ad	路径 b&c' finance
ipo	0.0189 (0.1460)	0.5067 *** (0.0461)	-0.4117 *** (0.1423)	0.3514 * (0.2073)	0.5332 *** (0.0566)	-0.3514 * (0.1936)
ad			0.8499 *** (0.1077)			1.3182 *** (0.1439)
_cons	16.5711 *** (0.5555)	0.4933 *** (0.0187)	16.1518 *** (0.0804)	14.9235 *** (0.0765)	0.4668 *** (0.0227)	14.2976 *** (0.1063)
N	716	716	716	716	716	716
R^2	0.0000	0.1451	0.0720	0.0059	0.1552	0.1347
Prob. > F	0.8968	0.0000	0.0000	0.0907	0.0000	0.0000
Sobel Test	0.4307 *** (0.0700)			0.7028 *** (0.1116)		

注：（1）括号外的数字为估计系数，括号内的数字为估计系数的稳健性标准误；（2）*、**、*** 分别表示在 10%、5% 和 1% 的水平下显著。

针对假设 6.3 进行稳健性检验，由于强特质影子教育企业上市后更有动机宣传自身的上市行为，因此除了根据流动资产比重区分强弱影子教育企业之外，还选择了是否宣传上市定义企业的影子教育特质——主营业务不变且市场竞争激烈的影子教育企业上市后，很难不把自己上市的行为宣传给目标人群，从而提升自身的竞争力。定义通过广告宣传上市的企业为强特质影子教育企业，反之为弱特质影子教育企业。对此进行检验，主要的结论没有改变。主要结论详见表 6.7。

表 6.7　稳健性检验：强弱特质影子教育企业的上市行为对于财务绩效的影响（以广告宣传区分）

变量	收入		利润	
	回归 1 强特质	回归 2 弱特质	回归 3 强特质	回归 4 弱特质
ipo	0.6986 *** (0.1970)	0.6375 *** (0.2209)	1.5805 *** (0.3505)	1.2575 *** (0.4594)
ttc	−0.0517 (0.0736)	−0.0166 (0.1215)	−0.7056 * (0.3452)	−0.0919 (0.3183)
dit	−0.0004 *** (0.0001)	−0.0030 *** (0.0008)	−0.0364 *** (0.0114)	−0.0022 (0.0038)
oc	0.0001 (0.0001)	−0.0007 (0.0023)	0.0522 *** (0.0160)	0.0019 (0.0088)
alr	−0.0005 (0.0064)	0.0035 (0.0038)	0.0324 *** (0.0102)	0.0038 (0.0144)
tca	0.2533 *** (0.0580)	0.2420 *** (0.0794)	0.0891 (0.1410)	0.1079 (0.1373)
_cons	12.1641 *** (0.9167)	12.4831 *** (1.2670)	12.4287 *** (2.2514)	12.6248 *** (2.1340)
year	控制	控制	控制	控制
N	487	229	487	229
R^2	0.4226	0.5290	0.6608	0.1201
Prob. > F	0.0000	0.0000	0.0000	0.0869

注：（1）括号外的数字为估计系数，括号内的数字为估计系数的稳健性标准误；（2）*、**、*** 分别表示在 10%、5% 和 1% 的水平下显著。

6.7 小结

影子教育生产者具有轻资产和服务滞后两个特质，这导致了影子教育企业在产品销售时面临着两个风险：一方面，消费者不信任，另一方面，员工“自立门户”。这需要影子教育企业从信任度的角度来解决问题。

消费者对企业不信任，源于消费者对生产者的情感利益不足；如果消费者对影子教育企业的情感利益足够高，而对于个别生产者缺乏信任度，则“自立门户”并不会产生明显的负面影响。因此，问题转变成了如何提升消费者对影子教育企业的情感利益。

传统的情况下，影子教育企业主要是通过提升固定资产来解决此类问题。这其中包括购置或承租教学点，也包括对于员工的培训的固定成本投入。但是，这些投入有可能造成资金链断裂，从而使企业违约。因此，影子教育企业开始选择上市，向消费者发出“自身正规”的信号，以解决信任度不足的问题。

本书检验了上市行为自身作为品牌对影子教育企业上市后业绩影响的重要原因，得出以下三点结论：（1）作为市面上大量同类企业竞争的市场，上市作为品牌可以有效地增加消费者对生产者的信任度，促进影子教育企业的财务绩效提升；（2）排除掉上市本身作为品牌产生的正面作用，影子教育企业上市也会出现业绩下滑，即“变脸”。这表明盈余管理对上市后业绩产生的负面作用被上市行为本身所带来的品牌效应所抵减，从而整体提升了企业的经营效率，从而在 IPO 效应的基础上进一步发展了这一理论；（3）在影子教育企业自身具有轻资产性、服务滞后性之外，增加产品同质性作为第三个特质，就影子教育上市企业而言，蕴含这些特性的强弱程度可以影响影子教育企业的财务绩效。换言之，更“典型”、更“纯粹”的影子教育企业更容易通过上市提升自身财务绩效，而相对不那么“典型”“纯粹”的影子教育企业上市后财务绩效提升相对没有那么显著。上述结论表明，由于上市行为所具有的品牌效应可以提升影子教育企业的财务绩效，故而在影子教育竞争日趋激烈的基础上出现了 2015 年、2016 年影子教育企业扎堆上市新三板的状况。这和新三板上市门槛最低不无关系——在哪里上市不重要，重要的是上市行为本身。

然而，在影子教育企业新三板上市提升了财务绩效的同时，这些企业的管理者也发现，随着影子教育企业上市的数量增加和消费者对“上市新三板”的概念了解的增进，仅仅是新三板上市已经不足以确保消费者对企业的信任，降低消费者选择成本的宣传语也不仅是“上市”，而改为“A 股上市”“港股上市”，即部分行业竞争激烈中的影子教育企业和规模较大的影子教育企业也开始选择更高级别的资本市场，2018 年开年仅两个多月，就有 10 家影子教育企业加入新三板摘牌大军。其中一部分在更高水平的资本市场上市且表现甚佳，例如，2018 年上半年，港股、A 股的教育板块业绩均表现良好，即使在美股市场，中概股教育板块也已成为最活跃、增长最迅速的行业之一。而另一部分影子教育企业选择摘牌则是因为面临高额的审计和监督成本，“着陆新三板”对企业带来的优势尚不如“着陆”本身的效应高，当前存在部分新三板企业已经退市但仍然在主页宣传自己是上市企业，更加凸显上市行为的品牌效应。实际上，上市行为本身对企业会产生或多或少的品牌效应，而具有影子教育特质的企业更容易获得上市行为带来的红利。因此，企业在选择是否上市的过程中将企业特质作为一种条件进行分析，本书可以提供一定借鉴意义。

第 7 章

影子教育产品消费者选择的异质性分析

7.1 引言

随着“互联网+教育”的出现和发展，线上教育已经成为接受教育的重要形式，而线上影子教育也由于其价格相对低廉、师资可选性多、授课地点灵活等特色，吸引了大量传统线下影子教育的学生参加。而正如 3.3.3 所论述，线上影子教育和线下影子教育提供的产品内容具有相似性，甚至完全相同。导致面对线上和线下影子教育，消费者产生了取舍的问题。在第 5 章已经分析了消费者选择影子教育产品的条件，本章则从社交角度入手，讨论已经选择购买影子教育产品的消费者在线下和线上影子教育选择中的异质性问题。

社交对消费的影响最早在凡勃伦的《有闲阶级论》一书中产生雏形，其后，已有文献的研究方向主要有两点。第一是社交口碑，讨论已消费商品的消费者在社交中通过口碑影响他人消费。如李研等分析已消费商品的消费者通过口碑影响他人消费的机制，并将口碑消费分为口碑生成、口碑传播、口碑搜索、口碑使用①。已有文献中的口

① 李研，金慧贞，李东进．社交网络情境下消费者口碑生成的影响因素模型：基于真实口碑文本的扎根研究［J］. 南开管理评论，2018，21（6）：83－94.

碑理论大多是从消费者已经消费的前提下通过社交进而形成口碑的角度出发进行论证[①②③④]，即口碑是在消费后在社交中形成的，是已消费者发出信号影响未消费者的过程。第二是地位消费，讨论商品在社交中通过影响未消费者的个人地位以影响消费。这个是延续凡勃伦炫耀性消费思路，提出消费可以通过社交彰显自身地位进而影响消费[⑤⑥⑦⑧]，讨论的是未消费者为什么受到已消费者的影响。本章从第二类社交对消费影响的角度切入进行理论分析，源于当前的研究中存在一个黑箱：社交怎样综合影响了消费。而具体到本章关于影子教育产品的表述中，则具化为社交如何综合地影响了消费者对影子教育产品形式的选择？

据此，本章提出了社交指数的概念。构建社交强度和社交距离两个一级指标：社交强度从消费者内部视角出发，包括被认同属性和炫耀属性两个二级指标；社交距离从消费者外部视角出发，包括权威度和亲密度两个二级指标。进而分析各个指标影响消费的程度。

本章针对大学生进行调查问卷所得的数据，利用回归模型，对线上和线下影子教育消费进行了检验。从全样本和分部影子教育消

---

① Hsu C, Lin C C. Acceptance of Blog Usage: The Roles of Technology Acceptance, Social Influence and Knowledge Sharing Motivation [J]. Information and Management, 2008, 45 (1): 65 – 74.

② De Angelis M, Bonezzi A, Peluso A, Rucker D, Costabile M. On Braggarts and Gossips: A Self – Enhancement Account of Word – of – Mouth Generation and Transmission [J]. Journal of Marketing Research, 2012, 49 (4): 551 – 563.

③ Berger J, Milkman K. What Makes Online Content Viral? [J]. Journal of Marketing Research, 2012, 49 (2): 192 – 205.

④ Barasch A, Berger J. Broadcasting and Narrowcasting: How Audience Size Affects What People Share [J]. Journal of Marketing Research, 2014, 51 (3): 286 – 299.

⑤ Festinger L A. Theory of Social Comparison Processes [J]. Human Relations, 1954, (7): 117 – 140.

⑥ Eastman J K, Goldsmith R E, Flynn L R. Status Consumption in Consumer Behavior: Scale Development and Validation [J]. Journal of Marketing Theory and Practice, 1999, 7 (3): 41 – 52.

⑦ 崔宏静，金晓彤，王天新．地位消费研究述评与展望［J］．消费经济，2016，32 (3): 50 – 56.

⑧ 姬广绪．关系型消费的建构——“网红经济”的文化解释进路研究［J］．学习与探索，2018 (10): 53 – 58.

费两个角度分析可知，社交指数的各指标均显著地影响了消费者选择的概率，从社交指数的角度可知，社交指数正向显著地影响了消费者选择的概率。

7.2 互联网背景下消费者选择影子教育产品的矛盾

7.2.1 线上和线下影子教育

由于各地区经济发展的不平衡性，导致地区间存在着教育资源的不平衡现象，传统教育很难改变这一现状。因为即便教学设备、器材、教科书都可以实现均衡的资源分配，但是质量较高、经验较为丰富的老师却往往囿于地域所限，不愿意前往经济落后地区从教，而线上教育的出现改变了这一现状，尤其深刻地改变了影子教育。

相对于线下影子教育，线上影子教育存在三方面的优势：首先，师资水平方面，由于线上影子教育总部往往位于一线城市，导致其师资水平较高；其次，课时方面，由于线上教育学生数量遍布全国，导致其学生基数远高于线下教育，从而可以提供更多的课时量；最后，在课程价格方面，也正是因为线上教育覆盖面广，导致其上课成本显著低于线下教育①。

传统情况下，线上教育的最大问题在于电脑普及率不高、网络速度太慢和网络支付不够方便，因此，虽然国内早期也存在一批线上影子教育，如成立于 2003 年主要以提供互联网英语教学服务的沪江英语和成立于 2005 年提供考研公共课的新东方在线，但规模

① 线上教育中，不仅传统的大班课程、一对多课程价格低于线下同水平课程，甚至一对一课程的价格也低于线下同水平课程。这主要因为线上课程参与者中，不仅学生来源于全国，教师也来源于全国，并且线上一对一很多采取在教师家中上课的形式，可以降低时间和交通成本。

一直不大。但随着网络建设的日益推进，电脑普及率、网络速度和网络支付逐渐完善，使得线上教育也开始日益发展起来。

然而，即便线上影子教育高速发展，其仍然没有取代线下影子教育。当下，线下教育仍然有着良好的发展方向，如第 5 章所述，大量线下影子教育企业开始选择新三板上市，乃至在港股和主板上市。那么，从师资、课时、成本三个角度中的任何一个分析，线下影子教育均不具有比较优势，仍然有消费者愿意购买课程相对昂贵、师资相对较差的线下影子教育。换言之，什么条件下，消费者会在线上影子教育的背景下仍然选择线下影子教育呢？[①]

7.2.2　线上和线下影子教育产品的选择

影响消费的因素除经典理论中的价格、预期、成本、收入等之外，社交对消费选择的影响日益成为学界关注的热点。这种现象的产生根源于市场中同质产品数量的日益增多，由于消费者获得的产品信息不充分，故而面临着选择的难题。因此，社交对选择的影响日趋重要。对于此，孙曰瑶通过构建 M－E 矩阵，提出消费同时受物质利益和情感利益影响[②]。而当前消费产品大量同质化的现象也表明，当诸多商品对消费者的物质利益相近或无差异时，情感利益会影响消费者的选择，而社交正能够反映情感利益。每个消费者均存有一定的社交范围，某一种商品的消费由于其特定的情感属性使消费者产生了共鸣，从而满足了情感利益，使得消费者在消费过程中更容易确定自己在社交范围中的定位，从而满足自身的情感利益。

---

① 存在一种从学生家长时间成本角度出发解释线上和线下影子教育选择的理论：由于学生参与线上影子教育注意力不够因此需要家长的陪伴，而线下影子教育并无此要求。从而导致了家庭选择线下影子教育产品。即从家庭教育作为线上教育的补充品角度出发分析这一问题。然而，由于本书论述的教育为狭义的教育定义故并不包含家庭教育（见第 3 章），因此正文阶段不做此类分析，仅在第 9 章中作为展望进行了简述。同时，为了避免在回归中可能忽略这一关键变量，在本章假设检验的数据中选择了大学生进行分析。

② 孙曰瑶．自主创新的品牌经济学研究［J］．中国工业经济，2006（4）：59－65.

社交通过情感利益来影响消费者的选择行为，这可以解释很多消费者“不理性”决策的现象。例如以电影选择为例：传统观点认为，电影票房的高低取决于电影质量、是否有明星演员或导演、是否有合适的档期①。但这却很难解释在2019年的国庆档中，同时间上映、题材相似的《我和我的祖国》同《中国机长》，在前者评分更高、明星演员和明星导演更多、开映票房占优的前提下，被后者在票房总量上逆袭②。转移到影子教育行业亦如是，尤其表现在线下影子教育和线上影子教育，即消费者对商品的选择不止集中于满足自身的物质利益，而且集中于满足具有社交属性的情感利益。

7.3 理论分析和研究假设

7.3.1 社交强度：消费者自身视角

格兰诺维特（Granovetter）提出，在社交中自我表露的因素越多，越容易提升社交中的亲密度和信任感③。后续的研究也表明，社交群体的稳定性同不断增长的自我表露直接相关④⑤⑥。即使自我

① Chang B H，Ki E J. Devising a Practical Model for Predicting Theatrical Movie Success：Focusing on the Experience Good Property［J］. Journal of Media Economics，2005，18（4）：247－269.

② 电影评分参考了豆瓣电影、猫眼电影和IMDb，票房参考了糯米电影的票房数据，两者分别为25.87亿元和25.98亿元，时间截至2019年10月23日。由于统计口径不同，电影票房存在部分统计中《我和我的祖国》高于《中国机长》的现象。

③ Granovetter M. The strength of weak ties［J］. American Journal of Sociology，1973，78（6），1360－1380.

④ Derlega V J，Chaikin A L. Privacy and Self-disclosure in Social Relationships［J］. Journal of Social Issues，1977，33（3），102－115.

⑤ Taylor D A，Gould R J，Brounstein P J. Effects of Personalistic Self-disclosure［J］. Personality and Social Psychology Bulletin，1981，7（3）：487－492.

⑥ Collins N L，Miller L C. Self-disclosure and Liking：A Meta-analytic Review［J］. Psychological Bulletin，1994，116（3）：457－475.

表露有可能影响社交中的人际关系，但展示并与人分享新鲜的事物仍然是自我表露的重要动机[①]。这种社交中的自我表露具体在个人拥有的商品表露上，形成了社交影响消费的最初始动机。

费斯汀格（Festinger）提出的社会比较理论认为，人们总是在社交范围中进行比较和表露以界定自我所处的位置，人们不仅同条件更优越者比较，也同条件更差者比较，达到追求自身价值的目标。其中，前者是确保自身能力和水平足够高，从而满足跻身上层的心理预期；后者是展示自身社会地位，从而通过歧视实现心理满足[②]。但社会比较理论存在两点不足：一是没有论述界定自我的方式是什么；二是没有论述人们面对和自身地位相近或相同者是否比较，若进行比较如何比较的问题——地位消费理论弥补了这两点不足。

地位消费是指消费者为了确认、保持或提高自己的社会地位而消费的商品，并以此向自己或周围的重要他者传递自身向往的社会地位和社会层次的消费行为[③④]。消费者通过购买表现为比自身层次更高或相近的群体属性的商品，可以使自身获得提升或保持个人地位的结论。而如果目标群体比自身地位更低，则消费者不需要对其炫耀，也没有必要对其炫耀。因此，本章将社交中的向同自身地位更高者发出消费信号的行为定义为被认同，向同自身层次相近或相同者发出消费信号的行为定义为炫耀。被认同和炫耀性消费共同构成了社交中的消费。

---

① Sonja Utz. The Function of Self-disclosure on Social Network Sites: Not Only Intimate, But Also Positive and Entertaining Self-disclosures Increase the Feeling of Connection [J]. Computers in Human Behavior, 2015, (45): 1 – 10.

② Festinger L. A Theory of Social Comparison Processes [J]. Human Relations, 1954, (7): 117 – 140.

③ Eastman J K, Goldsmith R E, Flynn L R. Status Consumption in Consumer Behavior: Scale Development and Validation [J]. Journal of Marketing Theory and Practice, 1999, 7 (3): 41 – 52.

④ 崔宏静，金晓彤，王天新．地位消费研究述评与展望［J］．消费经济，2016，32（3）：50 – 56.

传统研究一般将被认同性消费和炫耀性消费混为一谈，自伊斯门（Eastman）提出地位消费后，奥卡斯和麦克尤恩（O'Cass & McEwen）、张和西蒙斯（Truong & Simmons）认为炫耀性消费是在地位消费基础上的外向表征，从而与传统的内向被认同性进行区分①②。具体而言，被认同性消费目的是保护自尊，获得的是一种被认同感，而炫耀性消费的主要是为了提升地位，获得的是一种优越感③。

在被认同的驱使下，消费者会观察社交范围内人群中比自身层次更高者的消费情况，在观察到信号发出的时候，选择进行跟随消费。因为在他们看来，“商品代表名声，商品缺位也就代表个人名声缺失”④。而一旦没有进行消费，消极的社会被认同也就产生，从而激发个体采取消费来改善这种状况，实现心理上的满足。缺少这种被认同，人们将会陷入认同危机，处在彷徨和焦虑的状态⑤。个体要建构自己的被认同感，就必须一方面认识到自己和所要认同的对象具有一定的相似属性和特征，至少确保在相同的社交范围内；另一方面还要认识到自己和所认同对象的不同，尤其体现在对自身和被认同对象的差距的认知。为了满足被更高层次的人群认同的心理需求，人们总是在不断地尝试提高自身在社交中的层次，而尽量避免滑落到比自身地位更低的社交层次之中。这种状态主要是通过观察社交范围中高层次的消费行为，进而通过消费来实现的。

与维持现状或向上的“被认同”不同，向下的“炫耀”以炫

① O'Cass A, McEwen H. Exploring Consumer Status and Conspicuous Consumption [J]. Journal of Consumer Behaviour, 2004, 4 (1): 25-39.

② Truong Y, Simmons G, McColl R, Kitchen P J. Status and Conspicuousness—Are They Related? Strategic Marketing Implications for Luxury Brands [J]. Journal of Strategic Marketing, 2008, 16 (3): 189-203.

③ 吴琪，丁俊杰. 奢侈与炫耀：基于炫耀性消费的奢侈品传播机制研究 [J]. 现代传播（中国传媒大学学报），2013, 35 (6): 110-114.

④ Corneo G, Jeanne O. Snobs, Bandwagons, and the Origin of Social Customs in Consumer Behavior [J]. Journal of Economic Behavior and Organization, 1997, (32): 333-347.

⑤ 梁彩花，周金衢，张琼. 返乡农民工炫耀性消费行为的社会心理分析 [J]. 广西民族研究，2010 (4): 170-174.

耀性消费为表现。凡勃伦在《有闲阶级论》中最早论述了炫耀性消费。具体在社交中，向比自己层次高的人炫耀会存在一定的风险，而向相比自己层次低的人群炫耀则并无意义，炫耀主要是向同自身层次相近或相同者炫耀，从而展现自身的消费水平、支付能力或财富，通过形成的歧视性对比提高自身的层次和地位，以达到个人心理满足的目的。

炫耀性消费多依托但不局限于奢侈品消费，凡是能炫耀的商品都可能成为炫耀性消费。具体到大学生群体而言，影子教育消费虽然成本并不高，但既然日用品都可以进行炫耀，特定商品在特定环境中都可能成为炫耀品，这同该商品的价格和稀缺程度并无直接关联。这也可以表现为满足自己的“面子”，而“要面子”往往恰是炫耀性消费的动机①。对于学生群体而言，炫耀性消费可以使人们满足自己的面子，即以个人收入为限制选择消费层次最高的商品②。据此，提出假设7.1~假设7.3。

假设7.1：社交中的社交强度越高，消费选择的概率就越高。

假设7.2：社交中消费者的被认同目的越高，消费选择的概率就越高。

假设7.3：社交中消费者炫耀的目的越高，消费选择的概率就越高。

7.3.2　社交距离：消费者外部视角

社交对消费的影响体现在信号的来源，也体现在传递信号的人群的社交距离，即来自社交范围影响消费者的信号传递距离。

消费者同生产者之间存在天然的信息不对称，在获得信息方面

---

① 袁少锋，高英，郑玉香．面子意识、地位消费倾向与炫耀性消费行为——理论关系模型及实证检验［J］．财经论丛，2009，(5)：81-86.

② 杨淑萍．炫耀性消费对中学生自我认同的影响研究［J］．教育科学，2014，30(2)：75-80.

主要来自以下三个方面。(1) 生产者。由于生产者天然具有利益相关性，因此消费者对于生产者传递的信号信任较低。(2) 权威人士。这不仅包括业界内的专家，也包括业界外的社会公众人物。由于这些人群存在被生产者俘获的可能，消费者对他们的信任可能出现两极分化，也有可能随着时间推移发生变化。(3) 社交范围。主要来自消费者的社交范围内，由于利益相关性较弱，故而可以产生较强的信任。因此，在通过信号传递弥补信息不对称上，通过社交实现的效果对于提升消费的概率最高。

信任一直是社交影响消费中的关键因素，这一因素的研究早期主要集中于心理学，迈耶（Mayer et al.）、巴塔查里亚等（Bhattacherya et al.）认为，信任产生的前提是相对于被信任者，主体自身具有的不确定性因素所造成的无力感，故而需借用社交中的信任进行消解①②。而被信任者则需要给主体以积极而确定性较强的期望。因此，信任也表现为一种在社交中的主体和被信任者之间交易成本的降低和信息不对称的弥补，从而达到有效地提升双方交流效率的目的③。而社交距离体现在发出信号者的权威度，以及其同接收信号者的亲密度。具体在社交影响消费的过程中，消费者受被信任者影响进行消费主要由信任中的权威度和亲密度两个因素决定。

权威效应是指人们更容易信任和追捧社会地位高、威信度高的个体④。科耶夫在《权威的概念》中总结，权威共有四种理论：神学和神权政治的理论、柏拉图的理论、亚里士多德的理论和黑格尔的理论。而具体在权威性影响消费中主要表现为亚里士多德的理

---

① Mayer R C, Davis J H, Schoorman F D. An Integrative Model of Organizational Trust [J]. Academy of Management Review, 1995, 20 (3): 709 -734.

② Bhattacharya R, Devinney T M, Pillutla M M. A Formal Model of Trust Based on Outcomes [J]. Academy of Management Review, 1998, 23 (3): 459 -472.

③ 闫慧丽，彭正银．嵌入视角下社交电商平台信任机制研究——基于扎根理论的探索 [J]. 科学决策，2019 (3): 47 -72.

④ 马宇红，赵媛媛，强亚蓉．社交网络中谣言传播的从众效应和权威效应 [J]. 计算机应用，2019, 39 (1): 232 -238.

论，即“智慧、知识、预见和超越现状的能力表现的权威”①。丹尼斯·朗将权威分为强制、诱导、合法、合格和个人权威②。其中合格权威表现为“信任权威有卓越的才能获得专门知识去决定何种行动能最好地服务于对象的利益与目标”③，社交中产生的权威也属于这一类。在消费者选择被信任人群影响的过程中，社交范围中的信号发出者越专业，消费者相信信号发出者的概率就越高。据此影响消费的概率也越高。其中发出信号者专业性的高低表现为权威度。

然而，在社交影响消费中，即便被信任者的权威度较高，但当消费者同他的亲密度不高时，也很难受其影响产生消费，即亲密度也对消费产生积极影响。陈和伯杰（Chen & Berger）分析了影响话题讨论的因素，提出相对陌生人，人们更愿意同亲密度较高的朋友进行讨论④。阮燕雅和李琪提出，社交中的亲密关系会增加消费者购买的意愿。亲密度的提升，能够起到凝聚群体，促成集体行为的目的⑤。用亲密性提供隐性担保，可以有效地提升社交，使消费者获得更多的信心，从而增加商品消费的概率。

社交距离综合表现为权威度和亲密度两个方面，其中亲密度体现为信号发出者和接受者之间的距离，故而同消费选择的可能性成反比；权威度体现为信号发出者在接受者心中的专业度，故而同消费选择的可能性成正比。值得注意的是，社交距离是多个信号发出者共同的作用，因此存在虽然发出信号者权威程度高，但消费者可能并不相信他的推荐；或者是虽然发出信号者权威程度高，但因为他同消费者亲密度不够，也会影响消费者消费选择的概率。据此，

---

① ［法］亚历山大·科耶夫．权威的概念［M］．南京：译林出版社，2011：1-2.

② ［美］丹尼斯·朗．权力论［M］．北京：中国社会科学出版社，2001：42-67.

③ 同②：60。

④ Chen Z，Berger J. When，Why，and How Controversy Causes Conversation［J］. Journal of Consumer Research，2013，40（3）：580-593.

⑤ 阮燕雅，李琪．社交商务情景下信任对购买决策的影响变化研究［J］．软科学，2017，31（2）：113-116.

提出假设7.4～假设7.6。

假设7.4：社交中的社交距离越近，社交影响消费者选择的概率就越高。

假设7.5：社交中发出信号的人群的权威度越高，社交影响消费者选择的概率就越高。

假设7.6：社交中发出信号的人群同消费者的亲密度越近，社交影响消费者选择的概率就越高。

7.3.3 社交指数

社交指数是指消费者对某一商品选择的倾向程度受到社交强度和社交距离的影响的程度，社交的综合作用构成社交指数进而影响消费者的选择，不同的情况会产生不同的社交指数。社交强度越大，社交指数越高；社交距离越远，社交指数越低。详见表7.1。

表7.1　社交指数的构成

一级指标	二级指标	指标赋值
社交强度	被认同属性	消费者消费前受社交群体的影响而期待被认同的强度，最低1分，最高5分
	炫耀属性	消费者消费前计划将此次消费向社交群体炫耀的强度，最低1分，最高5分
社交距离	权威度	影响消费者此次消费的人群的权威程度，最不权威1分，最权威5分
	亲密度	影响消费者此次消费的人群同消费者的亲密程度，最近1分，最远5分

1. 社交指数的作用机制模型

定义社交强度为α，炫耀性消费为FC（flaunt cost），被认同性消费为IC（identify cost），得到方程如下：

$$\alpha = FC_i + IC_i \tag{7.1}$$

社交距离体现了社交中的信任问题，即前文中所提到的权威度 AUD（authority density）和亲密度 AFD（affinity density）。其中，权威度越高，亲密度越低，则社交距离越近。但是消费者会同时面对多个社交对象，不同对象的权威度和亲密度都是不同的，从而产生出复合的影响。定义社交距离为 β，β 越大，表示社交距离越远，因此消费的概率越低。则社交距离为：

$$\beta = \left(\sum_{i=1}^{n} \frac{AFD_i}{AUD_i}\right) / n \tag{7.2}$$

社交通过社交指数大小影响消费者选择，由于社交指数根据社交强度、社交距离的变化而发生改变，加上社交对消费者选择会根据时间的推移降低进而趋于 0，借鉴朱红红和孙曰瑶对情感指数的分析①，构建方程如下：

$$\frac{\mathrm{d}\theta(t)}{\mathrm{d}t} = \alpha\theta(t) - \beta\theta^2(t) \tag{7.3}$$

其中，$\theta(t)$ 定义为社交指数，α 为社交强度，β 为社交距离，t 是时间，θ_0 为方程初值。上式的解为：

$$\theta(t) = \frac{\alpha}{\beta} + \left(\frac{\alpha}{\theta_0} - \beta\right) e^{-\alpha t} \tag{7.4}$$

当社交指数作用于消费者选择的时间无限趋近于消费行为的结束，即 $t \to +\infty$ 时，社交指数趋于稳定。

$$\lim_{t \to +\infty} \theta(t) = \lim_{t \to +\infty} \frac{\alpha}{\beta} + \left(\frac{\alpha}{\theta_0} - \beta\right) e^{-\alpha t} = \frac{\alpha}{\beta} \tag{7.5}$$

$$\theta = \frac{\alpha}{\beta} = \frac{FC_i + IC_i}{\left(\sum_{i=1}^{n} AFD_i / AUD_i\right) / n} \tag{7.6}$$

由上式可知，社交指数 θ 同社交强度 α 成正比，与社交距离 β

① 朱红红，孙曰瑶. 基于情感偏好的品牌延伸模型及经济分析［J］. 当代经济科学，2009，31（1）：50－58.

成反比。在 β 一定的前提下，θ 随着 α 的增加而增加，即消费者在社交的冲击下产生了炫耀和被认同的需求，进而导致社交指数提升；同理，在 α 一定的前提下，θ 随着 β 的增加而减少，即社交距离的增加会导致社交指数下降。综上，对于同质的产品而言，社交指数的大小是消费者选择的重要依据。

2. 消费者选择行为的作用机制模型

当消费者可选择两种不同社交指数的同质产品 x_1 和 x_2 时，其价格分别为 p_1 和 p_2，若某消费者总效用函数表现为柯布—道格拉斯效用函数，则：

$$U = \sum_{0}^{\infty} \rho^t u(t) = \sum_{0}^{\infty} (\rho^t \cdot \prod_{1}^{\infty} x_{it}^{\theta_{it}}), \ (\theta_{it} \geqslant 0, \ b \geqslant 0) \tag{7.7}$$

其中，ρ 为贴现率，t 为时间，x_{it} 为 t 期消费的第 i 种商品，θ 为社交指数，表现在社交指数越高，消费者的总效用越高。

定义消费者的预算收入为 m，定义 θ_1 和 θ_2 为同质产品下不同的社交指数，借鉴范里安（Varian），将无限种消费品定义为产品 x_1 和所有其他产品 $x_2$①，在消费者效用最大化下求解截面时间的最优消费选择量，可得：

$$x_1 = \frac{\theta_1}{\theta_1 + \theta_2} \cdot \frac{m}{p_1} \tag{7.8}$$

$$x_2 = \frac{\theta_2}{\theta_1 + \theta_2} \cdot \frac{m}{p_2} \tag{7.9}$$

仅讨论 x_1，整理后可知：

$$x_1 = \frac{1}{1 + \dfrac{\theta_2}{\theta_1}} \cdot \left(\frac{p_1}{m}\right)^{-1} \tag{7.10}$$

由上式可知，消费者对于商品 1 的最优消费受到以下 5 个因素

① Varian H R. Intermediate Microeconomics [M]. New York: W. W. Norton & Company, 2005.

的影响：

（1）已知 θ_2 不为 0，当 $\theta_2 \neq 0$ 且大小不变时，θ_1 越大，消费者越倾向于消费商品 1，表明社交指数对于选择的正面影响；

（2）已知 θ_1 不为 0，当 $\theta_1 \neq 0$ 且大小不变时，θ_2 越大，消费者越不倾向于消费商品 1，表明其他商品的社交指数对于商品 1 选择会产生负面影响；

（3）当 $\theta_2 = 0$ 时，商品 2 在社交方面的作用为 0，表现为消费者对于商品 2 一无所知，因此只能消费商品 1，此时消费者对商品 1 的消费仅受到商品 1 的价格和消费者个人收入影响；

（4）当 $\theta_2 \rightarrow +\infty$时，$x_1 \rightarrow 0$，表示消费者受商品 2 的社交指数影响对于商品 1 的消费倾向为 0。但实际（3）（4）这两种极端情况较少出现，θ_2 的取值集中在 0 和 $+\infty$之间；

（5）$\frac{p_1}{m}$为商品占消费者收入的比重，这一指标和对商品 1 的消费倾向成反比，商品价格占个人收入的比重越高，即便有较高的社交指数，消费者对商品的消费倾向也仍然比较低。据此，提出假设 7.7。

假设 7.7：社交指数越高的商品，消费者购买的概率越高。

7.4 研究设计

7.4.1 研究对象设定

研究选择了在校大学生的线下影子教育行为进行分析，构建社交指数，并研究大学生的社交指数中的各个因素对于影子教育消费行为的影响。

选择在校大学生作为研究对象主要是基于以下考虑。第一，大学生的社交范围相对单一，主要集中在周边同学，因此，在排除无关变量影响方面相对中小学生比较容易。第二，大学生每月收入相对较为均等，一旦对线上影子教育产生需求，就会向家长申请一部分多余资金，这类似于科尔内在《短缺经济学》中提出的“预算‘软化’”[①]。由于这种消费不在自身的预算约束内，因此这种消费更容易受到社交的影响。第三，大学生由于已经成年，加之多数和家长不在一个环境内，其影子教育选择和消费往往可以自己做主，相对于中小学影子教育，大学生的影子教育消费可以排除了父母社交带来的影响。第四，由于在校大学生多已成年，且课程涉及的程度较高，因此一方面在接受影子教育时往往并不需要家长的陪伴，另一方面父母也无法对子女进行相应的课程教育，从而避免了家庭教育对影子教育的补充与替代。第五，大学生所在的环境比较单一，一方面可以确保影子教育的宣传对大学生消费选择影响的趋同性，另一方面可以确保影子教育宣传可以覆盖到每个学生，从而减少遗漏变量出现的可能[②]。

大学生接受的课外补习主要包括以下三类：一是资格考试类，如国家统一法律职业资格考试、注册会计师全国统一考试、中小学教师资格考试、日语二级考试等；二是升学类考试，如专升本考试、硕士研究生入学考试、GRE 考试等；三是入职考试，如公务员录用考试、事业单位录用考试等。除此之外，还有一些艺术、语言、技能辅导类等非主流补习形式。然而，由于其中大部分补习并无大学主流教育作为主体，因此上述补习形式中多数不符合本书第 3 章中所论述的影子教育内涵。选择其中符合影子教育属性的硕士研究生入学考试作为分析对象，则参加硕士研究生考试的培训为本章分析的影子教育产品。由于考试内容多已在大学课堂进行讲解，针对硕士研究生入学考试的辅导具有“影子”的特质。

---

① ［匈］亚诺什·科尔内．短缺经济学［M］．北京：经济科学出版社，1986：29－57.

② 付世平．中学生与大学生奢侈品消费动机差异研究［J］．中国青年研究，2010（2）：10－15.

硕士研究生入学考试具有以下特征：一是为全国性考试，全国学生的试卷相同，或大部分相同[①]；二是参与人数较多，2019 年 12 月，硕士研究生入学考试报名人数为 341 万，比 2018 年 12 月的考试人数增加了 17.58%，是 2015 年考试人数的两倍[②]。因此，选取其作为大学生影子教育辅导具有合理性。

据此，本书选择有意向考研的学生进行调研，在样本抽样上，借鉴了龙笑天的方法[③]，选取了位于东部、中部、西部各一所高校进行调研[④]，共选择了 120 个样本。其中，根据所在学校的在校本科生人数的不同，三所学校的样本选择分别为 47∶42∶31。并进一步地根据各校学科分布情况进行了样本分配。

7.4.2　模型设定

为验证假设 7.1 ~ 假设 7.3，构建模型（7.11） ~ 模型（7.13）。

---

① 硕士研究生入学考试中存在部分科目为非统考，按照《2019 年全国硕士研究生招生工作管理规定》第三十四条规定，“硕士研究生招生考试的全国统考科目为思想政治理论、英语一、英语二、俄语、日语、数学一、数学二、数学三、教育学专业基础综合、心理学专业基础综合、历史学基础、临床医学综合能力（中医）、临床医学综合能力（西医）；全国联考科目为数学（农）、化学（农）、植物生理学与生物化学、动物生理学与生物化学、计算机学科专业基础综合、管理类联考综合能力、法硕联考专业基础（非法学）、法硕联考综合（非法学）、法硕联考专业基础（法学）、法硕联考综合（法学）。其中，教育学专业基础综合、心理学专业基础综合、历史学基础、数学（农）、化学（农）、植物生理学与生物化学、动物生理学与生物化学、计算机学科专业基础综合试题由招生单位自主选择使用；口腔医学专业学位既可选用统一命题的临床医学综合能力，也可由招生单位自主命题。”在调研和实际工作中发现，在接受影子教育辅导的考研学生中，非统考专业课的影子教育需求相对较少，因此在调研时主要询问参加考研公共课影子教育的情况。

② 樊丽萍．报考人数五年翻番，“考研热”传递就业风向标［N］．文汇报，2019-12-19：5.

③ 龙笑天．社会调查方法［M］．北京：中国人民大学出版社，2012：41-46.

④ 东部、中部、西部的分类借鉴了 2012 年之前教育部对考研院校的区域划分，其中一区系北京、天津、上海、江苏、浙江、福建、山东、河南、湖北、湖南、广东 11 省（市）；二区系河北、山西、辽宁、吉林、黑龙江、安徽、江西、重庆、四川、陕西 10 省（市）；三区系内蒙古、广西、海南、贵州、云南、西藏、甘肃、青海、宁夏、新疆 10 省（区）。2013 年，一区和二区合并，但由于一区和二区在教育资源分配和考试分数上仍然存在区别，因此选择了这种分类方法。

$$x_i(t) = \xi_0 + \xi_1[IC_i(t) + FC_i(t)] + \sum control + \varepsilon_i \quad (7.11)$$

$$x_i(t) = \xi_0 + \xi_1 IC_i(t) + \sum control + \varepsilon_i \quad (7.12)$$

$$x_i(t) = \xi_0 + \xi_1 FC_i(t) + \sum control + \varepsilon_i \quad (7.13)$$

其中，因变量 $x_i(t)$ 为第 i 个消费者在时间 t 内是否购买影子教育产品，此变量是虚拟变量，如果购买影子产品，则取值1，如果不购买，则取值为0。该变量是由学生回答“排除一些导学或基础知识之类的免费辅导课程，您是否参加了一个或多个付费考研辅导班”进行赋值。

考察变量 $IC_i(t)$ 和 $FC_i(t)$ 分别是第 i 个消费者在时间 t 内的被认同性和炫耀性消费，两者之和表示第 i 个消费者的社交强度。其中，被认同性消费是由学生回答“如果您意向参加付费辅导班，社交范围内的人影响您报名的程度是—比我综合水平更高”的程度，根据调查问卷中的五分法进行分类，分别是：①完全没有；②影响不强烈；③有一些影响；④有较强影响；⑤完全受影响，并根据序号在数据库中进行赋值。炫耀性消费是由学生回答“如果您参加了付费辅导班，您在付费之时希望将该信息传递给周边没有参加该辅导班的同学的程度是—和我综合水平相近”的程度，根据调查问卷中的五分法进行分类，分别是：①没有意向；②意向不强烈；③有一些意向；④有较强意向；⑤一定传递，并根据序号在数据库中进行赋值。

控制变量方面，定义“性别（*sex*）”，男生赋值1，女生赋值0；定义“生源地”（*city*），城区或县份赋值为1，城镇或乡村赋值为0；定义“父母学历”（*parent*），如父母至少有一人在大学学历及以上，赋值为1，如父母双方均为大学学历以下，赋值为0；定义“收入”（*income*）为被访者认为自身生活费在社交范围中的位置，分别为：①非常困难；②比较困难；③中等；④比较富裕；⑤很富裕，并根据序号在数据库中进行赋值；定义“专业”（*major*），人文社科类，赋值为1，非人文社科类，赋值为0；定义

"学习成绩"（*level*），定义为被访者认知的大学学习水平，学习成绩低于大学同学中的平均水准，赋值为0，高于平均水准赋值为1。

同时，为了进一步验证假设7.1～假设7.3，构建线上和线下影子教育的商品：两类产品物质利益类似，使消费者存在选择的问题。对两类产品进行分类回归，考察在社交影响影子教育产品选择之外的异质性问题。这种分析不仅是考察社交对不同影子教育产品消费的影响作用，验证社交对影子教育产品消费的影响，而且也可以对已有的分析结果进行稳健性检验，确保结果的真实性。

为验证假设7.4～假设7.6，构建模型（7.14）～模型（7.16）。

$$x_i(t) = \xi_0 + \xi_1\left(\sum_{i=1}^{n}\frac{AFD_i}{AUD_i}\right)\Big/ n + \sum control + \varepsilon_i \tag{7.14}$$

$$x_i(t) = \xi_0 + \xi_1 AUD_i + \sum control + \varepsilon_i \tag{7.15}$$

$$x_i(t) = \xi_0 + \xi_1 AFD_i + \sum control + \varepsilon_i \tag{7.16}$$

其中，因变量 $x_i(t)$ 同模型（7.11）相同，考察变量 AUD_i 和 AFD_i 分别是第 i 个消费者在时间 t 内的权威度和亲密度，两者之积表达了第 i 个消费者的社交距离对消费的影响。其中，权威度是由学生回答"如果您报名参加付费辅导班，对您影响最深的人，您认为他在考研知识上的专业程度"，根据调查问卷中的五分法进行分类，分别是：①完全不了解；②几乎不了解/不如我；③有一些知识/跟我差不多；④较为专业/比我强一点；⑤非常专业，并根据序号在数据库中进行赋值；亲密度是由学生回答"如果您报名参加付费辅导班，对您影响最深的人，您认为他和您的关系"，根据调查问卷中的五分法进行分类，分别是：①反感；②陌生人；③一般朋友；④好朋友；⑤最好的朋友，并根据序号在数据库中进行赋值。

此外，控制变量和影响消费的社交人数同模型（7.11）相同。

为验证假设7.7，构建模型（7.17）：

$$x_i(t) = \xi_0 + \xi_1 index + \sum control + \varepsilon_i \tag{7.17}$$

其中因变量 $x_i(t)$ 同模型（7.11）相同，考察变量 $index = \frac{IC_i + FC_i}{(\sum_{i=1}^{n} AFD_i/AUD_i)/n}$ 是测算出的社交指数。控制变量和影响消费的社交人数同模型（7.11）相同。

主要变量定义详见表 7.2。

表 7.2　　主要变量定义

变量类型	变量	变量定义
因变量	*x*	影子教育是否消费。虚拟变量，消费为 1，不消费为 0
考察变量	*IC*	被认同属性，衡量社交强度中的被认同性。最低为 1，最高为 5
	FC	炫耀属性，衡量社交强度中的炫耀性。最低为 1，最高为 5
	AUD	权威度，衡量社交距离中的权威度。最低为 1，最高为 5
	AFD	亲密度，衡量社交距离中的亲密度。最低为 1，最高为 5
控制变量	*sex*	性别。虚拟变量，男生为 0，女生为 1
	city	生源地。虚拟变量，城市为 1，乡镇或农村为 0
	parent	父母的最高学历。虚拟变量，至少有一方为大学及以上的学历为 1，反之为 0
	income	生活费，评估自己生活费数量在社交范围中的高低。最低为 1，最高为 5
	major	专业。虚拟变量，非人文社科为 0，人文社科为 1
	level	自身学习水平。虚拟变量，低于平均水平为 0，高于平均水平为 1

7.4.3　描述性统计

本章以大学生社交因素影响作为外生冲击，研究社交影响购买考研影子教育产品的作用，为社交的经济效应提供证据。其中，共调研了 120 名在校大学生购买考研影子教育产品的情况。由于每个学生均询问“如果您已经参加了付费考研辅导班，是否选择了线上辅导班”和“是否选择了线下辅导班”两个问题作为“是否购买影子教育产品”的因变量。在 120 名已经购买了影子教育产品的学生中，选择线上影子教育的学生有 89 人，选择线下影子教育的学生有 63 人。这意味着有 32 人同时选择了线上和线下影子教育。

具体的描述性统计结果详见表 7.3。

表 7.3　　描述性统计

变量	样本量	均值	标准差	最小值	最大值
x	120	0.3750	0.4851	0	1
IC	120	2.7083	1.4631	1	5
FC	120	2.9250	1.3235	1	5
AUD	120	2.9375	1.2274	1	5
AFD	120	3.0667	1.1479	1	5
sex	120	0.5167	0.5008	0	1
city	120	0.3917	0.4891	0	1
parent	120	0.2500	0.4339	0	1
income	120	3.1750	1.2915	1	5
major	120	0.4167	0.4940	0	1

7.5 实证结果分析

7.5.1　社交强度对影子教育产品选择的实证检验

表 7.4 的回归 1 ~ 回归 3 表明，作为一级指标的社交强度和下层二级指标的炫耀属性、被认同属性对影子教育选择的回归系数都显著为正（$p<0.01$），表明社交可以有效地提高消费者对影子教育

表 7.4 社交强度与消费选择

项目	总体			线下影子教育			线上影子教育		
	回归 1	回归 2	回归 3	回归 4	回归 5	回归 6	回归 7	回归 8	回归 9
all	0.1136 *** (0.0098)			0.0842 *** (0.0083)			−0.0115 (0.0169)		
IC		0.1870 *** (0.0162)			0.1394 *** (0.0172)			−0.0106 (0.0247)	
FC			0.1475 *** (0.0200)			0.1221 *** (0.0151)			−0.0164 (0.0268)
sex	0.0061 (0.0565)	0.0031 (0.0566)	0.0293 (0.0637)	−0.0712 *** (0.0343)	−0.0833 ** (0.0376)	−0.0956 ** (0.0373)	0.0069 (0.0725)	0.0083 (0.0726)	0.0098 (0.0722)
city	0.0035 (0.0482)	0.0289 * (0.0484)	−0.0153 (0.0546)	0.0496 * (0.0286)	0.0450 (0.0315)	0.0591 * (0.0315)	−0.0518 (0.0620)	−0.0545 (0.0628)	−0.0463 (0.0624)
parent	0.0175 (0.0497)	−0.0079 (0.0500)	0.0465 (0.0563)	−0.0092 (0.0298)	−0.0239 (0.0331)	0.0209 (0.0325)	0.0382 (0.0641)	0.0408 (0.0641)	0.0363 (0.0643)
income	0.0904 *** (0.0261)	0.0993 *** (0.0260)	0.1264 *** (0.0291)	0.1436 *** (0.0199)	0.1762 *** (0.0206)	0.1722 *** (0.0209)	0.0779 ** (0.0322)	0.0796 ** (0.0323)	0.0758 ** (0.0325)

续表

项目	总体			线下影子教育			线上影子教育		
	回归 1	回归 2	回归 3	回归 4	回归 5	回归 6	回归 7	回归 8	回归 9
major	0.0153 (0.0481)	0.0136 (0.0483)	0.0413 (0.0544)	-0.0076 (0.0285)	-0.0263 (0.0314)	0.0095 (0.0314)	0.1465 ** (0.0634)	0.1409 ** (0.0626)	0.1440 ** (0.0629)
level	-0.0943 ** (0.0479)	-0.1005 ** (0.0481)	-0.0529 (0.0538)	-0.1231 *** (0.0282)	-0.1071 *** (0.0309)	-0.1276 *** (0.0311)	0.0728 (0.0635)	0.0694 (0.0643)	0.0645 (0.0614)
_cons	-0.5329 *** (0.1096)	-0.4267 *** (0.1078)	-0.4460 *** (0.1244)	-0.2923 *** (0.0641)	-0.3057 *** (0.0712)	-0.2217 *** (0.0693)	-0.1643 (0.1554)	-0.2001 (0.1408)	-0.1671 (0.1575)
N	120	120	120	63	63	63	89	89	89
R^2	0.5683	0.5657	0.4474	0.9251	0.9096	0.9094	0.0050	0.1602	0.1616
Prob. > F	0.0000	0.0000	0.0000	0.0000	0.0000	0.0000	0.1623	0.0056	0.0052

注：(1) 括号外的数字为估计系数，括号内的数字为估计系数的稳健性标准误；
(2) *、**、*** 表示 10%、5% 和 1% 的水平下显著。

产品的选择概率。其中，炫耀属性的回归系数高于被认同属性的回归系数，表明消费者在选择商品时相对于被社交范围中更高层次的人群认同相比，更需要将商品炫耀给他和自身层次相近或相似的人群。其原因在于，炫耀性消费作为一种个体主动对外的行为，可以通过具体的行为获得心理满足。而被认同性消费是一种个体被动的向内的行为，获得心理满足不是通过具体行为实现的，而是被动产生的。

此外，将影子教育分为线下影子教育和线上影子教育进行分部回归后发现：社交强度对影子教育选择的回归系数的显著性不同。回归4～回归6表明，社交强度和下属二级指标对于线下影子教育的选择仍然是具有显著的正向影响（$p<0.01$），但回归7～回归9表明，社交强度和下属二级指标对线上影子教育的选择的作用不具有显著性，这意味着线上影子教育的社交属性不足，满足的主要是物质利益。

以上实证表明，社交强度对影子教育消费的选择存在积极作用。导致这一现象的原因是通过社交中产生的炫耀和被认同的动机促进了消费者进行消费，从而加强了购买商品的概率。

在控制变量中，个人生活费的高低对于影子教育产品的选择正向显著。且在线下影子教育中相关系数更高，表示随着收入增加，购买线下影子教育的概率高于购买线上影子教育的概率。这一方面可能是由社交指数决定，正如本书在第6章中所述，由于影子教育产品预付费的特征，导致消费者无法对不同的影子教育进行合理的评价。因此，价格成为最好的信号。而由于线下影子教育价格相对较高，故其天然带有炫耀属性。因此，最初发出信号的消费者选择相对费用较高的线下影子教育实现炫耀，其他人群为了实现被认同，也选择线下影子教育，即出现了消费中的“从众行为”。另一方面，由于线下影子教育产品费用较高，导致低生活费群体没有条件选择的可能，从而表现为个人生活费对影子教育产品选择的异质性表现。

整体而言，性别对影子教育产品的消费影响不够显著，但仍然可知女生购买了更多的影子教育产品。这也符合本书第5章中的论述。然而，在分类回归中发现，女生购买了更多的线上影子教育产品，而男生购买了更多的线下影子教育产品。这可能是因为由于女生的学习积极性和成绩普遍优于男性，因此对于考研的焦虑程度较低，价格较低的线上影子教育可以满足其基本的需求；与之相反，男生更倾向于更稳妥的线下影子教育课程，通过更多的成本投入来提高考试通过的概率——即便这种概率更多表现为心理层面。

是否来自城市、父母学历和所学专业对影子教育产品的选择影响多数不显著，表明影子教育消费并不受此类因素的影响。即便如此，在符号上可以看出，来自城市的学生更倾向于购买线下影子教育产品，而来自乡镇和农村的学生更倾向于购买线上影子教育产品。这可能也是由学生的生活费所决定。此外，在所学专业上可以看出，人文社科类的学生更倾向于购买影子教育产品。在调研中发现，人文社科类学生由于在大学期间所学内容理论性较强，因此常有“什么都没有学到”的焦虑，因此购买影子教育产品的意向更为明确。而如工科、医科学生，因为在大学期间所学内容实践性较强，且在考研备考期间仍有一些学生有试验或实习压力，导致购买影子教育产品的意向不强烈。

学习成绩对于影子教育的选择一方面在整体上较为显著，另一方面又存在明显的异质性表现：首先，从整体而言，表现为学习水平差的学生购买了更多的影子教育产品，这是因为虽然考研的考试内容大多在大学阶段已经进行过讲解，但是学习成绩较差的学生对于自身学习能力和学习基础没有信心，从而选择购买影子教育产品；其次，从线下影子教育而言，学习成绩更差的学生购买了更多的线下影子教育产品，这不仅是因为线下影子教育产品成本较高从而可以带来心理上考试概率提高的满足感，也是因为线下影子教育可以更好地界定自身在社交中的地位，从而彰显自身高教育投入之后的决心；最后，学习水平高的学生购买了更多的线上影子教育产品，这更直接体现出线上影子教育相对于线下影子教育所具有的物质上的满足——学习水平高的学生不需要通过高价的线下影子教育产品实现炫耀，自身的学习成绩就是最好的炫耀。他们也不需要通过线下影子教育产品以在社交中实现被认同。

7.5.2 社交距离对影子教育产品选择的实证检验

表7.5的回归1～回归3表明，作为一级指标的社交距离和二级指标的权威度、亲密度对影子教育选择的回归系数都显著为正（$p < 0.01$），表明社交可以有效地提高消费者的选择概率。其中，权威度的回归系数高于亲密度的回归系数，表明消费者在接受社交影响消费时更多考虑社交传递信号的专业性。即使传递信号的人员同自身亲密度较高，但因为专业性不够，消费者也很难相信这个信号的真实性，进而降低消费概率。如老年人面对保健品营销时更愿意相信推销员而非自己的子女，这同老年消费者认知中自己子女专业性不如营销人员相关，而当营销人员提升同老人的亲密度之后，消费概率会出现显著的提高。这一发现也印证了于文洁和郑中玉的观点①。

而如果将影子教育分为线下影子教育和线上影子教育进行分部回归后发现：社交距离对影子教育选择的回归系数的显著性不同。回归4～回归6表明，社交距离对于线下影子教育的选择仍然是具有显著的负向影响（$p < 0.01$），但回归7～回归9表明，社交距离对线上影子教育的选择并不显著（$p > 0.10$），且其参数的绝对值（0.0296）显著低于线下影子教育（0.0874），这意味着社交距离较远很有可能是不选择线上影子教育的原因。

① 于文洁，郑中玉．基于消费构建想象的社区——对某老年保健品消费群体及其行为的研究［J］．社会学评论，2018，6（1）：80－92.

表7.5 社交距离与消费选择

变量	总体			线下影子教育			线上影子教育		
	回归1	回归2	回归3	回归4	回归5	回归6	回归7	回归8	回归9
all	-0.1145*** (0.0224)			-0.0874*** (0.0146)			-0.0296 (0.0344)		
AUD		0.2277*** (0.0202)			0.1457*** (0.0169)			0.0055 (0.0355)	
AFD			-0.1320*** (0.0254)			-0.1193*** (0.0197)			-0.0454 (0.0288)
sex	-0.0690 (0.0668)	-0.0562 (0.0567)	-0.0671 (0.0667)	-0.1082*** (0.0408)	-0.0759** (0.0368)	-0.1171*** (0.0404)	-0.0029 (0.0740)	0.0091 (0.0737)	0.0002 (0.0719)
city	-0.0326 (0.0579)	-0.0508 (0.0490)	-0.0410 (0.0580)	0.0417 (0.0346)	0.0417 (0.0308)	0.0200 (0.0351)	-0.0634 (0.0637)	-0.0525 (0.0634)	-0.0666 (0.0623)
parent	0.0120 (0.0594)	-0.0010 (0.0504)	0.0042 (0.0595)	0.0161 (0.0356)	-0.0222 (0.0323)	0.0109 (0.0356)	0.0330 (0.0645)	0.0403 (0.0641)	0.0262 (0.0640)
income	0.1216*** (0.0318)	0.0764*** (0.0268)	0.1195*** (0.0318)	0.2100*** (0.0211)	0.1728*** (0.0201)	0.1992*** (0.0220)	0.0722** (0.0330)	0.0775** (0.0328)	0.0680** (0.0326)

续表

变量	总体			线下影子教育			线上影子教育		
	回归 1	回归 2	回归 3	回归 4	回归 5	回归 6	回归 7	回归 8	回归 9
major	0.0774 (0.0572)	0.0663 (0.0485)	0.1016 * (0.0575)	−0.0147 (0.0343)	−0.0304 (0.0307)	0.0504 (0.0354)	0.1458 ** (0.0626)	0.1376 ** (0.0622)	0.1401 ** (0.0612)
level	−0.0500 (0.0568)	−0.0348 (0.0480)	−0.0444 (0.0566)	−0.1033 *** (0.0339)	−0.1014 *** (0.0302)	−0.0665 * (0.0343)	0.0461 (0.0633)	0.0601 (0.0613)	0.0309 (0.0634)
_cons	0.1902 (0.1455)	−0.5020 *** (0.1102)	0.4240 ** (0.1715)	0.1899 ** (0.0947)	−0.3168 *** (0.0698)	0.4335 *** (0.1226)	−0.1386 (0.1626)	−0.2251 (0.1482)	−0.0205 (0.1827)
N	120	120	120	63	63	63	89	89	89
R^2	0.3867	0.5586	0.3889	0.8914	0.9137	0.8920	0.1643	0.159	0.1771
Prob. > F	0.0000	0.0000	0.0000	0.0000	0.0000	0.0000	0.0045	0.006	0.0022

注：(1) 括号外的数字为估计系数，括号内的系数为估计系数的稳健性标准误；

(2) *、**、*** 分别表示在 10%、5% 和 1% 的水平下显著。

以上实证表明，社交距离对影子教育消费的选择存在积极作用。导致这一现象的原因是通过社交中产生的权威度和亲密度的动机促进了消费者进行商品消费，从而加强了购买商品的概率。

线下影子教育相对于线上影子教育，一方面可以面对面进行沟通和交流，可以通过体态语和语气表现有效地提升亲密度，另一方面，相对于线上影子教育咨询面对的是来自于全国各地的同学，对于当地的情况不一定完全了解，而线下影子教育的咨询人员对当地的情况了解相对比较完整，可以通过描述之前考研成功的案例来提升自身相对于线上影子教育的专业程度，从而在社交距离上相对于线上影子教育具有优势。

这种现象同当前考研辅导的情况也是一致的。根据调研可知，线下考研辅导招生主要包括两个环节，一是市场，二是咨询，分别对应市场部和咨询部。市场部员工主要满足的是同学生在亲密度方面的情感诉求，通过全职员工和兼职（在校学生代理），打消学生对影子教育企业的顾虑，提升亲密度；咨询部员工主要满足的是同学生在权威度方面的情感诉求，在装修豪华且相对密闭的咨询室里通过对目标院校的招生情况和学生所在学校历年的考试情况的深度了解表现出自身的权威性，从而综合降低了和学生之间的社交距离。

控制变量方面，其表现同假设7.1～假设7.3的检验结果相符。

7.5.3　社交指数对影子教育产品选择的实证检验

表7.6的回归1～回归3表明，综合社交强度和社交距离的社交指数对影子教育选择的回归系数显著为正（$p<0.01$），表明社交可以有效地提高消费者的选择概率。而如果将影子教育分为线下影子教育和线上影子教育进行分部回归后发现：社交指数对影子教育选择的回归系数的显著性不同。回归2表明，社交对于线下影子教育的选择仍然是具有显著的正向影响（$p<0.01$），但回归3表明，

社交对线上影子教育的选择的作用不具有显著性，这也从社交上解释了线下影子教育存在的原因。

实证结果表明，社交指数对影子教育消费的选择存在积极作用。导致这一现象的原因是通过社交中产生的社交强度和社交距离的动机促进了消费者消费影子教育产品，从而加强了购买影子教育产品的概率。

表 7.6 社交指数与消费选择

变量	总体	线下影子教育	线上影子教育
	回归 1	回归 2	回归 3
index	0.0297 *** (0.0026)	0.0096 *** (0.0020)	0.0006 (0.0072)
sex	−0.0809 (0.0565)	−0.1582 *** (0.0421)	0.0112 (0.0723)
city	−0.0577 (0.0489)	0.0349 (0.0366)	−0.0514 (0.0630)
parent	−0.0240 (0.0504)	−0.0045 (0.0381)	0.0399 (0.0642)
income	0.0792 *** (0.0267)	0.2196 *** (0.0225)	0.0780 ** (0.0325)
major	0.1157 ** (0.0485)	0.0367 (0.0371)	0.1360 ** (0.0623)
level	−0.0418 (0.0478)	−0.0852 ** (0.0358)	0.0588 (0.0651)
_cons	−0.0940 (0.1065)	−0.0885 (0.0803)	−0.2164 (0.1360)

续表

变量	总体	线下影子教育	线上影子教育
	回归 1	回归 2	回归 3
N	120	63	89
R^2	0.5614	0.8803	0.1589
Prob. >F	0.0000	0.0000	0.006

注：(1) 括号外的数字为估计系数，括号内的数字为估计系数的稳健性标准误；(2) *、**、*** 分别表示在 10%、5% 和 1% 的水平下显著。

7.6 小结

本章在构建社交指数的前提下，检验了社交中的各指标对于消费选择的影响，发现：(1) 由被认同属性和炫耀属性构成的社交强度越强，消费选择的概率越高。其中，炫耀性消费的权重高于被认同性消费；(2) 由权威度和亲密度构成的社交距离越近，消费选择的概率越高。其中权威度对消费影响的权重高于亲密度；(3) 由社交强度和社交距离构成的社交指数越高，消费选择的概率越高。

上述结论表明，消费除了受传统的价格、预期、成本、收入影响之外，社交对消费的影响的重要性开始日益凸显。这体现在消费过程中的满足程度不仅仅来源于商品的质量，即物质利益，更多的也来源于商品带来的情感利益。

这种表现为社交对于线下影子教育消费选择的行为，也可以推广到线上书店业。从 1997 年贝塔斯曼（Bertelsmann）进驻中国，到 1999 年当当网开始线上售卖书籍，线上书店以其同质量、低成本迅速取代了线下书店，这同线上影子教育相比线下影子教育的优势如出一辙：同质下价格更低。然而，在大量线下书店倒闭的同时，西西弗书店逆向而动——截至 2019 年 5 月，西西弗书店已在全国 60 多个城市拥有 210 多家图书零售店和超过 400 万活跃会员。

2018 年，西西弗书店营收 9 亿元，并计划在 2019 年新开店 100 家，营收 15 亿元。其关键在于，西西弗书店更多关注的是消费者的情感诉求。即将客群定位于“平时不读书的人”，这些客群在阅读方面更缺乏自己的兴趣趋向与判断力，可以不顾价差买下一本书。

影子教育行业同书店行业最大的区别在于，图书往往是完全同质的，而影子教育却并非完全同质，因此消费者在选择时要考虑满足自身的情感诉求。线下影子教育所具有的高价格、多交流有效弥补了这一不足之处，从而使得消费者选择线下影子教育。

第 8 章

影子教育产品生产者生产的异质性分析

8.1 引言

“互联网 + 教育”的理念下出现的线上影子教育对线下影子教育产生了极大冲击。线上和线下影子教育表现在两者的内容具有一定程度同质性的同时，其形式也存在显著的不同。由于线上教育便利性强，使其可以惠及更多的学生；由于线上教育课程成本低、师资水平高，使其对学生吸引力更高。从 2012 年互联网教育理念普及以来，线上影子教育的规模不断扩大，进而蚕食了大量传统线下影子教育的市场份额。公开媒体上出现了大量线上影子教育代替线下影子教育的言论，甚至有“线下影子教育已死”的论点。

对于消费者而言，可以根据自身的需求选择不同形式的影子教育产品，这种影子教育产品的异质性分析已经在第 7 章中予以分析。但对于生产者而言，线上影子教育和线下影子教育企业面临着如何选择自身的生产方式从而让消费者选择自己的产品的问题。换言之，第 7 章分析的是消费者已选择影子教育产品下选择线上还是线下影子教育，而本章则分析影子教育企业如何改变才能售出影子教育产品的问题。

自 2012 年慕课的创始至今，线上影子教育的行业结构变化相对不大。而线下影子教育却出现了较大的结构变动，这具体表现在传统的线下影子教育借线上影子教育之势形成了转型。传统线下影子教育在吸收线上影子教育之优势、坚持自身特色的基础上实现了扬弃，普遍转型为新兴的线下影子教育形式。

在影子教育产品的生产形式出现异质性的前提下，线下影子教育生产者在线上影子教育的冲击下实现了转型。这种生产者行为的变化目的是为了提升自身的生产利润，而关键在于这种生产形式异质性下生产者能够转型的机制是什么。分析这种异质性出现之后生产者行为的变化及影响变化的因素和机制，是本章解决的问题。

8.2 理论分析

8.2.1 线上影子教育企业的发展和线下影子教育企业的转型

线下影子教育企业主要是指通过非互联网的形式、以面授为主要方式的影子教育模式。传统影子教育行业具有三个特征：区域内企业母品牌信任度高、教师子品牌战略和边际成本低。

首先，区域性母品牌信任度方面是指由于线下影子教育企业多采用区域运营的思路，不同区域的运营方式、师资水平、品牌积淀都存在区别，从而不同区域的消费者对相同品牌的线下影子教育企业信任度存在区别。因此，线下影子教育即便存在全国范围的品牌，也多数是地方加盟。不同区域不同的运营思路，导致了品牌认知的地域区隔，从而决定了线下影子教育企业的母品牌在区域范围内有一定的口碑和成熟的渠道，消费者信任度较高，却对区域外影响不大。其中，极少数的服务全国且具有统一运营思路的线下影子教育企业，如新东方，在人力资源的使用上仍然也存在区域性，因此其母品牌的信任度在不同区域也仍然存在区别。

其次，教师子品牌战略方面，如本书第 6 章所述，在采取母品牌和子品牌嵌套策略方面，线下影子教育多采取突出子品牌，以名师作为噱头吸引消费者消费。这是因为消费者在备选集较少的线下影子教育企业竞争初期的关注度主要集中在自身的直观利益满足上。一个同时满足自身情感利益和物质利益的高学历、经验丰富的名师已经可以降低自身选择成本。因此，企业一方面构建自身的母品牌，另一方面也需要借助名师的子品牌①。

最后，边际成本方面，线下影子教育企业普遍采用大班班次上课，其形式和学校课堂无异，内容多是学校课堂之外的补充。由于教师的课酬不会因为学生的数量增减而发生变动，教室的成本也不会因为学生数量的少量增加而改变。因此，增加一名学生对线下影子教育企业而言边际成本很低。

线下影子教育行业的特征也是线下影子教育企业传统的优势。依靠区域内消费者的高信任度和边际成本较低的特质，聘请经验丰富、高学历乃至于全国一线教师前往授课，通过大量招生平抑成本，最终利用通过相似的服务获得相对稳定的利润。

然而，随着线上影子教育的产生和发展，传统线下影子教育的三个优势损失殆尽。

首先，区域品牌信任度方面。线上影子教育诞生初期面向的就是全国市场，这同国内的考试多数具有全国性的特征直接相关，其初始构建的线上影子教育品牌突破了区域性。而正如第 6 章所述，全国范围品牌相对于区域性品牌，可以发出规模大、机构正规的信号，从而有效提升消费者对影子教育企业的信任度。

其次，全国范围内的一线师资多在中心城市，很难形成有效流

---

① 在较长的时间和较广的范围内，企业关注的重点集中在子品牌之上。某名师同时在甲市的 A 品牌影子教育企业和乙市的 B 品牌影子教育企业授课，甲乙二市虽然同时具有 A、B 品牌，但并不影响该名师的授课，这一方面同线下影子教育的母品牌地域区隔有关，另一方面也表明了传统的线下影子教育企业更关注子品牌而往往不重视或忽略母品牌的构建。

动。然而，线上影子教育企业可以聘用他们通过网络进行授课，并传播到非中心城市乃至于边缘地区。这使得当地传统线下影子教育企业处于完全的劣势，因为师资无论从经验、学历都很难与线上影子教育抗衡。

最后，传统线下影子教育企业仍然有场地租金、纸质版讲义等成本，受教学地点所限，上课人数往往存在上限；而线上教育仅需开发线上课程平台、提供电子版讲义，且上课人数往往没有上限。部分线上影子教育甚至使用公共网络工具进行远程课程讲授，导致其边际成本显著低于传统线下影子教育行业。

因此，以传统线下影子教育运营模式对抗互联网教育是无解的，无论是企业母品牌、教师子品牌还是边际成本都较线上影子教育的水平为差。同时，线上影子教育还具有授课地点的灵活性这个传统线下影子教育不存在的优势，例如学生可以在各个地方进行上课，即学生和课堂的地理距离在理论上等于0。这随着手机网络资费降低和网络速度提升会表现地更加显著。

而如果线下影子教育企业依托自身在区域内的品牌信任度将自身的课程变为线上，一方面自身师资水平相对于来自一线的线上影子教育教育优势不明显；另一方面如果将范围推广全国，又存在较高的学习成本和不确定性。因此，在线上影子教育冲击线下影子教育的同时，线下影子教育面临着转型的抉择。

在彷徨于观望还是投入新兴的线上影子教育的过程中，部分传统影子教育行业以线上影子教育作为动力实现了自身的结构转型：减少班级人数、增加师资数量、提升课程价格。换言之，将传统的“大班授课”调整至“小班授课”，将传统的名师授课变成了普通教师授课，同时将课程单价提高。这种“新”形式虽然早有存在，但线上影子教育的出现促使线下影子教育实现了从传统到新兴的转型。大量的传统线下影子教育企业通过这种形式实现了利润的提升：虽然学生人数减少，但是由于单价上升，反而总体提升了利润。

8.2.2　线下影子教育企业转型中劳动力发展的矛盾

伴随着线上影子教育的发展，传统线下影子教育开始向新兴线下影子教育转型，从“人数多，费用低”的大班到“人数少，费用高”的小班。这种转型源于线上影子教育对提高有效劳动的积极作用。然而，这种行业内结构转型的成功却无法用经典的转型理论去解释，即线上影子教育很难使线下影子教育行业的新兴劳动力质量超越传统影子教育的劳动力质量。

一般认为，同行业相关的信息获得可以减少劳动力教育成本、提升劳动力素质，从而整体提升并超越传统劳动力质量。然而，在影子教育中，新兴劳动力通过线上影子教育的帮助却无法超越同行业的传统劳动力质量。

作为影子教育行业中核心劳动力的师资，其质量主要由软约束条件和硬约束条件构成，前者表现为教师的教育经验，后者表现为教师的背景资质。然而，线上影子教育对于从传统线下影子教育到新兴线下影子教育转化中的质量提升很难实现软硬两种约束的跨越。

首先，从软约束视角考虑，线上影子教育可以提升教育经验，但无法使新兴影子教育劳动力跨越传统影子教育劳动力的教育经验。

同其他行业相比，影子教育行业存在一个特殊之处：作为产品的课程更新速度较慢，掌握了最新的前沿理论或实践同影子教育产品产出并无强相关性。如线下影子教育行业中教授初中物理的教师，虽然也要求其主流教育经历，但相对于掌握物理学前沿理论，反而需要大量的教育经验积累。经验很难通过学校习得，而掌握经验的传统线下影子教育教师又往往讳莫如深，不愿传授教育经验给后进者，以免影响自身收入。

而随着线上影子教育的发展，获得课程经验的成本降低：通过大量观看和学习线上影子教育课程，新兴线下影子教育教师可以有效提升教育经验，进而提升有效劳动水平。

但是，作为一份需要实践积累和理论学习的工作，教师自学成才的难度很大。虽然新兴影子教育下的教师通过线上影子教育的学习提升了教育经验，但这仍然无法达到传统线下影子教育教师的教育经验水平——课程的讲授并非是单纯的模仿，在短期内可能能够速成式地培养出一名合格教师，但无法创造足够的教育经验积累。

从硬约束视角考虑，线上影子教育无法使新兴影子教育劳动力的背景资质超越传统影子教育劳动力。传统线下影子教育中的师资多数拥有名校经历、较高学历和较高职称。这些背景资质的获得可能无法确保教师授课水平，但却是有效劳动提升的必备条件。传统线下影子教育中的“名师”所拥有的光鲜背景资质是新兴线下影子教育的普通教师所缺少的。

因此，虽然线上影子教育可以提高新兴线下影子教育教师的劳动质量，但无论是教育经验还是背景资质，新兴线下影子教育教师的劳动质量均无法达到传统线下影子教育教师的水平，即线上影子教育可以提升新兴线下影子教育的劳动质量，但无法提升到传统线下影子教育质量程度之上。

总结传统线下影子教育和新兴线下影子教育产品，从课时、学费、教育经验、背景资质和教师课酬五方面的对比，详见表8.1。

表8.1　线上影子教育、传统线下影子教育和新兴线下影子教育的对比

内容	课时	学费	教育经验	背景资质	教师课酬
传统线下影子教育	少	低	高	高	高
新兴线下影子教育	多	高	低	低	低

具体而言，课时方面，表现为一定时期（如一个学期）内的课程时长，传统线下影子教育一般少于新兴线下影子教育；学费方

面，由于课时较多，新兴线下影子教育相应高于传统线下影子教育；教育经验和背景资质方面，由于传统和新兴线下影子教育采用的分别是名师和普通教师，故前者教育经验和背景资质显著高于后者；教师课酬方面，传统线下影子教育的名师单位时间的课酬显著高于新兴线下影子教育。

因此，在新兴线下影子教育劳动质量没有超越传统的背景下，线下影子教育是如何通过线上影子教育实现转型的呢？

8.3 研究假设

8.3.1 产值视角下线下影子教育企业的转型

伴随着线上影子教育的发展，线下影子教育的确受到了来自外部的冲击。其中最直观的表现在于，由于线上和线下影子教育的课程内容相同或近似，如果没有线上影子教育的出现，线上影子教育的生源将会被线下影子教育所吸引，从而增加收入和利润。

而正如前面所述，因为线下影子教育相对于线上影子教育在师资、成本、授课方式等方面均不具有优势，线下影子教育企业面临的问题不仅是收入被线上影子教育所侵占，而且是自身产出开始降低，使用传统的方式已经无法再获得足够的生源。其中，如果家庭教育在影子教育内容上表现较少，线上影子教育对线下影子教育企业招生带来的负面效果日益明显。

线下影子教育企业为了能够持续获得稳定收入和利润，需要通过更多的社交行为提升消费者对自身的情感利益（详见第 7 章），这就需要对自身的运营方式进行转型。在实际产出中，线下影子教育企业开始根据线上影子教育企业的特点，设计出新的影子教育产品，通过弥补线上影子教育的社交不足之处，表现在社交指数中的各项指标，实现了从传统到新兴线下影子教育的转型。其中主要表现在产值方面，新兴线下影子教育产品产值所占比重逐渐高于传统线下影子教育产品。

新兴线下影子教育产品主要是指当下的“小班”课程或一对一课程。传统的线下影子教育的“大班”课程由于缺乏教师和学生的交流互动，使其缺少了社交的属性，从而在形式上和线上影子教育具有相似性，容易被线上影子教育所取代。因此，线下影子教育开始从传统向新兴转移。据此，构建假设 8.1。

假设 8.1：传统和新兴线下影子教育的产值分别呈现递增和递减的趋势。

8.3.2 新兴线下影子教育企业的人力资本深化机制

劳动力作为生产要素在产出上存在异质性，这是由劳动力的非同质特征决定的，即需要同时考虑数量和质量。据此，引入有效劳动（HL）概念，其中 H 是人力资本质量，L 是人力资本数量。H 的增长主要受到教育经验和背景资质两个因素的影响。

传统情况下，提升人力资本质量主要通过教育而形成。具体而言，资质由主流教育提供，表现为受教育的年限；经验由所在企业提供，多以培训和工作的形式呈现，表现为掌握了具体工作的技术和实践。特别的，通过互联网可以掌握更新的前沿技术，这有利于提升人力资本质量，并最终增加企业产出。

影子教育行业也存在类似的情况。定义影子教育下主要的劳动力为影子教育教师，则这些教师接受的主流教育越多，受教育年限越长，背景资质也就相对越好；且他们可以在影子教育企业中逐渐获得更多的教育经验。

特殊情况是，线上影子教育加速了教育经验的获得：对于新兴线下影子教育的教师而言，作为新动力出现的线上影子教育对他们的教育经验获得产生了积极影响。由于线上影子教育的教师水平较高，且其课程、讲义均具有易得性，从而获得了比传统线下影子教育中更优的教育资源，使得大量意向参与到影子教育的教师有条件模仿线上影子教育的课程内容进而提高了自身授课水平，为新兴线下影子教育教师积累教育经验，最终实现人力资本质量的提升创造了条件。

构建新兴线下影子教育下的人力资本深化模型，有效劳动为

$$HL(t)=E(t)X(ose,\ t)L(ose,\ E,\ t) \tag{8.1}$$

其中，E 表示新兴线下影子教育中的劳动力背景资质，主要表现为接受主流教育年数。X 表示新兴线下影子教育中的劳动力教育经验，具体到影子教育行业中，主要受线上影子教育影响①。L 表示新兴线下影子教育中的劳动力数量，该数量的增加受到以下两个方面的影响：一方面劳动者接受主流教育年限增加会导致劳动力来源数量增加，这是由劳动力职业选择的向下刚性决定的，表现为劳动力的背景资质；另一方面，线上影子教育的发展使得新兴线下影子教育教师发现自身可以通过模仿线上影子教育的课程内容来实现自身的教育经验的提升，由于对自己完成工作更有信心，使参加线下影子教育的劳动力数量增加。其逻辑关系详见图 8.1。

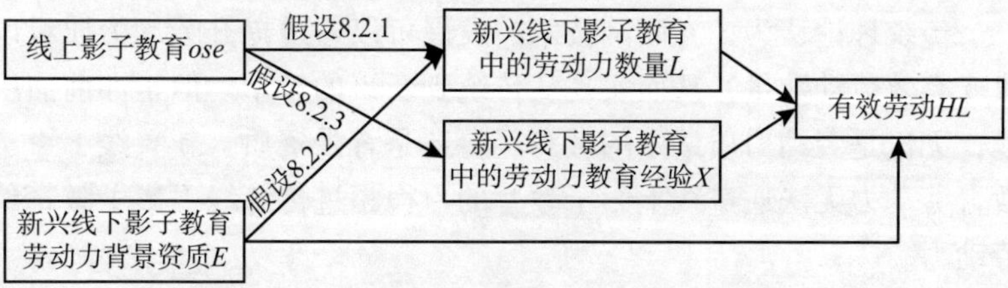

图 8.1　新兴线下影子教育的人力资本深化机制

① 具体到教育行业的教师劳动，接受主流教育年数是成为教师的基本前提，提供的是背景资质；而线上影子教育主要是提供授课的具体方法，体现的是教育经验，因此，$E(t)$ 和 $X(ose,\ t)$ 之间在逻辑上并不存在因果联系，是独立的。具体而言，一个没有上过大学物理的学生很难通过学习线上影子教育课程深刻掌握物理知识；同理，一个物理学专业毕业的研究生也很难短时间内让自己的中学物理课程讲解的生动形象。

据此，提出以下三个假设。

假设8.2.1：线上影子教育的发展会增加新兴线下影子教育的劳动力数量。

假设8.2.2：接受主流教育年数的提升会增加新兴线下影子教育劳动力数量。

假设8.2.3：线上影子教育的提升会增加新兴线下影子教育劳动力的经验。

8.3.3 潜在劳动力的选择：有效劳动视角的转型机制

上述讨论的仅仅是线上影子教育对于新兴线下影子教育的有效劳动的提升作用，并没有涉及传统线下影子教育的转型问题。对于教育行业而言，线上影子教育对于传统和新兴线下影子教育均可产生积极作用，因此，单纯的分析新兴线下影子教育有效劳动水平在线上影子教育发展前提下的提升无法说明传统线下影子教育转型为新兴线下影子教育，故需要将二者放在同一维度下进行比较，方能得出传统线下影子教育的转型和线上影子教育的促进作用。

传统理论认为，互联网技术的发展可以通过提升劳动力质量以改变有效劳动数量，从而实现从传统到新兴的转型。但正如前面所述，无论是劳动力质量中的教育经验还是背景资质，新兴线下影子教育劳动力无法通过线上影子教育的习得超过传统线下影子教育的劳动力。

解释这一转型机制来源的关键在于线上影子教育所提升的不仅是教育经验，也可以提升意向参与到行业中的劳动力数量。当新兴线下影子教育的劳动力数量超过传统线下影子教育，有效劳动数量也随之增加。这种有效劳动大部分来自外部潜在劳动力的流入。

这些潜在劳动力大多出现在大学大规模扩招之后，他们有意愿从事影子教育工作。相对于传统线下影子教育教师，虽然劳动力质量不高，但他们具有相对的数量优势。而问题在于，这些新兴的潜在劳动力会向传统还是新兴的线下影子教育流动。

面对这些天然缺失教育经验和背景资质的教师，新兴线下影子教育企业不愿意支付高昂的课酬。在资本有限的前提下，企业往往会使用高固定资本提升消费者信任度，以弥补师资质量上的不足。这表现为第 6 章中所述的高昂的房租、装修甚至企业上市，即具有高资本、低劳动力质量的特征。与之相对应的，传统线下影子教育在将大量成本投入到作为劳动力的名师课酬之上，反而对于资本投入较少。

借助有效劳动的定义，同时借鉴李捷的分析①，构建企业的生产函数：

$$Y_T(t) = K_T(t)^{\beta_T}(E_T(t)X(t)L_T(t))^{1-\beta_T} \tag{8.2}$$

$$Y_N(t) = K_N(t)^{\beta_N}(E_N(t)X(t)L_N(t))^{1-\beta_N} \tag{8.3}$$

其中，E 代表线下影子教育中的劳动力的背景资质，用接受主流教育年限来衡量；X 代表线下影子教育中劳动力的教育经验，用线上影子教育水平来衡量；L 代表投入生产的劳动，有效劳动为 hXL；K 代表投入生产的资本；β_T 和 β_N 分别是传统和新兴线下影子教育的资本产出弹性。劳动和资本的关系式为：

$$h_T(t)X(t)L_T(t) + h_N(t)X(t)L_N(t) = h(t)X(t)L(t) \tag{8.4}$$

$$K_T(t) + K_N(t) = K(t) \tag{8.5}$$

令

$$\iota(t) = \frac{h_T(t)L_T(t)}{h(t)L(t)} \tag{8.6}$$

$$\kappa(t) = \frac{K_T(t)}{K(t)} \tag{8.7}$$

则资本深化 $k(t)$：

$$k(t) = \frac{K(t)}{h(t)X(t)L(t)} \tag{8.8}$$

① 李捷．基于信息网络技术扩散的制造业转型升级动力机制研究［D］．山东大学博士论文，2019.

对企业的生产函数进行求导，分别对 $L_T(t)$、$K_T(t)$、$L_N(t)$ 和 $K_N(t)$ 一阶求导，可得：

$$p_T(t)\beta_T\frac{Y_T(t)}{K_T(t)}=p_N(t)\beta_N\frac{Y_N(t)}{K_N(t)} \tag{8.9}$$

$$p_T(t)(1-\beta_T)\frac{Y_T(t)}{h_T(t)X(t)L_T(t)}=p_N(t)(1-\beta_N)\frac{Y_N(t)}{h_N(t)X(t)L_N(t)} \tag{8.10}$$

其中，传统和新兴线下影子教育产品的价格分别是 p_T 和 p_N，则

$$\frac{1-\beta_T}{1-\beta_N}\frac{\beta_N}{\beta_T}\frac{1-\iota(t)}{\iota(t)}\frac{\kappa(t)}{1-\kappa(t)}=1 \tag{8.11}$$

化简为：

$$\frac{1}{\iota(t)}=\frac{1-\beta_N}{1-\beta_T}\frac{\beta_T}{\beta_N}\frac{1}{\kappa(t)}+\left(1-\frac{1-\beta_N}{1-\beta_T}\frac{\beta_T}{\beta_N}\right) \tag{8.12}$$

可知 $\iota(t)$ 和 $\kappa(t)$ 同方向变动。定义 θ 代表替代弹性，Φ 代表产品权重，那么传统和新型线下影子教育的产出比为：

$$\frac{Y_T(t)}{Y_N(t)}=\frac{\Phi_T}{\Phi_N}\left(\frac{p_T(t)}{p_N(t)}\right)^{-\theta} \tag{8.13}$$

为明确 $\lambda(t)$、$\kappa(t)$ 和 $X(t)$ 的关系，对上述公式进行进一步整理后可以得到：

$$\left(\frac{\Phi_T}{\Phi_N}\right)^{-\frac{1}{\theta}}\frac{1-\beta_T}{1-\beta_N}\left(\frac{A_T(t)}{A_N(t)}\right)^{1-\frac{1}{\theta}}\left((k(t))^{\beta_T-\beta_N}\frac{\kappa(t)^{\beta_T}}{(1-\kappa(t))^{\beta_N}}\frac{\iota(t)^{1-\beta_T+\frac{\theta}{\theta-1}}}{(1-\iota(t))^{1-\beta_N+\frac{\theta}{\theta-1}}}\right)^{1-\frac{1}{\theta}}=1 \tag{8.14}$$

假设相比传统线下影子教育企业，新兴线下影子教育企业的资本产出弹性更高，即 $\beta_T-\beta_N<0$，则意味着随着线上影子教育提升人力资本质量和数量，提高了有效劳动供给，而资本此时变得相对稀缺，则更能有效利用资本的线下影子教育会有更好的产出表现，若新兴线下影子教育的资本产出弹性较高，就更能有效地利用资本，从而提升产出。因此，在这种吸引劳动力转移的过程中，潜在劳动力向传统线下影子教育转型可能性较低，绝大部分向新兴线下

影子教育转移。这种劳动力的转移一方面是由线上影子教育实现的推动，另一方面也同新兴线下影子教育较高的资本产出弹性相关。据此，提出假设8.3。

假设8.3：在线上影子教育促进人力资本积累的前提下，若传统线下影子教育的资本产出弹性小于新兴线下影子教育的资本产出弹性，则会促成线下影子教育转型。

8.3.4　劳动力的内部流动：人力资源外部性视角的转型机制

线下影子教育包括传统和新兴线下影子教育两类，其中前者往往以教师子品牌为主，企业母品牌为辅，在这种情况下，传统线下影子教育企业中的教师一般经验丰富、资历较深、课酬较高。同时由于个别学生缴费数量较少，虽然总人数较多，但提供的总课时量有限。而正是由于线上影子教育的冲击，导致传统线下影子教育面对产品类似的线上影子教育时开始出现市场萎缩。同时，线下影子教育教师在传统线下影子教育中通过授课获得收入的概率也进一步降低。

此时，传统线下影子教育企业中的劳动力开始考虑提升自身人力资本的问题。然而，通过提升主流教育的学历机会成本较高，而通过私有教育，即接受培训，是同时期效率更高的方式。而线上影子教育恰好提供了这一可能。通过线上影子教育提升个人资本，可以有效地增加影子教育企业产量，提高个人收益。

定义传统和新兴线下影子教育行业，其产量为：

$$Y_T(t)=A_T(t)K_T(t)^{\beta_{Tk}}(H_T(t)L_T(t))^{\beta_{TL}} \tag{8.15}$$

$$Y_N(t)=A_N(t)K_N(t)^{\beta_{Nk}}(H_N(t)L_N(t))^{\beta_{NL}} \tag{8.16}$$

其中，下标T代表传统线下影子教育企业；N代表新兴线下影子教育企业；Y代表影子教育企业产出；A代表全要素生产率；K代表投入生产的资本；β_{Tk}和β_{Nk}分别表示传统和新兴线下影子教育的资本产出弹性，且 $\beta_{Tk} \in (0, 1)$，$\beta_{Nk} \in (0, 1)$；β_{TL} 和 β_{NL} 分别表示传统和新兴线下影子教育的劳动力产出弹性

但是，由于线上影子教育对传统线下影子教育市场份额的蚕食，包括传统线下影子教育中的传统教师在教育经验和背景资历上的优势，使得这些已提升自身人力资本的教师无法获得对应的收入。因此，他们面临着选择：是继续留在传统线下影子教育中等待机遇，还是参与到新兴线下影子教育中以实现更高的收入。然而，相对于新兴线下影子教育对传统线下影子教育产生的积极的外部性，传统线下影子教育对新兴线下影子教育产生的动力并不强，因此表现为一种负外部性。

假定传统线下影子教育企业的技术水平即全要素生产率 A 受到新兴线下影子教育企业人力资本的影响，新兴线下影子教育企业的技术水平受到传统线下影子教育企业人力资本的影响，即

$$\ln A_T(t) = \epsilon_{TXL} H_N(t) L_N(t) \tag{8.17}$$

$$\ln A_N(t) = \epsilon_{NXL} H_T(t) L_T(t) \tag{8.18}$$

ϵ_{TXL} 和 ϵ_{NXL} 分别代表新兴线下影子教育、传统线下影子教育的人力资本外部性，结合上文分析，相比传统线下影子教育，劳动力更偏好新兴线下影子教育。但这无法解释一个问题，如表 8.1 所示，传统线下影子教育的劳动力收入更高，那么行业内部为什么会出现这种人力资本流动？

这种机制的出现是由影子教育的天然禀赋所决定。一个教育经验较低的传统线下影子教育的劳动者，由于自身的人力资本较低，甚至无法在传统线下影子教育中保证足够的课时。而如果将人力资本转移到新兴线下影子教育之中，由于运营形式的不同，则有条件参与到授课中，从而提升自身的收益，而对劳动者而言，其动力还在于，这种通过课程的讲授可以提高自身的教育经验，进而有可能重新回到传统线下影子教育中担任教师，具体表现为课酬上升，参与学生数量增加。

因此，$\epsilon_{TXL} < 0$，$\epsilon_{NXL} > 0$。可知：

$$\ln Y_T(t)=\epsilon_{TXL}H_N(t)L_N(t)+\beta_{TL}\ln(H_T(t)L_T(t))+\beta_{TK}\ln K_T(t) \tag{8.19}$$

$$\ln Y_N(t)=\epsilon_{NXL}H_T(t)L_T(t)+\beta_{NL}\ln(H_N(t)L_N(t))+\beta_{NK}\ln K_N(t) \tag{8.20}$$

假定从业者对传统和新兴线下影子教育的偏好相同，即：

$$H_T(t)L_T(t)+H_N(t)L_N(t)=H(t)L(t) \tag{8.21}$$

以此为约束条件，并分别对 $H_T(t)L_T(t)$ 和 $H_N(t)L_N(t)$ 进行求导可知：

$$\frac{Y_T(t)}{Y_N(t)}=\frac{h_T(t)L_T(t)}{h_N(t)L_N(t)}\frac{\beta_{ZL}-\epsilon_{NXL}h_N(t)L_N(t)X(t)}{\beta_{TL}-\epsilon_{TXL}h_T(t)L_T(t)X(t)} \tag{8.22}$$

因为 $\epsilon_{TXL}<0$，$\epsilon_{NXL}>0$，可知$\frac{\partial\frac{Y_T(t)}{Y_N(t)}}{\partial X(t)}<0$。

通过传统和新兴教育经济之间的关系，构建人力资本外部性可知，已有文献对于制造业的分析中主要描述的机制是由于技术更新较快，新兴劳动力在技术上很容易超过甚至替代传统劳动力的假设。但在教育行业并非如此，行业内劳动力的流动存在壁垒，这种壁垒的不仅表现在教师的水平和资历，更表现在教师的课酬。在一个同时具有传统和新兴线下影子教育模式的教育企业中，授课好、资历高的教师教授传统课程（大班课），授课差、资历浅的教师教授新兴课程（小班课），这就导致了新兴线下影子教育教师希望向传统线下影子教育转移，但传统线下影子教育却受到线上影子教育的冲击出现萎缩，因此，在这种激励下，出现了传统向新兴线下影子教育的转型。据此，提出假设8.4。

假设8.4：由于传统线下影子教育和新兴线下影子教育的人力资本外部性分别为正、负，因此线上影子教育可以通过推进人力资本转移实现转型。

8.4 研究设计

8.4.1 研究对象设定

2017年，中国线上影子教育细分领域中，以中小学线上教育比重最高，达22%[①]。因此，从体量上采用中小学线下影子教育进行研究最为恰当。然而，中小学线下教育中存在以下几个难以处理的问题。

第一，中小学线下影子教育覆盖层次较广。由于中小学学校分布广，导致中小学线下教育同时遍布于城市中心区、近郊、县份、乡镇等层次的区域，且总体范围覆盖全国。因此，若要采取合理的抽样进行调研，一个可信的样本总量必定是可观的。

第二，中小学线下教育的小规模机构较多。它们大多集中在中小学校址周边，招生人数较少，且大量以地下经济的形式存在。即便进行大范围的针对线下影子教育机构调研，由于其总数量较多，调研难度大，很难保证数据的可信性。而如果忽视之，又会造成抽样选择上的偏差。

第三，中小学线下教育存在辅导内容上的异质性。不同的省（区、市）和不同年级的学生，辅导的科目、知识点、难度都存在显著差别。因此，很难对中小学线下影子教育进行统一的分析。

第四，已有的地域性大型线下中小学影子教育机构，往往同线上影子教育密不可分，甚至本身存在线下和线上两套课程。这种内生性问题导致无法有效分析线上影子教育对线下影子教育结构转型的冲击。虽然可以采取计量的方法予以优化，但若有其他选择，这

---

① 吕森林，邵银娟，孙洪湛，冯超，庄淑雅，郑玄载，睿泰集团.2018—2019中国互联网教育行业蓝皮书［M］. 北京：北京大学出版社，2019：129.

一数据来源并非最优。

第五，中小学线下影子教育仍然无法完全忽视家庭教育带来的积极作用。由于中小学线上影子教育往往缺少教师对学生的当面管束，导致大量学生，尤其是低龄学生上课，需要家长的陪伴。因此，线下影子教育可以无视线上影子教育带来的冲击，从而没有必要进行转型。

所以，本章选择了考研辅导作为线下影子教育结构转型的对象进行分析。具体原因如下：

第一，虽然考研辅导市场的规模小于中小学，但 2017 年中国在线教育的细分市场中，考研辅导所占比重约为 15%，和在线语言学习持平，居于总比重的第二位，故其仍然具有一定的规模①。

第二，考研线下辅导的范围有限。没有高校的城市，几乎没有考研辅导机构。而高校当前分布主要集中在大城市，从而导致即便从全国范围看，辅导机构总量也是有限的，进而导致调研的样本数量在可接受的范围之内。

第三，考研辅导门槛较中小学辅导更高。相比于中小学校辅导机构规模大小不一，考研辅导机构都具有一定的规模。相比于中小学辅导机构数量繁多，考研辅导机构数量较少。笔者调研时发现，在大学城或规模较大的单体校区周边，考研辅导机构的数量一般维持在 3～5 所，学生主要选择的辅导机构则为 1～2 所；在分散的较小的单体校区周边，考研辅导机构数量一般维持在 1～2 所，甚至数量为 0。即一座城市的考研辅导机构一般维持在 10 所之内。因此，对考研辅导机构调研在抽样上不容易出现偏差。

第四，考研辅导在辅导内容上不存在异质性。由于考研主要科目多为全国统考，且考研辅导多针对在校大校生②，导致科目、知

① 吕森林，邵银娟，孙洪湛，冯超，庄淑雅，郑玄载，睿泰集团. 2018－2019 中国互联网教育行业蓝皮书［M］. 北京：北京大学出版社，2019：129.

② 当下参加考研的人数激增，其中存在相当程度的已毕业、有工作的考生。但由于他们的时间分配不灵活，而线下考研辅导的时间长、授课时间相对固定。因此，线下考研辅导主要还是面对在校大学生。

识点难度上都不存在异质性，样本的同质性较强。

第五，线上和线下考研辅导机构分类清晰。线下和线上考研辅导在课程内容上具有同质性，因此就产品而言，双方具有替代的天然属性。但线下教育很少会开发并运行自身的线上考研辅导课程。正如第7章中所述，线下考研辅导企业多数有转型线上考研辅导的意向，但由于师资水平和师资经验都不如已有的线上考研辅导机构，因此，线下和线上考研辅导机构在当前泾渭分明，很少有综合两者的考研机构[①]。

第六，家庭教育影响不大。如本书第7章中所述，考研辅导针对的对象多为成年人，其辅导的课程一方面不需要家长陪伴，另一方面限于家长的受教育程度，大部分家长无法对子女的考研进行有效补习。因此，结合第四点原因，线下考研辅导机构受到线上影子教育冲击进而产生转型的机制较为清晰。

据此，本书选择考研辅导机构进行调研。在样本抽样上借鉴风笑天[②]的方法，选取了21所考研辅导机构，其中东部、中部、西部地区分别选择了5个、3个、2个城市和10所、7所、4所考研辅导机构。其中东部地区选择了1个直辖市、2个省会城市和2个非省会城市；中部地区选择了2个省会城市和1个非省会城市；西部地区选择了1个自治区首府城市和1个非省会或首府城市[③]。

由于本章论述的主要是线上教育对线下教育结构转型的影响，

---

① 调研发现，新东方的考研辅导可以视为为数不多的反例。但新东方当前线下的主要课程是中小学教育和出国培训，在多数城市中，考研不是新东方的主要线下业务。与前面相呼应的是，无论是线上还是线下，新东方中小学影子教育均已达到了一定的体量，但由于本章不分析中小学线上和线下影子教育，故不做具体分析。

② 龙笑天．社会调查方法［M］．北京：中国人民大学出版社，2012：41－46.

③ 东部、中部、西部地区的分类借鉴了2012年之前教育部对考研院校的区域划分，其中一区系北京、天津、上海、江苏、浙江、福建、山东、河南、湖北、湖南、广东11省（市）；二区系河北、山西、辽宁、吉林、黑龙江、安徽、江西、重庆、四川、陕西10省份；三区系内蒙古、广西、海南、贵州、云南、西藏、甘肃、青海、宁夏、新疆10省份。2013年，一区和二区合并，但由于一区和二区在教育资源分配和考试分数上仍然存在区别，因此仍然选择了这种分类方法。具体每一区域的学校抽样数量，参考了教育部公布的大学数量。其中，由于中部、西部地区的大学大多集中于省会或首府，而更以西部地区尤甚，因此在区域内的抽样比重上同东部地区不同。

因此教育经验方面，选择了线上教育的发展情况作为自变量。具体数据采用了 2012 ~ 2018 年的互联网教育市场规模，单位是千亿人民币，数据来源于《2018—2019 中国互联网教育行业蓝皮书》[①]。虽然互联网教育的内涵广于线上影子教育，本章根据第 3 章中界定的影子教育特征，在后面将互联网教育中的内容进行剥离，仅保留了线上影子教育的内容，而排除了线上补充教育和线上私有教育。

选择的时间周期为 2012 ~ 2018 年，共收集整理了 7 年的面板数据。本章选择 2012 年开始，主要是因为考虑到“由 2012 年起，由美国 MOOC、可汗学院传来的互联网教育融资风暴开始影响中国，互联网教育成为公众开始关注的行业。……2015 年超过 16 亿元资金注入互联网教育行业，……比 2012 年同比增长了 4 倍”[②]。

8.4.2　模型设定

在模型的具体设定前，需要首先对传统和新兴线下影子教育的范围进行说明。在调研中发现，线下影子教育中往往传统和新兴课程并存。采用询问“根据学生单人缴费情况，贵机构以下哪几种课程学生可以单独报名”，根据线下影子教育的负责人的回答进行数据的搜集和整理。其中，定义“线下视频课程，学生集中在教学场地观看”“线上视频课程，提供给学生账号观看，没有同授课教师的互动，或存在有限的互动”“线下面授课程，学生集中在教学场地学习，人数较多，以‘大班’的形式进行宣传”三种情况为传统线下影子教育，定义“线下面授课程，学生集中在教学场地学习，人数较少，以‘小班’的形式进行宣传”“线下面授课程，学生集中在教学场地学习，同时包含有教师的一对一课程”“线上视频课程，提供给学生账号观看，同时包含授课教师的一对一课程”

① 吕森林，邵银娟，孙洪湛，冯超，庄淑雅，郑玄载，睿泰集团 . 2018 – 2019 中国互联网教育行业蓝皮书［M］. 北京：北京大学出版社，2019：122 – 124.

② 同①：77.

为新兴线上影子教育。

为验证假设 8.2.1 ~ 假设 8.2.3，构建模型（8.23）~ 模型（8.25）。

$$L_{Ni}(t) = \alpha_0 + \alpha_1 X(t) + \sum control + \varepsilon_{it} \tag{8.23}$$

$$L_{Ni}(t) = \alpha_0 + \alpha_1 h_{Ni}(t) + \sum control + \varepsilon_{it} \tag{8.24}$$

$$X_{Ni}(t) = \alpha_0 + \alpha_1 X(t) + \sum control + \varepsilon_{it} \tag{8.25}$$

因变量中，$L_{Ni}(t)$ 是第 i 家新兴线下影子教育在时间 t 下的劳动力数量，采用询问“新兴课程的教师比重为多少”来代理该变量；$X_{Ni}(t)$ 是第 i 家新兴线下影子教育在时间 t 下的教育经验，采用询问“历年授课情况中，新兴教师的教学水平可以得到多少分（5 分满分）”来代理该变量。

核心自变量中，$ose(t)$ 是在时间 t 下的线上影子教育的发展状况，采用历年线上影子教育市场规模来代理该变量。考虑到分析的对象是针对作为考研辅导的线下影子教育机构，而考研的辅导周期有近一年半的时长①，线上影子教育影响线下影子教育的教育经验的可能存在一定程度的滞后。因此，在模型设定上使用线上教育市场规模和市场规模滞后一期两个自变量来进行分析。$h_{Ni}(t)$ 代表第 i 家新兴线下影子教育教师在时间 t 下的受教育年数。在调研中，采用询问“新兴课程的教师中，获得硕士研究生学位/副教授职称及以上的教师数量比重”来代理该变量。

控制变量主要采用以下三种：*league* 代表该线下影子教育企业是否是加盟的品牌，如是加盟品牌定义为 1，如不是则定义为 0。引入该变量主要来自第 6 章中的影子教育企业母品牌概念；*teacher*

---

① 本章数据设置的时间起讫点为 2012 ~ 2018 年，其间考研开始进行辅导一般是大三上学期（当年 9 ~ 10 月）开始，至大四上学期（次年 12 月底）之间进行初试辅导；大四下学期（第三年 3 ~ 4 月）进行复试指导。如果不考虑时长较短且未过初试者不参加的复试指导，整体接受辅导的时长约为 15 ~ 16 个月，共三个学期。同时，近 3 ~ 5 年，考研辅导时间有提早的趋势，如有部分考研辅导机构开始针对大二乃至于大一的学生开设考研长线班次，但这并非是主流，因此本章不再赘述。

代表该线下影子教育企业是否邀请到国内一线教师前来授课，如有一线教师前来授课，定义为 1，如果没有定义为 0。引入该变量来自于第 6 章中的影子教育企业子品牌概念；*campus* 代表该线下影子教育企业在当地可以单独授课且有完整架构的校区数量，引入该变量主要考虑衡量该企业的规模。

为验证假设 8.3，根据模型（8.2）和模型（8.3），构建模型（8.26）和模型（8.27）。

$$\ln\left(\frac{Y_{Ti}(t)}{h_{Ti}(t)X(t)L_{Ti}(t)}\right)=\beta_T\ln\left(\frac{K_{Ti}(t)}{h_{Ti}(t)X(t)L_{Ti}(t)}\right)+\varepsilon_{it} \quad (8.26)$$

$$\ln\left(\frac{Y_{Ni}(t)}{h_{Ni}(t)X(t)L_{Ni}(t)}\right)=\beta_N\ln\left(\frac{K_{Ti}(t)}{h_{Ti}(t)X(t)L_{Ti}(t)}\right)+\varepsilon_{it} \quad (8.27)$$

验证假设 8.3 需要证明传统线下影子教育的资本产出弹性小于新兴线下影子教育的资本产出弹性，即验证 β_T 和 β_N 的数值大小是否符合理论假设。其中，$Y_{Ti}(t)$ 和 $Y_{Ni}(t)$ 分别代表第 i 家传统线下影子教育和新兴线下影子教育在时间 t 下的产出状况，在调研中，采用询问“以每年产值计算，贵机构的传统课程和新兴课程分别占多少比重”来代理该变量；

$h_{Ti}(t)$ 和 $h_{Ni}(t)$ 分别代表第 i 家传统线下影子教育和新兴线下影子教育教师在时间 t 下的教师受教育程度。在调研中，采用询问“传统课程和新兴课程的教师中，分别获得硕士研究生学位/副教授职称及以上的教师数量比重”来代理该变量；$L_{Ti}(t)$ 和 $L_{Ni}(t)$ 分别代表第 i 家传统线下影子教育和新兴线下影子教育在时间 t 下的劳动力数量，采用询问“传统课程和新兴课程的教师比重分别为多少”来代理该变量；$K_{Ti}(t)$ 代表第 i 家传统线下影子教育在时间 t 下的投入资本，采用询问“投入的资本中，您认为分别有多少用在了传统课程的招生上”来代理该变量；ε_{it} 代表随机扰动项。

为验证假设 8.4，根据模型（8.19）和模型（8.20），构建模型（8.28）和模型（8.29）。

$$\ln Y_{Ti}(t) = \epsilon_{TXL}X(t)L_{Zi}(t) + \beta_{TL}\ln(X(t)L_{Ti}(t)) + \beta_{Tk}\ln K_{Ti}(t) + \sum control + \varepsilon_{it} \quad (8.28)$$

$$\ln Y_{Ni}(t) = \epsilon_{NXL}X(t)L_{Ti}(t) + \beta_{NL}\ln(X(t)L_{Ni}(t)) + \beta_{Nk}\ln K_{Ni}(t) + \sum control + \varepsilon_{it} \quad (8.29)$$

验证假设 8.4 需要证明传统线下影子教育的人力资本外部性为正，新兴线下影子教育的人力资本外部性为负，即验证 ϵ_{TXL} 和 ϵ_{NXL} 的符号。其中，控制变量和模型（8.23）相同。

主要的变量定义详见表 8.2。

表 8.2　　主要变量定义

变量类型	变量	变量定义
因变量	Y_T	传统线下影子教育产出。用产出所占比重衡量，单位为百分比
	Y_N	新兴线下影子教育产出。用产出所占比重衡量，单位为百分比
	E_N	新兴线下影子教育教师的教育经验。最低为 1，最高为 5
	L_T	传统线下影子教育的劳动力数量。用传统劳动力所占比重衡量，单位为百分比
	L_N	新兴线下影子教育的劳动力数量。用新兴劳动力所占比重衡量，单位为百分比
	h_T	传统线下影子教育教师的受教育程度。用获得硕士研究生学位/副教授职称及以上的传统教师数量的比重衡量，单位为百分比
	h_N	新兴线下影子教育教师的受教育程度。用获得硕士研究生学位/副教授职称及以上的新兴教师数量的比重衡量，单位为百分比
考察变量	X	线上影子教育的发展状况。用历年线上影子教育市场规模衡量，单位是千亿元
	K_T	传统线下影子教育投入资本数量。用传统线下影子教育所占比重衡量，单位是百分比
	K_N	新兴线下影子教育投入资本数量。用新兴线下影子教育所占比重衡量，单位是百分比

续表

变量类型	变量	变量定义
控制变量	*league*	品牌是否是加盟。如不是加盟定义为0，加盟定义为1
	teacher	是否聘请国内一线教师授课。如没有定义为0，如有定义为1
	campus	在当地可以单独授课且有完整架构的校区数量，单位是所

8.4.3　描述性统计

根据调研结果整理出的数据，所得到的描述性统计结果详见表 8.3。

表 8.3　描述性统计

变量	样本量	均值	标准差	最小值	最大值
Y_T	126	64.3095	23.7653	5	97
Y_N	126	35.6905	23.7653	3	95
E_N	126	3.1746	1.2204	1	5
L_T	126	71.5000	22.8724	10	98
L_N	126	28.5000	22.8724	2	90
h_T	126	97.4603	4.0785	85	100
h_N	126	73.9365	13.5557	45	100
X	126	2.2667	0.7617	1.3	3.5
K_T	126	50.8175	33.5529	3	98
K_N	126	49.1825	33.5529	2	97
league	126	0.7937	0.4063	0	1
teacher	126	0.6587	0.4760	0	1
campus	126	2.0317	1.1309	1	5

产出上，传统线下影子教育所占比重的均值高于新兴线下影子教育。由于选择的线下影子教育机构规模差距不大，因此可知线下影子教育结构转型可能是产出较大的主要原因。同时发生变化的还有劳动力的比重和投入资本的比重，但因为具体数值是面板数据，因此还需要进行进一步的回归分析来验证这种假设。

从线下影子教育教师受教育程度可知，传统线下影子教育教师的受教育程度均值较高，标准差较小，说明了传统线下影子教育教师的高水准，新兴线下影子教育教师的受教育程度则相对较低，也从侧面说明了新兴线下影子教育很难通过线上影子教育的学习提升自身能力到传统线下影子教育的教师水平之上。

由线上影子教育发展状况可知，自 2012 年开始，线下影子教育的规模扩大到了初始的 2.69 倍，年均增速为 21.91%。这一外生冲击可以有效地对线下影子教育的转型产生作用。

由是否品牌加盟可知，有 79.37% 的线下影子教育机构选择加盟，可见当前在当下线下影子教育中，加盟仍然是主流行为；在教师方面，有 65.87% 的线下影子教育机构邀请过全国一线教师前来授课，可见线下影子教育机构仍然认为，教师的知名度可以影响自身的影子教育产出；在校区方面，平均每家影子教育机构有 2.03 所全架构的、可以独立上课的校区。在调研时也发现，当前的线下影子教育机构仍然有将各校学生聚集在一个教学场地进行授课的习惯，但增加独立上课的校区已经成了未来的主流授课方式。

由于调研数据为面板数据，仅靠表 8.3 无法完整的对其进行精准描述。因此，通过折线图的形式进行描述，并可以对假设 8.1 进行验证。

构建传统和新兴线下影子教育的历年产值比重，年度数据选用了样本中的产值均值，详见图 8.2。

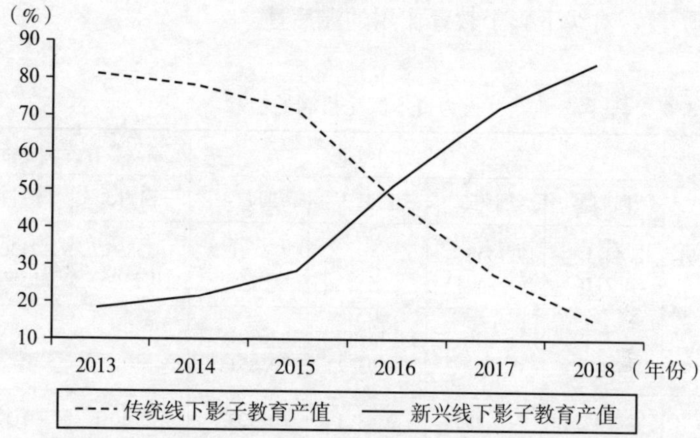

图 8.2　2013 ~ 2018 年传统和新兴线下影子教育产值比重

由图 8.2 可知，传统和新兴线下影子教育的产值比重变化分别呈现递增和递减的趋势。其中，传统线下影子教育的产值比重从 2013 年的 81.43% 降至 2018 年的 15.24%，而新型线下影子教育的产值比重则从 2013 年的 18.57% 增加至 2018 年的 84.76%。从而验证了假设 8.1。

8.5 实证结果分析

8.5.1 新兴线下影子教育企业人力资本深化机制的实证检验

为检验假设 8.2.1 ~ 假设 8.2.3，采用固定效应模型进行检验，结果详见表 8.4。其中，回归 1、回归 3 和回归 5 中的线上影子教育的发展情况采用了线上影子教育市场规模作为衡量指标；回归 2、回归 4 和回归 6 采用了线上影子教育市场规模滞后一期，以衡量线上影子教育对线下影子教育作用的滞后性。

表 8.4　　　　人力资本深化机制的检验

变量	新兴教育劳动力数量				新兴教育劳动力经验	
	回归 1	回归 2	回归 3	回归 4	回归 5	回归 6
X	22.4311 *** (2.2116)	19.1453 *** (1.9608)			1.3386 *** (0.1196)	1.2130 *** (0.0984)
h_N			14.1585 *** (1.0372)	12.6801 *** (0.8514)		
league	-4.4274 (3.9519)	-4.2033 (4.0255)	0.5813 (1.8534)	0.4993 (1.7480)	-0.1016 (0.2137)	-0.1146 (0.2020)
teacher	-4.7069 (3.5459)	-6.0971 * (3.5646)	0.8301 (1.6630)	0.4156 (1.5478)	0.1099 (0.1917)	0.0817 (0.1789)
campus	-3.9954 ** (1.8384)	-3.4784 * (1.8546)	-0.7099 (0.8622)	-0.7276 (0.8053)	-0.0084 (0.0994)	-0.0183 (0.0931)
_cons	-7.6119 (6.0944)	-9.0918 (6.3243)	42.2780 *** (2.8582)	40.2971 *** (2.7462)	0.1658 (0.3295)	-0.0465 (0.3174)
N	126	126	126	126	126	126
R^2	0.5075	0.5206	0.5494	0.564	0.6527	0.6728
Prob. > F	0.0000	0.0000	0.0000	0.0000	0.0000	0.0000

注：(1) 括号外的数字为估计系数，括号内的数字为估计系数的稳健性标准误；(2) *、**、*** 分别表示在 10%、5% 和 1% 的水平下显著。

结果显示，线上影子教育的发展会增加新兴线下影子教育劳动力的数量，且在统计上具有显著性（$p < 0.01$），从而验证了假设 8.2.1；校内受教育的程度越高，新兴线下教育的劳动力数量也会增加，且在统计上具有显著性（$p < 0.01$），从而验证了假设 8.2.2；线下影子教育的发展会增加新兴线下教育教师的教育经验，且在统计上具有显著性（$p < 0.01$），从而验证了假设 8.2.3。将线

上影子教育的发展调整为滞后一期，其结论仍然是显著的。

控制变量方面，可以发现无论是否企业是加盟的，还是是否邀请一线教师，对新兴劳动力的劳动力数量和劳动力经验都不显著，这表明新兴线下影子教育的劳动力数量和劳动力经验的变化受加盟与否和一线教师授课与否影响不明显，这些来自加盟方的母品牌效应和一线名师的子品牌效应对于线下影子教育转型影响不大，可见消费者对于加盟方的母品牌或一线教师的子品牌认同程度在降低，而对区域内母品牌和子品牌的认同程度可能会更高。借助来自一线城市的品牌和全国一线教师就可以获得利润的传统线下影子教育的模式已经很难生存。校区方面，可知校区数量的增加，新兴线下影子教育教师经验反而降低，这可能是因为校区多的线下影子教育机构规模较大，资本较多，故多仍然使用传统线下影子教育的名师策略，从而影响了新兴线下影子教育教师的数量和教育经验的获得。

8.5.2　有效劳动视角下线下影子教育企业转型机制的实证检验

为检验假设8.3，采用固定效应模型进行检验，结果详见表8.5。其中，回归1和回归2中的线上影子教育的发展情况采用了线上影子教育市场规模作为衡量指标；回归3和回归4采用了线上影子教育市场规模滞后一期，以衡量线上影子教育对线下影子教育作用的滞后性。

表8.5　　传统和新兴线下影子教育的资本产出弹性

变量	回归1	回归2	回归3	回归4
β_T	0.7378*** (0.1417)		0.8072*** (0.0460)	
β_N		0.7469*** (0.0514)		0.8538*** (0.1247)

续表

变量	回归 1	回归 2	回归 3	回归 4
_cons	-0.8388 (1.0100)	-1.6581*** (0.3662)	-1.1902*** (0.3190)	0.0161 (0.8647)
N	126	126	126	126
R^2	0.7295	0.1154	0.7707	0.1849
Prob. > F	0.0000	0.0000	0.0000	0.0000

注：（1）括号外的数字为估计系数，括号内的数字为估计系数的稳健性标准误；（2）*、**、*** 分别表示在 10%，5% 和 1% 的水平下显著。

结果显示，传统线下影子教育的资本产出弹性 β_T 小于新兴线下影子教育的资本产出弹性 β_N，且在统计上具有显著性（$p<0.01$）。同时，这一结论在线上教育正常的市场规模和滞后一期的市场规模下都是显著的。

这表明，由于新兴线下影子教育的教师水平相较线上影子教育的师资水平为差，但由于其资本产出弹性相对更高，因此相对于传统线下影子教育可以更好地利用资本。在当下影子教育消费者面对多种选择下，线下影子教育改变传统的“轻资产性”特质并以“重资产”作为信号进行发出已经成为线下影子教育结构转型的方向。这种“重资产、轻教师水平”正是取代“轻资产、重教师水平”的直接表现。

而造成这种结果的关键在于线上影子教育产生的动力机制，传统情况下，线下影子教育希望获得但很难获得足量的非一线教师，但囿于高等教育的普及性较低和非一线教师缺少足够的培训，使得这种转型无法实现。当前，随着高等教育的日益普及、研究生教育的扩招，加之线上影子教育的发展，使得这种转型产生了可能。

8.5.3 人力资源外部性视角下线下影子教育企业转型机制的实证检验

为检验假设 8.4，采用固定效应模型进行检验，结果详见

表8.6。其中，回归1和回归2中的线上影子教育的发展情况采用了线上影子教育市场规模作为衡量指标；回归3和回归4采用了线上影子教育市场规模滞后一期，以衡量线上影子教育对线下影子教育作用的滞后性。

表8.6　人力资源外部性视角下的转型机制

变量	回归1	回归2	回归3	回归4
XL_N	-0.0028*** (0.0005)		-0.0024*** (0.0004)	
$\ln XL_T$	-0.1008 (0.0852)		-0.0910 (0.0865)	
$\ln K_T$	0.3343*** (0.0591)		0.3328*** (0.0605)	
XL_T		0.0044*** (0.0008)		0.0037*** (0.0007)
$\ln XL_N$		0.2492*** (0.0509)		0.2593*** (0.0508)
$\ln K_N$		0.3668*** (0.1214)		0.3587*** (0.1195)
league	0.0600 (0.0712)	-0.0821 (0.0895)	0.0565 (0.0719)	-0.0787 (0.0883)
teacher	-0.0825 (0.0641)	-0.0426 (0.0765)	-0.0754 (0.0645)	-0.0650 (0.0757)
campus	-0.0819** (0.0325)	0.1092*** (0.0389)	-0.0876*** (0.0325)	0.1153*** (0.0379)
_cons	3.6207*** (0.4961)	0.3275 (0.2800)	3.6057*** (0.5269)	0.2598 (0.2705)

续表

变量	回归 1	回归 2	回归 3	回归 4
N	126	126	126	126
R^2	0.8296	0.7898	0.8296	0.7934
Prob. > F	0.0000	0.0000	0.0000	0.0000

注：（1）括号外的数字为估计系数，括号内的数字为估计系数的稳健性标准误；（2）*、**、*** 分别表示在 10%、5% 和 1% 的水平下显著。

结果显示，新兴线下影子教育的人力资本外部性为负（-0.0028），传统线下影子教育的人力资本外部性为正（0.0044），且在统计上具有显著性（$p<0.01$）。同时，这一结论在线上教育正常的市场规模和滞后一期的市场规模下都是显著的。从而论证了线下影子教育不同形式下不同外部性，这会使得新兴线下影子教育吸引传统线下影子教育的劳动力前往自身处就职。从而形成劳动力在线下影子教育的内部流动。

此外，传统线下影子教育劳动力在受到线上影子教育的影响后，其数量的增加对传统线下影子教育产出的影响为负。虽然该结论在统计上并不显著，但这也可以表明伴随着线下影子教育的转型，传统线下影子教育的教师虽然也受到了线上影子教育的影响，提升了自身的有效劳动，但无法有效地影响产出。反观新兴线下影子教育的劳动力，在受到线上影子教育影响之后，对于新兴线下影子教育产出的影响是显著为正（$p<0.01$），从而在侧面印证了新兴线下影子教育结构转型的事实；资本方面，资本的增加对于传统和新兴线下影子教育的产出增加都是显著为正（$p<0.01$），从而在侧面上印证了本书第 6 章中的观点，即影子教育企业资本的增加有利于提升总产出。

控制变量方面，是否加盟和是否有一线名师对于影子教育的产出影响仍然不显著，但可以发现，加盟对于传统线下影子教育的产出存在正向作用，而对于新兴线下影子教育的产出存在负向作用。

这也符合事实，传统线下影子教育企业往往借助加盟方的母品牌提高消费者对自身的信任度，从而降低消费者的选择成本。而随着线下影子教育的转型，这种来自遥远的母品牌的作用开始衰减，以至于部分新兴线下影子教育企业脱离母品牌，营造植根本地、认真负责的品牌形象，反而能产生更好的效果，从而形成了新的区域性母品牌；校区数量方面，校区数量的增多会对传统线下影子教育的收入产生负向作用，这和传统线下影子教育多采用大班集中授课有关。新兴线下影子教育的校区数量和产出则呈现正向作用，表明新兴线下影子教育实际上更多地开设了分校，以小班授课的形式影响自身收入。

8.6 稳健性检验

由于线上影子教育企业可能存在采取低价占据市场，培养消费者消费习惯，从而为后期获利进行铺垫。因此，采用的线上影子教育的产值有可能存在低估人力资本深化的可能。

采用同时期线上影子教育的机构数量替代产量，以避免低估人力深化资本的可能。为了确保结果稳健，同样采取正常年份和滞后一期两种情况。

对于假设 8.2.1 ~ 假设 8.2.3，稳健性检验详见表 8.7。

表 8.7　　稳健性检验：人力资本深化机制的检验

变量	新兴教育劳动力数量				新兴教育劳动力经验	
	回归 1	回归 2	回归 3	回归 4	回归 5	回归 6
X	5.3056*** (0.5923)	5.3655*** (0.6222)			0.3526*** (0.0285)	0.3699*** (0.0287)
h_N			3.8259*** (0.2241)	3.9533*** (0.2316)		

续表

变量	新兴教育劳动力数量				新兴教育劳动力经验	
	回归 1	回归 2	回归 3	回归 4	回归 5	回归 6
league	-3.0230 (4.1735)	-3.0625 (4.2458)	0.9280 (1.5792)	0.8047 (1.5802)	-0.0584 (0.2008)	-0.0761 (0.1962)
teacher	-8.7875 ** (3.6196)	-9.2851 ** (3.6693)	-0.6496 (1.3696)	-0.8249 (1.3656)	-0.0510 (0.1741)	-0.0551 (0.1695)
campus	-2.5053 (1.8985)	-2.2663 (1.9283)	-0.6761 (0.7184)	-0.6583 (0.7177)	0.0122 (0.0913)	0.0036 (0.0891)
_cons	-1.3742 (6.2327)	-10.4830 (6.9276)	43.8839 *** (2.3584)	36.7655 *** (2.5783)	0.3622 (0.2998)	-0.3301 (0.3201)
N	126	126	126	126	126	126
R^2	0.5337	0.5355	0.5874	0.5888	0.6838	0.6917
Prob. > F	0.0000	0.0000	0.0000	0.0000	0.0000	0.0000

注：(1) 括号外的数字为估计系数，括号内的数字为估计系数的稳健性标准误；(2) *、**、*** 分别表示在10%，5%和1%的水平下显著。

由结果可知，回归结果没有在统计上否定初始的结论，因此可以作为假设8.2.1～假设8.2.3的验证。

对于假设8.3，也改线上影子教育产值为线上影子教育机构数量，其稳健性检验结果详见表8.8。

表8.8　稳健性检验：传统和新兴线下影子教育的资本产出弹性

变量	回归 1	回归 2	回归 3	回归 4
β_T	0.7896 *** (0.0491)		0.7744 *** (0.0499)	
β_N		0.8501 *** (0.1337)		0.8125 *** (0.1365)

续表

变量	回归 1	回归 2	回归 3	回归 4
_cons	-1.0448 *** (0.2783)	0.1808 (0.7572)	-1.1725 *** (0.2919)	-0.0660 (0.7987)
N	126	126	126	126
R^2	0.7498	0.1605	0.7560	0.1440
Prob. > F	0.0000	0.0000	0.0000	0.0000

注：(1) 括号外的数字为估计系数，括号内的数字为估计系数的稳健性标准误；(2) *、**、*** 分别表示在 10%，5% 和 1% 的水平下显著。

由回归结果可知，表 8.8 没有在统计上否定初始的结论，因此可以作为假设 8.3 的验证。此外，从弹性系数上可以发现，使用线上影子教育企业数量作为促进人力资本积累因素之后，新兴线下影子教育和传统线下影子教育的资本产出弹性的比值高于使用线上影子教育产出促进人力资本积累下相应的资本产出弹性比值。这也从侧面说明实际上可能存在线上影子教育产出的低估。

对于假设 8.4，改线上影子教育产值为线上影子教育机构数量，其稳健性检验结果详见表 8.9。

表 8.9　稳健性检验：人力资源外部性视角下的转型机制的实证检验

变量	回归 1	回归 2	回归 3	回归 4
XL_N	-0.0008 *** (0.0001)		-0.0006 *** (0.0001)	
$\ln XL_T$	-0.0564 (0.0703)		-0.0524 (0.0871)	
$\ln K_T$	0.3252 *** (0.0616)		0.3418 *** (0.0626)	
XL_T		0.0010 *** (0.0002)		0.0010 *** (0.0002)

续表

变量	回归 1	回归 2	回归 3	回归 4
$\ln XL_N$		0.2313 *** (0.0454)		0.2669 *** (0.0506)
$\ln K_N$		0.3624 *** (0.1138)		0.3744 *** (0.1158)
league	0.0469 (0.0716)	-0.0615 (0.0860)	0.0480 (0.0733)	-0.0597 (0.0870)
teacher	-0.0653 (0.0641)	-0.0865 (0.0743)	-0.0615 (0.0656)	-0.1048 (0.0755)
campus	-0.0912 *** (0.0321)	0.1204 *** (0.0365)	-0.1009 *** (0.0326)	0.1269 *** (0.0367)
_cons	3.5191 *** (0.5292)	0.2117 (0.2467)	3.4532 *** (0.6431)	-0.1732 (0.2405)
N	126	126	126	126
R^2	0.8284	0.8015	0.8339	0.8030
Prob. >F	0.0000	0.0000	0.0000	0.0000

注：(1) 括号外的数字为估计系数，括号内的数字为估计系数的稳健性标准误；(2) *、**、*** 分别表示在 10%，5% 和 1% 的水平下显著。

由结果可知，回归结果没有在统计上否定初始的结论，因此可以作为假设 8.4 的验证。

8.7 小结

线上影子教育的发展对线下影子教育发展确实产生了打击，而线下影子教育产业也恰恰利用线上影子教育的发展作为动力促进了自身的结构转型，从传统线下影子教育转型为新兴线下影子教育。这种机制主要从以下三个角度进行论述和验证。

首先，讨论线上影子教育发展对新兴线下影子教育人力资本深化的作用机制，提出线上影子教育可以从数量和质量上提升新兴线下影子教育的有效人力资本，实现人力资本深化，而质量上具体表现为可能获得的教育经验习得和很难获得的背景资质的优化。从而为传统线下影子教育转型到新兴线下影子教育提供了可能的基于劳动力视角的理论基础。

其次，讨论潜在劳动力选择新兴线下影子教育的作用机制。从有效劳动的视角讨论线上影子教育对线下影子教育结构转型的作用机制。线上影子教育虽然促进了新兴线下影子教育的劳动力人力资本深化，但是这种深化之后的个别劳动力水平仍然达不到传统线下影子教育劳动力的水平，故而呈现出了个别有效劳动水平上新兴劳动力仍然落后于传统劳动力。但是，由于线上影子教育增进了新兴线下影子教育的劳动力数量，因此虽然在质量上新兴线下影子教育劳动力水平较低，但在数量上呈现了明显的优势。同时，由于新兴线下影子教育为树立可信形象，扩大资本存量和员工培训，从而在资本利用上优于传统线下影子教育。因此，其较高的资本产出弹性促成了线下影子教育的转型。

最后，讨论行业内人员选择新兴线下影子教育的作用机制。从人力资源外部性视角讨论在线上影子教育发展的前提下传统和新兴线下影子教育的劳动力流动现象。由于新兴线下影子教育为劳动力提供了更多的机会，而线上影子教育的发展为线下影子教育的劳动力提升水平创造了条件，表现为传统线下影子教育和新兴线下影子教育的人力资本外部性分别为正、负。因此，传统线下影子教育的教师有动力转移到新兴线下影子教育之中。

第9章

结论、建议和展望

9.1 结论

本书旨在发现影子教育产生条件的基础上，延伸至影子教育产品选择的问题。在对影子教育和影子教育产品进行概念界定后，分析了影子教育产生的宏观政策条件，并分别分析了消费者对影子教育产品消费的一般选择、生产者对影子教育产品生产的一般选择、异质性下消费者对影子教育产品的选择和异质性下生产者对影子教育产品生产的选择。具体结论如下。

(1) 消费者和生产者对影子教育产品的选择，都首先需要影子教育的产生，影子教育产生于特定的宏观教育制度之下，包括主流教育赠与性和通过考核的不确定性。首先，只有当宏观条件下存在主流教育赠与，个人通过参与主流教育才可以获得额外的利润，则个人会在选择主流教育的同时，再选择购买影子教育产品。其次，只有当存在教育考核机制，且该考核是否通过具有不确定性时，个人才会选择购买影子教育产品。如果没有教育考核机制，或教育考核机制可以确定通过或者确定不通过，个人都不会选择购买影子教育产品。

(2) 消费者对影子教育产品的选择中，个人对主流教育的预期收入越高、在即期接受主流教育的成本越低；教育环境中的均衡度越高，在即期购买影子教育的概率就会越高。其中，在教育均衡化方面发现，如果高等教育处于非均衡状态，而初等和中等教育实现均衡化，这种趋势确实促进了事实上的教育均衡，但是由于教育考核是否通过、是否可以接受高等教育的概率并非是确定的，因此个人有动机维持自身的不平等状态，购买影子教育产品就成了维持不平等的有效方式。从人口流动和文化资本趋异两个角度进行分析，则外来人口越多，学校中地域差别下带来的身份差别会随之增加，从而提高购买影子教育产品的概率和时长；用父母职业和学历代理文化资本，则学校中文化资本越趋同，购买影子教育的概率越低，时长越短。

（3）对于影子教育生产者而言，存在消费者对影子教育企业“跑路”的担忧，也存在影子教育生产者对下属教师“自立门户”的担忧。两者均是由影子教育天然的轻资产性和服务滞后性决定的。因此，影子教育生产者开始选择提升自身的母品牌信任度。传统方式是提升固定资产，避免消费者认为自身存在违约风险，而更进一步的选择是企业通过上市，向消费者发出“自身正规”的信号，以解决信任度不足的问题。通过对新三板上市影子教育企业进行分析后发现，上市行为作为品牌可以有效地增加消费者对生产者的信任度，促进影子教育企业的财务绩效提升；排除上市本身作为品牌产生的正面作用，发现影子教育企业上市后也会出现业绩下滑，即影子教育企业的上市行为中仍然存在盈余管理的情况，从而在IPO效应的基础上进一步发展了这一理论。在影子教育企业的轻资产性、服务滞后性之外，增加产品同质性作为第三个特质，就影子教育上市企业而言，蕴含这些特性的强弱程度可以影响影子教育企业的财务绩效，表现为特性越强，财务绩效越高，从而揭示了上市行为对影子教育特征更明显的企业的财务绩效效果更好的事实。

（4）线上和线下影子教育提供的产品内容具有同质性，而产品形式却具有异质性。因此，消费者面对线上和线下影子教育产品时会出现取舍问题。将社交影响影子教育产品的消费区分为消费者内部和外部视角，提出了社交指数的概念。构建社交强度和社交距离两个一级指标，前者包括被认同和炫耀，后者包括权威度和亲密度共四个二级指标。其中，在被认同的驱使下，消费者会观察社交范围内人群中比自身层次更高者的消费情况，在观察到信号发出的时候，选择进行跟随消费；炫耀主要针对自身层次相近或相同者，从而展现自身的消费水平、支付能力或财富，通过形成的歧视性对比提高自身的层次和地位，以达到个人心理满足的目的；权威度是指社会地位高、有威信的个体意见更容易受到人们的信任，从而影响个人对商品的选择；亲密度是指社交中发出信号者和接收信号者的亲密程度。亲密度的提升，能够起到凝聚群体，促成集体行为的目的。用亲密性提供隐性担保，可以有效地提振社交作用，使消费者获得更多的信心，从而增加商品消费的概率。将其共同构建为社交指数，则社交指数越高，消费者购买影子教育产品的概率也会相应增加。为了缩小社交范围、确保预算软约束、避免家庭其他成员对选择的影响和排除家庭教育的作用。实证结果发现，社交强度和社交距离对消费者购买线下影子教育分别呈现显著的正向和负向作用，而对线上影子教育的购买在统计上不显著。这表明在消费者进行异质性选择时，线下影子教育通过社交显著影响了消费者的选择。

（5）在影子教育产品的生产形式出现线上和线下影子教育异质性的前提下，线下影子教育企业在线上影子教育的冲击下实现了转型。这种生产者行为的变化目的是为了提升自身的财务绩效，而关键在于分析这种生产形式异质性下生产者能够转型的条件。首先，将线上影子教育作为影响因素，发现其对新兴线下影子教育劳动力数量和教育经验存在积极影响；其次，从潜在劳动力选择行业的角度出发，发现传统线下影子教育的资本产出弹性小于新兴线下影子教育的资本产出弹性，因此可以吸引更多的潜在劳动力参与新兴线下影子教育，从而实现转型；最后，从行业内劳动力的流动角度出发，发现传统线下影子教育和新兴线下影子教育的人力资本外部性分别为正和负，从而导致了新兴线下影子教育对传统线下影子教育的劳动力具有更强的吸引力，最终促使劳动力从传统到新兴线下影子教育流动。为了避免内生性问题、确保样本选择的可信、规避辅导内容上的异质性、厘清线上和线下教育的界限及排除家庭教育的作用，本书最终选择了线下考研辅导机构代理线下影子教育。对线下影子教育企业进行调研并进行检验后发现，上述的分析是可信的。

9.2 建议

9.2.1 正视影子教育存在的宏观条件

在第4章中论述了影子教育产生的宏观条件，即主流教育的赠与性和通过考核的不确定性。换言之，只要存在了这两个条件，影子教育就会作为主流教育的补充出现。

然而，这两个条件在当下几乎是不可改变的。一方面，如果调整了主流教育的赠与性，则会出现学生缴纳高额学费的问题，主流教育成了以营利为目的的产业。这种情况必然导致无法支付费用的学生失学。教育，尤其是高等教育，开始变为少数人的专利，这同教育公平的目标背道而驰。另一方面，如果调整了主流教育以考试为主体的考核机制，尤其是笔试为主的考核机制，则很难有更好的考核方式替代之，考试仍然是当下最为公平的考核方式之一。一旦增加别的考核标准，无论是社会工作时长、面试表现还是是否持有有分量的推荐信，在公平性的角度考量上都不如直接考试选拔，尤其是单纯的笔试选拔。

作为主流教育政策下个人最优选择的延伸，即便出台了取缔影子教育的政策，这种行业天然的轻资产性特征也会让其普遍存在于影子经济中。而脱离政府监管下的影子教育，反而有可能会出现更多的违约行为。

因此，对待影子教育企业，可以采取政府提供的免费补课、学校定点补课甚至借鉴韩国经验对低收入人群发放影子教育代金券，从而弥补因影子教育所造成的不公平。但若仅仅认为影子教育会导致教育不公平就打击或彻底取缔，一方面在于查处的成本极高，很难实现，影子教育产品反而会以地下经济形式存在和发展；另一方面，客观上的确存在让影子教育彻底消失的制度选择，而这种制度本质上会造成教育更大程度的不公平。

9.2.2 高中入学增加跨区域招生比重

由5章分析可知，当前对于教育均衡化的推行主要集中在义务教育阶段，这种均衡主要表现在区域内的均衡，边缘地区的乡镇中小学是不可能和一线地区中小学实现质量均衡的。因此，当下虽然也开始逐步实现高中均衡，但一方面由于中考天然具有的选拔作用，另一方面由于大学层级的客观存在，进而导致中小学学生家庭必然要维持自身和他人的不平等从而购买影子教育产品。

但是，中心地区的影子教育生产者的数量和质量都要远高于边缘地区，边缘地区即便存在如线上课程之类的高质量影子教育，也仍然会出现收入难以支撑影子教育成本的问题。

由于边缘地区和中心地区天然的不均衡，导致水平相近的学生中接受较差主流教育的学生可能在学习成绩上劣于接受较好主流教育的学生，但这并不能说明前者的学习能力相对更差。因此，通过中考的筛选机制，增加边缘地区学生的入学名额，可以将学习水平相近或更高，但成绩相对更差的学生录取到中心地区中更好的高中。这不仅可以有效提升区域间的教育均衡，也可以弥补初中生无法参与影子教育带来的分数缺失。

9.2.3　影子教育生产者应加强自身品牌建设

当前，市场中存在大量影子教育生产者提供同质的影子教育产品，因此，消费者面临选择的难题。影子教育生产者为了降低消费者的选择成本，需要提高消费者对自身的信任度。于是，部分影子教育企业选择了上市从而形成自身“规模大”“正规”的企业形象，也有部分企业为了提升消费者信任度选择扩大规模来提高消费者对自身的情感利益，进而提升信任度。而这需要大量的固定成本和不断地规模扩张，从而出现了传统轻资产性的影子教育企业不应该但的确出现了的资金链断裂现象。

提升影子教育企业的情感利益，第一，应该从企业自身禀赋出发，考虑已有产品能否满足消费者的核心利益点，这一核心利益点在影子教育企业中表现除了“规模大”“正规”的企业形象之外，也可以构建其他的核心利益点，以降低消费者的选择成本；第二，将产品信号传递给核心利益点对应的人群。其中尤其要充分利用线下影子教育的社交优势进行信号传递。

9.2.4　杜绝主流教育师资参与影子教育

应确保在校中小学教师不存在校外有偿补课行为，主流教育教师和影子教育教师一定要区分开。

由于教师所处身份地位具有特殊性，教师天然具有相对于学生的高权威度和高亲密度，因此很容易将自身的补习课程以影子教育的形式推荐给学生，或者推荐学生购买特定的影子教育产品。虽然教育部门三令五申禁止此种行为，但仍然无法杜绝这一行为以地下经济的形式出现。由于教师在社交中的特殊地位，家长和学生很难拒绝。而教师在课堂上“留一手”，课后在影子教育课堂上传授给学生知识，则会造成更大的时间和金钱浪费，故可以视其为一种教师垄断地位下的“纯损”①。

9.2.5 传统线下影子教育企业应加快结构转型

当前，线下影子教育企业中仍然存在大量传统影子教育课程，其特点是班内人次多、课时少、学费低。其中大部分采用宣传名师来吸引学生，是影子教育行业创始初期的产品运营模式。

但是，相对于线上影子教育的劣势，这种线下影子教育产品模式在未来会逐渐被线上影子教育所替代。因此，线下影子教育应当把握自身优势，充分利用线上影子教育作为转型动力，提升教师的教育经验，将课程转变为班内人数少、课时多、学费高的新兴线下影子教育，在满足学生的情感利益诉求基础上提升自身的收入和利润，利用自身企业在区域内面对消费者的高信任度，实现从传统到新兴线下影子教育的结构转型。

9.3 展望

本书基于经济行为分析和品牌经济分析两种方法，在发现影子教育特征的基础上对其概念进行了分类和界定，并据此分析了影子教育产生的条件。但囿于数据可得和个人水平，仍然存在以下进一步研究的方面。

9.3.1 家庭教育和影子教育的关系

在第 4 章影子教育概念界定时选择了教育的狭义概念，即将为发生在学校的教育内容定义为教育。但实际上家庭教育和社会

① 闫闯．社会学视野中的补习教育［M］．北京：人民出版社，2019：68－69.

教育也是重要的教育形式，尤其是前者，以家长为主体的教育形式已经成为主流教育的重要补充。但是，因为界定了学校教育为本书教育概念的范围，所以在分析中没有涉及家庭教育，仅在第5章假设检验中的模型设定里借控制变量的形式有所体现。由于影子教育和家庭教育存在替代关系，本书的第7章和第8章直接选择了和家庭教育无关的数据来源。因此，在规避家庭教育现象的同时，本书缺乏对家庭教育和影子教育之间关系的论证。

在之后的研究中，如果从广义的教育概念出发，扩大本书研究的教育概念范畴，可以将家庭教育和影子教育的关系列入，其研究可以从以下三个方面展开。

(1) 如本书第4章中所论述，由于家长时间的收益率不同，家庭教育同影子教育间存在替代关系，即家长是将时间投入子女教育上，还是将时间投入工作并用薪资购买影子教育产品以代替家庭教育，即从家庭教育作为影子教育的替代角度进行分析消费者购买影子教育产品的概率和数量。

(2) 不同于大学生和中学生，小学生参与影子教育往往需要父母的陪伴，这种陪伴上的成本度量，以及是否需要陪伴和需要陪伴的程度高低会导致消费者选择线上和线下影子教育产品的区别。这不能仅使用第7章中的社交指数进行论述，还需要从家庭教育作为影子教育的补充角度进行分析，来分析家庭教育带入影子教育的程度对选择影子教育产品的影响。

(3) 父母教育方式和影子教育教师存在区别。如本书第7章中所述，这一区别也可以从亲密度和专业度的角度进行讨论，即父母的亲密度普遍高于影子教育教师，父母的专业度普遍低于影子教育教师。这种社交上的因素如何影响消费者购买影子教育产品，其作用机制和影响程度如何，即从对外社交转化为对内社交视角来讨论社交对选择影子教育产品的影响。

9.3.2 线上影子教育

本书所论述的影子教育虽然包括线上影子教育，其一般性的理论也可以解释线上影子教育中的现象和问题，但仍然存在针对线上影子教育进一步研究的空间。

（1）线上影子教育的产生和发展。第7章论述了线上影子教育主要满足的是消费者的物质利益，而线下影子教育主要满足消费者的情感利益；第8章论述了在线上影子教育的冲击下，线下影子教育实现结构转型的条件。虽然线上影子教育出现时间较早，但线上影子教育开始全面发展时间较短：其开端于2016～2017年，因此数据和资料较为匮乏。故仅将线上影子教育作为一种影响线下影子教育的外生变量，搜集的一些资料和数据已在第8章中使用。但是，线上影子教育的产生和发展机制如何，是未来可以研究的方向。

（2）AI影子教育。AI教育即人工智能（Artificial Intelligence）教育。当下主要使用图像识别技术、语音识别技术，结合线上数据库实现教育目标。具体到人工智能和影子教育的结合，可以实现拍照搜题、口语交流，乃至于根据个人的情况实现的自适应学习等内容。

AI影子教育的发展降低了资源分享的门槛，提高了教育的精准度和便利度，但当前也存在一些不同的声音①。由于AI影子教育尚处于萌芽期，既有的资料相对较少，因此没有纳入本书的分析范围。但AI教育未来在理论和实践上都存在研究的意义。

① 李新玲.AI+教育不能做什么［N］.中国青年报，2019-10-10.

附录1

硕士研究生入学考试备考情况调查：本科三年级学生问卷①

亲爱的同学：

您好！

硕士研究生入学考试备考情况调查是针对考研相关群体进行的一次社会调查项目，目的是了解当前中国考研的情况，为研究考研发展现状和对未来考研学习方式、政策建议提供进一步的数据支持。

问卷中问题的答案没有对错之分，也不会对您的行为进行任何的主观评价。我们郑重承诺，对于您所填写的所有信息，我们将按照《中华人民共和国统计法》第一章第九条和第三章第二十五条的规定予以严格保密，不会将您的信息泄露给任何个人或机构。此外，我们确保所有调查员已经知悉《中华人民共和国刑法》第二百五十三条之一的内容，熟知侵犯公民个人信息可能的后果。因此，非常感谢如实作答的您的支持！

回答选择题时，请在选中的选项数字上打钩“√”；回答填空题时，请在中括号内的横线处写上文字或数字。如未特殊标明，选择题均为单选。

---

① 问卷说明和具体问题参考了中国教育追踪调查（初中阶段）（CEPS：JH）的学生和家长问卷。为简便计，删除了和本书无关的D部分（学习方式情况）和E部分（拟报考院校情况）。但为了确保各部分的完整性，在A、B、C部分中均没有删除选项（实际问卷中不出现此脚注）。

本子问卷针对本科三年级意向考研学生，发放时间是2019年4~6月。请您在确保会参加今年（2019年）12月的硕士研究生入学考试的条件下再填写本问卷。

A部分：个人和家庭情况

A1 您的性别是：

1. 男　2. 女

A2 您的出生年月是：[　　　] 年 [　　] 月

A3 您的民族是：

1. 汉　2. 少数民族（请注明）[　　　　　　]。

A4 您的籍贯是：

1. 学校归属的市/直辖市　2. 学校归属的省/自治区　3. 外省

A5 您的生源地属于：

1. 城区　2. 县份　3. 城镇　4. 乡村

A6. 您是独生子女吗？

1. 是　2. 不是

A7. 您母亲的教育水平是：

1. 没有接受过任何教育　2. 小学　3. 初中
4. 中专/技校　5. 职业高中　6. 高中
7. 大学专科　8. 大学本科　9. 研究生及以上

A8. 您父亲的教育水平是：

1. 没有接受过任何教育　2. 小学　3. 初中
4. 中专/技校　5. 职业高中　6. 高中
7. 大学专科　8. 大学本科　9. 研究生及以上

A9. 您的生活费在您社交范围内的条件如何：

1. 非常困难　2. 比较困难　3. 中等　4. 比较富裕　5. 很富裕

B部分：学校学习情况

B1. 您的学校的全称是 [　　　　　　　　　　　　]。

B2. 您的专业是[①]：

1. 哲学、文学、史学
2. 工学
3. 农学、林学、畜牧水产
4. 马克思主义理论、政治学、法学
5. 医学
6. 教育学、体育学、社会学、民族学
7. 经济学、管理学
8. 如不清楚分类，请填写具体名称［　　　　　　　　　　］。

B3. 您是否喜欢自己的专业：

1. 不喜欢　　　　2. 比较不喜欢
3. 无好恶　　　　4. 比较喜欢
5. 非常喜欢

B4. 整体而言，您的学习成绩在大学同学中的水平怎样？

1. 低于平均水准　　　　2. 高于平均水准

B5. 您的思想政治课成绩在大学同学中的水平怎样？

1. 低于平均水准　　　　2. 高于平均水准

B6. 您的英语课成绩在大学同学中的水平怎样？

1. 低于平均水准　　　　2. 高于平均水准
3. 大学阶段不需要学英语（跳至 B8 题）

B7. 您是否通过了大学生英语水平测试？

1. 通过了六级　　　　2. 通过了四级，没有通过六级
3. 没有通过四级　　　　4. 没有参加过

B8. 您的数学课成绩在大学同学中的水平怎样？

1. 低于平均水准　　　　2. 高于平均水准
3. 大学阶段不需要学数学

---

① 该专业分类参考了教育部的学科门类设置和中国知网中的专业分类（实际问卷中不出现此脚注）。

B9. 您的专业课成绩在大学同学中的水平怎样？

1. 低于平均水准　　2. 高于平均水准

C 部分：考研报名情况

C1. 您要参加硕士研究生入学考试时，请问您选择的专业是：

1. 本专业　　2. 在读的相近专业

3. 跨专业　　4. 还没有考虑好

C2. 排除一些导学或基础知识之类的免费辅导课程，您是否参加了一个或多个付费考研辅导班？

1. 是（跳至 C4 题）　　2. 不是

C3. 如果您没有参加辅导班，您选择何种学习方式？（多选题）

1. 自学
2. 师兄/师姐进行辅导
3. 亲属进行辅导
4. 联系外校老师进行辅导
5. 联系本校老师进行辅导
6. 其他（请注明）[　　　　　　　　]。

C4. 如果您已经参加了付费考研辅导班，您已经选择何种辅导班？（多选题）

1. 线下辅导班—付费　　2. 线上辅导班—付费

3. 其他（请注明）[　　　　　　　　]。

C5. 如果您意向参加付费辅导班，社交范围内的人影响您报名的程度是（不考虑他们是否参加该付费辅导）：

线上付费班	完全没有	影响不强烈	有一些影响	有较强影响	完全受影响
比我综合水平更高	1	2	3	4	5
和我综合水平相近	1	2	3	4	5
比我综合水平更差	1	2	3	4	5

续表

线下付费班	完全没有	影响不强烈	有一些影响	有较强影响	完全受影响
比我综合水平更高	1	2	3	4	5
和我综合水平相近	1	2	3	4	5
比我综合水平更差	1	2	3	4	5
没有报名线上付费辅导□		没有报名线下付费辅导□			

C6. 如果您参加了付费考研辅导班，您在付费时希望将该信息传递给周边没有参加该辅导班的同学的程度是（不考虑他们是否考研）：

线上付费班	没有意向	意向不强烈	有一些意向	有较强意向	一定传递
比我综合水平更高	1	2	3	4	5
和我综合水平相近	1	2	3	4	5
比我综合水平更差	1	2	3	4	5
线下付费班	没有意向	意向不强烈	有一些意向	有较强意向	一定传递
比我综合水平更高	1	2	3	4	5
和我综合水平相近	1	2	3	4	5
比我综合水平更差	1	2	3	4	5
没有报名线上付费辅导□		没有报名线下付费辅导□			

C7. 如果您报名参加付费辅导班，对您影响最深的人，您认为他和您的关系：

线上付费班	反感	陌生人	一般朋友	好朋友	最好的朋友
影响报名的人——关系	1	2	3	4	5
线下付费班	反感	陌生人	一般朋友	好朋友	最好的朋友
影响报名的人——关系	1	2	3	4	5
没有报名线上付费辅导□		没有报名线下付费辅导□			

C8. 如果您报名参加付费辅导班，对您影响最深的人，您认为他在考研知识上的专业程度：

线上付费班	完全不了解	几乎不了解/不如我	有一些知识/跟我差不多	较为专业/比我强一点	非常专业
影响报名的人——专业	1	2	3	4	5
线下付费班	完全不了解	几乎不了解/不如我	有一些知识/跟我差不多	较为专业/比我强一点	非常专业
影响报名的人——专业	1	2	3	4	5
没有报名线上付费辅导□		没有报名线下付费辅导□			

问卷到此结束，谢谢您的作答

祝您学业顺利，考研成功

附录 2

硕士研究生入学考试备考情况调查：线下考研辅导机构问卷[①]

尊敬的负责人：

您好！

硕士研究生入学考试备考情况调查是针对考研相关群体进行的一次社会调查项目，目的是了解当前中国考研的情况，为研究考研发展现状和对未来考研学习方式、政策建议提供进一步的数据支持。

问卷中问题的答案没有对错之分，也不会对您的行为进行任何的主观评价。我们郑重承诺，对于您所填写的所有信息，我们将按照《中华人民共和国统计法》第一章第九条和第三章第二十五条的规定予以严格保密，不会将您的信息泄露给任何个人或机构。此外，我们确保所有调查员已经知悉《中华人民共和国刑法》第二百一十九条第二项和第三项的内容，并熟知侵犯商业秘密可能的后果。因此，非常感谢如实作答的您的支持！

回答选择题时，请在选中的选项数字上打钩“√”；回答填空题时，请在中括号内的横线处写上文字或数字。如未特殊标明，选择题均为单选。

---

① 问卷说明参考了中国教育追踪调查（初中阶段）（CEPS：JH）的学生和家长问卷。为简便计，排除了和本书无关的 C 部分（招生方式情况）和 E 部分（教学成绩情况）。但为了确保各部分的完整性，在 A、B、D 部分下均没有删除选项（实际问卷中不出现此脚注）。

本子问卷针对考研辅导机构的负责人进行发放，发放时间是2019年10月至12月。请您在确保自身在本机构工作时间为6年及以上，并了解本机构的具体情况的条件下再填写。

A部分：机构情况

A1. 贵机构从何时开始运营？[　　] 年 [　] 月

A2. 贵机构所在城市是否是直辖市/省会/首府？

1. 是　2. 不是

A3. 贵机构所在城市位于？

1. 东部地区　2. 中部地区　3. 西部地区

A4. 贵机构所在城市有多少所本科高校：[　　] 所。

A5. 贵机构在当地进行招生和宣传可以覆盖到多少所本科高校：[　　] 所。

A6. 贵机构在当地有几所单独授课且具有完整组织架构的校区：[　　] 所。

A7. 贵机构的品牌是否是加盟或被加盟？

1. 是　2. 不是（跳至B部分）

A8. 贵机构是否是总部？

1. 是　2. 不是

A9. 贵机构加盟的品牌在全国有多少所分校？[　　] 所

A10. 加盟品牌总部对贵机构干涉程度如何？

1. 完全不干涉
2. 仅了解机构基本运转情况/较少指导具体工作
3. 需详细汇报机构运转情况/较多的指导具体工作
4. 完全直营/具体工作情况需要上报

A11. 贵机构加盟的品牌总部除了提供网络课程之外，还提供什么？（多选题）

1. 分配教师授课
2. 管理人员培训

3. 员工培训
4. 接受学生参加总部特训课程
5. 其他（请注明）[　　　　　　　　　　]。

A12. 贵机构加盟的品牌内部，学生是否可以进行跨地域上课？

1. 可以，不用另外缴费或仅缴纳工本费
2. 可以，但需要另缴纳一定的课时费
3. 根据本校和其他分校的管理人员的熟悉/私交程度决定
4. 不可以
5. 其他（请注明）[　　　　　　　　　　]。

B 部分：招生情况

B1. 根据学生单人缴费情况，贵机构以下哪几种课程学生可以单独报名？

1. 线下视频课程，学生集中在教学场地观看。

2. 线上视频课程，提供账号给学生观看，没有同授课教师的互动，或仅存在有限互动。

3. 线下面授课程，学生集中在教学场地学习，人数较多，以“大班”的形式进行宣传。

4. 线下面授课程，学生集中在教学场地学习，人数较少，以“小班”的形式进行宣传。

5. 线下面授课程，学生集中在教学场地学习，同时包含有教师的一对一课程。

6. 线上视频课程，提供给学生账号观看，同时包含授课教师的一对一课程。

B2. 将上一题（B1）的六种课程形式分为两类：前三种为“传统课程”，后三种为“新兴课程”。以每一届学生的产值计算，贵机构的传统课程和新兴课程分别占多少比重？

入学年份	传统课程产值比重（%）	新兴课程产值比重（%）
2015 届①	[ ]	[ ]
2016 届	[ ]	[ ]
2017 届	[ ]	[ ]
2018 届	[ ]	[ ]
2019 届	[ ]	[ ]
2020 届	[ ]	[ ]

B3. 以每一届学生的招生人数计算，贵机构的传统课程和新兴课程分别占多少比重？

入学年份	传统课程人数比重（%）	新兴课程人数比重（%）
2015 届	[ ]	[ ]
2016 届	[ ]	[ ]
2017 届	[ ]	[ ]
2018 届	[ ]	[ ]
2019 届	[ ]	[ ]
2020 届	[ ]	[ ]

B4. 在 2013～2018 年，贵机构学生在传统课程和新兴课程上的最低费用和最高费用分别是：

① 考研教育通行叫法是按照硕士研究生入学年份命名同一批学生为 X 届。如 2020 届指 2020 年 9 月入学的硕士研究生，这些学生会在 2020 年春天参加硕士研究生入学考试复试，2019 年 12 月底参加硕士研究生入学考试初试，且大多在 2018 年秋天报名辅导班。具体而言，本科四年制的学生，2020 届考研学生为 2016 年 9 月入学的本科生。在本书正文中，已经将“届”转换为了“年”——2015 届对应 2013 年，以此类推。这是因为考研招生的时间周期并不完全等同于自然年。（实际问卷中不出现此脚注）

入学年份	传统课程费用区间（元）	新兴课程费用区间（元）
2015 届	[　　]~[　　]	[　　]~[　　]
2016 届	[　　]~[　　]	[　　]~[　　]
2017 届	[　　]~[　　]	[　　]~[　　]
2018 届	[　　]~[　　]	[　　]~[　　]
2019 届	[　　]~[　　]	[　　]~[　　]
2020 届	[　　]~[　　]	[　　]~[　　]

B5. 贵机构招生中，下属专业中学生报名所占传统课程和新兴课程的比重分别是①：

入学年份	哲、文、史、法、教（%）	理、工、农（%）	医学（%）	经济、管理（%）	艺术、体育（%）
2015 届	[　　]	[　　]	[　　]	[　　]	[　　]
2016 届	[　　]	[　　]	[　　]	[　　]	[　　]
2017 届	[　　]	[　　]	[　　]	[　　]	[　　]
2018 届	[　　]	[　　]	[　　]	[　　]	[　　]
2019 届	[　　]	[　　]	[　　]	[　　]	[　　]
2020 届	[　　]	[　　]	[　　]	[　　]	[　　]

① 参考教育部公布的十三大学科门类和考研情况进行分类，其中，哲学、文学、史学、法学、教育学共同的特点是考研学生不考数学，且均属于人文社科专业；理学、工学、农学共同特点是大多学生需要学习数学，且属于理工学科；医学的特点是大多学生需要在考研前一个学期进行实习，授课难度较大；经济学和管理学的共同特点是大多学生需要考数学；艺术学和体育学的共同特点是考研英语分数线较低，且学生英语水平相对较为薄弱。（实际问卷中不出现此脚注）

续表

入学年份	哲、文、史、法、教（%）	理、工、农（%）	医学（%）	经济、管理（%）	艺术、体育（%）
2015 届	[ ]	[ ]	[ ]	[ ]	[ ]
2016 届	[ ]	[ ]	[ ]	[ ]	[ ]
2017 届	[ ]	[ ]	[ ]	[ ]	[ ]
2018 届	[ ]	[ ]	[ ]	[ ]	[ ]
2019 届	[ ]	[ ]	[ ]	[ ]	[ ]
2020 届	[ ]	[ ]	[ ]	[ ]	[ ]

B6. 贵机构是否有单独的针对艺体类的英语课程？

1. 有　2. 没有

D 部分：教师情况

D1. 贵机构有无在近五年邀请过中国一线考研辅导名师前来面授课程？（宣讲课程除外）

2015 届	1. 有　2. 无	2018 届	1. 有　2. 无
2016 届	1. 有　2. 无	2019 届	1. 有　2. 无
2017 届	1. 有　2. 无	2020 届	1. 有　2. 无

D2. 若将同时对传统课程和新兴课程进行授课的教师定义为传统课程教师，仅上新兴课程的教师定义为新兴课程教师，则贵机构传统课程教师和新兴课程的教师比重分别为：

入学年份	传统课程教师比重（%）	新兴课程教师比重（%）
2015 届	[ ]	[ ]
2016 届	[ ]	[ ]

续表

入学年份	传统课程教师比重（%）	新兴课程教师比重（%）
2017 届	[ ]	[ ]
2018 届	[ ]	[ ]
2019 届	[ ]	[ ]
2020 届	[ ]	[ ]

D3. 贵机构传统课程和新兴课程的教师中，获得硕士研究生学位/副教授职称及以上的教师数量比重分别为：

入学年份	传统课程教师硕士学位/副教授职称及以上的比重（%）	新兴课程教师硕士学位/副教授职称及以上的比重（%）
2015 届	[ ]	[ ]
2016 届	[ ]	[ ]
2017 届	[ ]	[ ]
2018 届	[ ]	[ ]
2019 届	[ ]	[ ]
2020 届	[ ]	[ ]

D4. 贵机构传统课程和新兴课程的教师中，获得博士研究生学位/教授职称的教师数量分别为：

入学年份	传统课程教师博士学位/教授职称比重（%）	新兴课程教师博士学位/教授职称比重（%）
2015 届	[ ]	[ ]
2016 届	[ ]	[ ]
2017 届	[ ]	[ ]

续表

入学年份	传统课程教师 博士学位/教授职称比重（%）	新兴课程教师 博士学位/教授职称比重（%）
2018 届	[　　]	[　　]
2019 届	[　　]	[　　]
2020 届	[　　]	[　　]

D5. 除了师资成本之外，在其他投入的资本中，您认为分别有多少资本用在了传统课程和新兴课程的招生上：

入学年份	用以传统课程招生（%）	用以新兴课程招生（%）
2015 届	[　　]	[　　]
2016 届	[　　]	[　　]
2017 届	[　　]	[　　]
2018 届	[　　]	[　　]
2019 届	[　　]	[　　]
2020 届	[　　]	[　　]

D6. 您认为传统课程教师和新兴课程教师历年的教学水平如何？

（[1] 很差 [2] 较差 [3] 一般 [4] 较好 [5] 很好）

入学年份	传统课程教师教学水平	新兴课程教师教学水平
2015 届	[1] [2] [3] [4] [5]	[1] [2] [3] [4] [5]
2016 届	[1] [2] [3] [4] [5]	[1] [2] [3] [4] [5]
2017 届	[1] [2] [3] [4] [5]	[1] [2] [3] [4] [5]
2018 届	[1] [2] [3] [4] [5]	[1] [2] [3] [4] [5]

续表

入学年份	传统课程教师教学水平	新兴课程教师教学水平
2019 届	[1] [2] [3] [4] [5]	[1] [2] [3] [4] [5]
2020 届	[1] [2] [3] [4] [5]	[1] [2] [3] [4] [5]

问卷到此结束，谢谢您的作答

祝您工作顺利，业峻鸿绩

参考文献

[1] 鲍威，李珊. 高中学习经历对大学生学术融入的影响——聚焦高中与大学的教育衔接［J］. 清华大学教育研究，2016，37(6).

[2]［美］加里·斯坦利·贝克尔. 家庭论［M］. 北京：商务印书馆，1998.

[3]［美］加里·斯坦利·贝克尔. 人类行为的经济分析［M］. 上海：上海人民出版社；格致出版社，2015.

[4]［美］加里·斯坦利·贝克尔. 偏好的经济分析［M］. 上海：上海人民出版社；格致出版社，2015.

[5]［美］加里·斯坦利·贝克尔. 歧视经济学［M］. 北京：商务印书馆，2014.

[6]［英］马克·贝磊. 教育补习与私人教育成本［M］. 北京：北京师范大学出版社，2008.

[7]［英］马克·贝磊. 直面影子教育系统：课外辅导与政府政策抉择［M］. 巴黎：国际教育规划研究所，2012.

[8]［英］马克·贝磊，廖青. "影子教育"之全球扩张：教育公平、质量、发展中的利弊谈［J］. 比较教育研究，2012，34(2).

[9]［英］马克·贝磊，刘钧燕. 课外补习研究：问题与方法［J］. 北京大学教育评论，2015，13(3).

[10]［英］马克·贝磊，［美］查德·莱金斯. 影子教育　亚洲课外补习及其对政策制定者之启示［M］. 香港：香港大学比较教

育研究中心，2015.

[11]［英］马克·贝磊，［英］玛格达·努慈莎·科巴希泽，李佳丽，刘钧燕. 影子教育研究中的测量问题：TIMSS 和 PISA 面临的挑战和困难［J］. 教育发展研究，2016，36（Z2）.

[12]［法］皮埃尔·布尔迪厄. 文化资本与社会炼金术　布尔迪厄访谈录［M］. 上海：上海人民出版社，1997.

[13] 不列颠简明百科全书［M］. 北京：中国大百科全书出版社，2011.

[14]［英］马克·布瑞，［英］奥拉·郭，刘淑杰. 免费教育的表象背后：影子教育及其对社会公平的影响［J］. 教育科学研究，2017（2）.

[15] 财政部　发展改革委　教育部关于完善研究生教育投入机制的意见［J］. 中华人民共和国国务院公报，2013（14）.

[16] 曹乐溪，朱莉琪. 公益组织课外辅导对流动儿童领悟社会支持的影响［J］. 应用心理学，2014，20（2）.

[17] 曹艳菊，严从根. 影子教育的问题、成因及对策［J］. 教学与管理，2017（33）.

[18] 陈彬莉，白晓曦. 家庭社会经济地位、家长同辈群体压力与城镇小学生补习——基于北京市海淀区小学调查［J］. 清华大学教育研究，2015，36（5）.

[19] 陈传锋，王玲凤，陈汉英，俞国良. 当前中小学生课外学习活动的现状调查与问题分析［J］. 教育研究，2014，35（6）.

[20] 陈传锋，陈怡. 中小学生课外学习的应试性特点与问题［J］. 教育研究与实验，2015（5）.

[21] 陈传峰. 中小学课外学习的多元发展及其对策研究［J］. 教育科学研究，2017（1）.

[22] 陈纯槿，郅庭瑾. 世界主要国家教育经费投入规模与配置结构［J］. 中国高教研究，2017（11）.

[23]（清）陈次亮. 书院［A］.（清）求是斋. 皇朝经世文

编五集［M］．近代中国史料丛刊三编（第28辑）．台北：文海出版社，1987.

［24］陈涛，巩阅瑄，李丁．中国家庭文化价值观与影子教育选择——基于霍夫斯泰德文化维度的分析视角［J］．北京大学教育评论，2019，17（3）.

［25］陈倩芸，任胜洪．中小学补课问题的研究述评［J］．教学与管理，2019（12）.

［26］陈全功，程蹊，李忠斌．我国城乡补习教育发展及其经济成本的调查研究［J］．教育与经济，2011（2）.

［27］陈全功．补习教育的地域延展及其社会效应分析［J］．比较教育研究，2012，34（3）.

［28］陈晓．上市公司的“变脸”现象探析［M］．北京：企业管理出版社，2003.

［29］陈奕桦，张献华．校内补课活动与校外补习对韩国中学生未来生涯准备的多层次影响分析［J］．外国教育研究，2017，44（6）.

［30］陈义媛．一座小城的补习班江湖［J］．中国老区建设，2018（1）.

［31］陈云松，贺光烨，句国栋．无关的流动感知：中国社会“阶层固化”了吗？［J］．社会学评论，2019，7（6）.

［32］陈云松，张翼．城镇化的不平等效应与社会融合［J］．中国社会科学，2015（6）.

［33］程天君，陈晓陆．杂乱有章：辅导机构学校化与学校辅导机构化——兼对校外“辅导热”的社会学分析［J］．教育学报，2014，10（1）.

［34］楚红丽．我国中小学生课外补习家庭之背景特征及个人因素［J］．教育学术月刊，2009（12）.

［35］崔东植，邬志辉．韩国私立教育的现状、问题与政策应对［J］．外国教育研究，2012，39（12）.

［36］崔宏静，金晓彤，王天新．地位消费研究述评与展望［J］．消费经济，2016，32（3）．

［37］丁亚东，刘积亮，薛海平．在职教师参与课外补习的政策模式分析［J］．上海教育科研，2016（6）．

［38］丁亚东，宋海生，薛海平．在职教师参与有偿补习的政策回顾与展望［J］．教学与管理，2017（27）．

［39］丁亚东，范勇，薛海平．竞争到合作：学校与影子教育机构的关系模式分析［J］．现代教育管理，2018（9）．

［40］丁亚东．价值与阻力：我国课外补习机构的发展阶段与治理路径［J］．当代教育论坛，2019（3）．

［41］代蕊华，仰丙灿．国外校外培训机构治理：现状、经验、问题及其启示［J］．教师教育研究，2017，29（5）．

［42］邓峰，丁小浩．中国教育收益率的长期变动趋势分析［J］．统计研究，2013（7）．

［43］邓志文．“同伴互助学习”在物理学困生课外辅导中的实践研究［J］．物理教师，2012，33（8）．

［44］杜兴强，赖少娟，杜颖洁．“发审委”联系、潜规则与IPO市场的资源配置效率［J］．金融研究，2013（3）．

［45］范晓慧．“影子教育”的思考：多种视角［J］．清华大学教育研究，2008，29（6）．

［46］［美］托斯丹·本德·凡勃伦．有闲阶级论——关于制度的经济研究［M］．北京：商务印书馆，1964．

［47］方超，黄斌．家庭人力资本投资对儿童学业成绩的影响——基于CEPS追踪数据的多层线性模型分析［J］．安徽师范大学学报（人文社会科学版），2018，46（2）．

［48］方晨晨，薛海平．课外补习对义务教育阶段学生成绩影响的实证研究［J］．上海教育科研，2014（12）．

［49］方晨晨，薛海平．义务教育学生参加课外补习行为的影响因素研究［J］．中小学管理，2015（5）．

[50] 方晨晨，张平平. 学生课外补习支出越多越好吗？[J]. 基础教育，2017，14 (5).

[51] 方晨晨. 家庭背景、课外补习与学生非认知能力的关系研究——基于中国教育追踪调查数据的经验证据 [J]. 当代教育论坛，2018 (4).

[52] 方晨晨，胡咏梅，张平平. 小学生能从课后学习时间中受益吗 [J]. 湖南师范大学教育科学学报，2018，17 (1).

[53] 方芳. 课外辅导机构的法律地位与规制 [J]. 教育科学研究，2018 (7).

[54] 付世平. 中学生与大学生奢侈品消费动机差异研究 [J]. 中国青年研究，2010 (2).

[55] 干春松. 科举制的衰落和制度化儒家的解体 [J]. 中国社会科学，2002 (2).

[56] 高鹏飞. “体育影子教育”的失范与现代重构 [J]. 西安体育学院学报，2019，36 (6).

[57] 高伟，张苏，王婕. 土地流转、收入预期与农村高等教育参与意愿 [J]. 管理世界，2013 (3).

[58] 高雪莲. 区隔的童年：城市儿童与乡村流动儿童的课余世界 [J]. 北京社会科学，2017 (9).

[59] 高原，田娜娜. 中小学课外补习缘何屡禁不止 [J]. 现代中小学教育，2012 (7).

[60] 葛洋娟，徐玲，张淑娟. 中小学生家庭背景性资本对其参加课外补习的影响研究——以内蒙古赤峰市为例 [J]. 基础教育，2016，13 (2).

[61] 顾钧，顾俊. 中学生减负：韩国的经验及反思——基于“无考试学期”项目的分析 [J]. 比较教育研究，2015，37 (8).

[62] 顾学雍，汪丹华. 创客运动与全球化的科技教育 [J]. 现代教育技术，2015，25 (5).

[63] 郭科，顾昕. 教师有偿补习为何屡禁不止：从委托代理

理论的视角分析政府监管的困境［J］. 教育与经济，2016（2）.

［64］郭文革. 网络课程类别分析——基于互联网教育传播模型的分析视角［J］. 远程教育杂志，2014（5）.

［65］郭新茹，黄舒沁. 明星效应与中国电影票房的实证研究［J］. 现代传播（中国传媒大学学报），2017，39（12）.

［66］国务院办公厅. 国务院关于印发统筹推进世界一流大学和一流学科建设总体方案的通知［J］. 中华人民共和国国务院公报，2015（32）.

［67］国务院办公厅. 国务院办公厅关于规范校外培训机构发展的意见［J］. 中华人民共和国国务院公报，2018（25）.

［68］国务院办公厅. 国务院办公厅关于印发职业技能提升行动方案（2019—2021 年）的通知［J］. 中华人民共和国国务院公报，2019（16）.

［69］郝亚迪. 课外辅导与初中生数学学业成绩的关系研究［J］. 上海教育科研，2016（1）.

［70］胡咏梅，范文凤，丁维莉. 影子教育是否扩大教育结果的不均等——基于 PISA 2012 上海数据的经验研究［J］. 北京大学教育评论，2015，13（3）.

［71］胡咏梅，王亚男. 中小学生家庭对子女课外教育的投资及效果分析［J］. 首都师范大学学报（社会科学版），2019（5）.

［72］黄爱玲. 中小学课外辅导有偿服务探析［J］. 教育评论，1996（6）.

［73］黄小瑞，占盛丽. 家庭作业及课外补习对学生数学焦虑的影响——中国上海与芬兰的比较［J］. 全球教育展望，2015，44（12）.

［74］黄小瑞，宋歌，李晓煦. 不同成绩排名对初中生课外补习参与的影响［J］. 教育发展研究，2018，38（Z2）.

［75］黄有光，张定胜. 高级微观经济学［M］. 上海：格致出版社，上海三联书店，上海人民出版社，2008.

[76] 姬广绪. 关系型消费的建构——“网红经济”的文化解释进路研究 [J]. 学习与探索, 2018 (10).

[77] 贾男, 刘国顺. 义务教育均衡化能否有效降低家庭校外教育支出 [J]. 北京大学教育评论, 2017, 15 (1).

[78] 教育部关于普通高中学业水平考试的实施意见 [J]. 成才之路, 2015 (2).

[79] 金芳颖, 楼世洲. 教育政策社会学视域下我国公办高校学费定价标准及行为研究——基于浙江省普通高校的数据分析 [J]. 教育发展研究, 2019, (19).

[80] 康丽颖, 任纪远. 在扩张与融合中寻找校外教育发展之路 [J]. 中国教育学刊, 2018 (2).

[81] [匈] 亚诺什·科尔内. 短缺经济学 [M]. 北京: 经济科学出版社, 1986.

[82] [法] 亚历山大·科耶夫. 权威的概念 [M]. 南京: 译林出版社, 2011.

[83] 柯忠义. 创业板上市公司经济绩效及影响因素——基于贝叶斯模型平均法 (BMA) 的实证研究 [J]. 数量经济技术经济研究, 2017, 34 (1).

[84] 孔令帅, 陈铭霞, 刘娣. 社会教育培训机构治理的国际经验及启示 [J]. 外国中小学教育, 2017 (6).

[85] [美] 丹尼斯·朗. 权力论 [M]. 北京: 中国社会科学出版社, 2001.

[86] 乐志强, 杜育红. 家庭背景对学生课外辅导行为选择的影响研究 [J]. 教育发展研究, 2018, 38 (10).

[87] 雷雳, 张雷. 多层线性模型的原理及应用 [J]. 首都师范大学学报 (社会科学版), 2002 (2).

[88] 李兵. 书院与科举关系研究 [D]. 厦门大学博士论文, 2004.

[89] 李丹. 小学课外补习问题研究 [J]. 教学与管理, 2013

(2).

[90] 李福祥，王媛媛．企业整体上市中的国有资本增值研究[J]. 上海金融，2013 (1).

[91] 李佳丽．谁从影子教育中获益——基于选择假说和理性选择理论 [J]. 教育发展研究，2016，36 (20).

[92] 李佳丽，胡咏梅．谁从影子教育中获益？——兼论影子教育对教育结果均等化的影响 [J]. 教育与经济，2017 (2).

[93] 李佳丽．不同类型影子教育对小学生学业成绩的影响——及其对教育不均等的启示 [J]. 教育科学，2017，33 (5).

[94] 李佳丽．参加课外补习对西部农村学生的影响效应研究——基于面板数据的固定效应分析 [J]. 基础教育，2018，15 (1).

[95] 李佳丽．“替代”还是“补充”：从影子教育发展审视学校教育质量——基于 PISA 2015 中国四省市数据的分析 [J]. 北京社会科学，2019 (5).

[96] 李佳丽，何瑞珠．家庭教育时间投入、经济投入和青少年发展：社会资本、文化资本和影子教育阐释 [J]. 中国青年研究，2019 (8).

[97] 李佳丽，薛海平．父母参与、课外补习和中学生学业成绩 [J]. 教育发展研究，2019，39 (2).

[98] 李捷．基于信息网络技术扩散的制造业转型升级动力机制研究 [D]. 山东大学博士论文，2019.

[99] 李静，薛海平．家庭资本对初中生参加课外补习活动影响实证研究 [J]. 基础教育，2016，13 (6).

[100] 李立勋，郑艺佳．教育企业扎堆新三板 [N]. 北京商报，2015-05-28.

[101] 李敏才，刘峰．社会资本、产权性质与上市资格——来自中小板 IPO 的实证证据 [J]. 管理世界，2012 (11).

[102] 李明，郑艳秋．盈余管理、媒体负面报道与公司上市后

业绩变脸——基于我国创业板上市公司的经验证据［J］. 管理评论，2018，30（12）.

［103］李明桥 . 预期总收入与城乡居民高等教育选择行为［J］. 教育经济评论，2018，3（5）.

［104］李娜 . 影子教育在我国的发展趋势［J］. 中国教育学刊，2015（5）.

［105］李水山 . 新时期韩国教育的重大改革与社会反映［J］. 职业技术教育，2007，28（19）.

［106］李向磊，蒋政 . 贝拓英语关门事件背后：预付费模式难题待解［N］. 中国经营报，2018 - 09 - 24.

［107］李新玲 . AI + 教育不能做什么［N］. 中国青年报，2019 - 10 - 10.

［108］李研，金慧贞，李东进 . 社交网络情境下消费者口碑生成的影响因素模型：基于真实口碑文本的扎根研究［J］. 南开管理评论，2018，21（6）.

［109］梁彩花，周金衢，张琼 . 返乡农民工炫耀性消费行为的社会心理分析［J］. 广西民族研究，2010（4）.

［110］刘保中 . 我国城乡家庭教育投入状况的比较研究——基于 CFPS（2014）数据的实证分析［J］. 中国青年研究，2017（12）.

［111］刘保中 . “鸿沟”与“鄙视链”：家庭教育投入的阶层差异——基于北上广特大城市的实证分析［J］. 北京工业大学学报（社会科学版），2018，18（2）.

［112］刘冬冬，姚昊 . 课外补习对初中学生不同学科成绩的影响研究——基于 CEPS（2013 ~ 2014）实证分析［J］. 教育学术月刊，2018（10）.

［113］刘东芝 . 课外补习教育的规范化管理［J］. 教育理论与实践，2011，31（2）.

［114］刘东芝 . 小学生课外补习弊大于利［J］. 中国教育学刊，2014（11）.

［115］刘辉．发达城市影子教育的发展：调查与反思——以广州市为例［J］. 当代教育科学，2014（21）.

［116］刘录护．科层制学校中教师职业发展的民族志研究——兼对教师专业发展研究的反思与比较［J］. 学术研究，2017（2）.

［117］刘积亮，丁亚东，薛海平．规范在职教师有偿补习的政策变迁与政府逻辑［J］. 教育评论，2016（7）.

［118］刘菁菁．东亚国家（地区）课外补习的政府监管之道——香港大学教育学院比较教育研究中心主任马克·贝磊教授专访［J］. 外国中小学教育，2014（10）.

［119］刘隽，张震，孙彦，韩布新，陆勤，刘萍萍．接受还是拒绝？反应模式助推基础课与拓展课均衡选择［J］. 心理学报，2019，51（4）.

［120］刘珊珊，杨向东．课外辅导对学生学业成绩影响效应的元分析［J］. 教育发展研究，2015，35（22）.

［121］刘平安，段世文．中国新三板创新与发展报告（2018）［M］. 北京：社会科学文献出版社，2018.

［122］刘云杉，王志明，杨晓芳．精英的选拔：身份、地域与资本的视角——跨入北京大学的农家子弟（1978～2005）［J］. 清华大学教育研究，2009（5）.

［123］柳海民．现代教育学原理［M］. 长春：东北师范大学出版社，2002.

［124］龙笑天．社会调查方法［M］. 北京：中国人民大学出版社，2012.

［125］楼世洲．“影子教育”治理的困境与教育政策的选择［J］. 教育发展研究，2013，33（18）.

［126］逯东，万丽梅，杨丹．创业板公司上市后为何业绩变脸？［J］. 经济研究，2015，50（2）.

［127］陆伟．公共政策选择与影子教育参与［J］. 比较教育研究，2019，41（8）.

[128] 吕森林，邵银娟，孙洪湛，冯超，庄淑雅，郑玄载，睿泰集团.2018~2019中国互联网教育行业蓝皮书 [M]. 北京：北京大学出版社，2019.

[129] [德] 马克思. 资本论（第一卷）[M]. 北京：人民出版社，2004.

[130] [德] 马克思，恩格斯. 马克思恩格斯全集：第31卷 [M]. 北京：人民出版社，1998.

[131] 马磊，徐向艺. 上市公司控制权私有收益计量方法的比较及其改进 [J]. 山东大学学报（哲学社会科学版），2007 (2).

[132] 马晓强. "科尔曼报告"述评——兼论对我国解决"上学难、上学贵"问题的启示 [J]. 教育研究，2006 (6).

[133] 马宇红，赵媛媛，强亚蓉. 社交网络中谣言传播的从众效应和权威效应 [J]. 计算机应用，2019，39 (1).

[134] [美] 格里高利·曼昆. 经济学原理 微观经济学分册（第5版）[M]. 北京：北京大学出版社，2009.

[135] 孟凡壮，刘玥. 韩国课外辅导机构法律规制探析 [J]. 全球教育展望，2019，48 (2).

[136] 孟庆蛟，孙曰瑶. 教育类企业上市后为何业绩不会变脸？——基于新三板的微观数据 [J]. 财经理论与实践，2019 (6).

[137] 孟新霞. 浅谈小学课外辅导 [J]. 首都师范大学学报（社会科学版），2009 (S4).

[138] 裴昌根，宋乃庆，刘乔卉. 义务教育阶段学生参与课外辅导的实证分析与启示 [J]. 中国教育学刊，2018 (3).

[139] 彭湃. "影子教育"：国外关于课外补习的研究与启示 [J]. 外国中小学教育，2007 (9).

[140] 彭湃. "影子教育"：国外关于课外补习的研究与启示 [J]. 比较教育研究，2008 (1).

[141] 彭湃，周自波. 城市义务教育阶段课外补习研究——基于湖北武汉市H区的抽样调查 [J]. 中小学管理，2008 (4).

［142］彭文静．结构功能理论视角下的中小学补习教育［J］．教育理论与实践，2011，31（2）．

［143］朴光星．透视韩国“课外教育过热”现象［N］．光明日报，2018－08－15．

［144］祁占勇，王莹，袁诗婷．改革开放以来我国校外培训研究的热点分析与未来展望［J］．当代教育论坛，2019（3）．

［145］秦乐琦，覃塬，池梦丹，马佳琪．影子教育研究的发展脉络探析［J］．教育学术月刊，2019（5）．

［146］秦玉友，赵忠平，曾文婧．义务教育教师教学工作时间结构研究——基于全国10省20市（县）的数据［J］．教师教育研究，2017，29（4）．

［147］仇焕广，靖骐亦．母亲嫁妆对子女参与课外教育的影响——来自CFPS2014数据的证据［J］．教育与经济，2018（4）．

［148］曲颖，薛海平．我国义务教育阶段课外补习私人成本研究［J］．上海教育科研，2015（4）．

［149］全国十二所重点师范大学联合编写．教育学基础［M］．北京：教育科学出版社，2014．

［150］日本筑波大学教育学研究会编．现代教育学基础［M］．上海：上海教育出版社，1986．

［151］阮燕雅，李琪．社交商务情景下信任对购买决策的影响变化研究［J］．软科学，2017，31（2）．

［152］［美］乔尔·斯普林．论教育全球化［J］．清华大学教育研究2010，31（6）．

［153］首次公开发行股票并在创业板上市管理暂行办法［J］．司法业务文选，2009（19）．

［154］［美］西奥多·舒尔茨．教育的经济价值［M］．长春：吉林人民出版社，1982．

［155］宋海生，薛海平．我国影子教育机构的规范与治理——基于博弈论的视角［J］．当代教育论坛，2018（1）．

[156] 宋海生，薛海平．初中生课外补习支出：现状、影响因素及政策启示 [J]．当代教育论坛，2018 (4).

[157] 宋薇薇．澳大利亚：考试辅导成为一项重要的产业经济 [J]．比较教育研究，2013，35 (5).

[158] 孙聪，金文旺，蒋承．关于我国影子教育二元结构问题的研究 [J]．中州学刊，2018 (9).

[159] 孙伦轩，唐晶晶．课外补习的有效性——基于中国教育追踪调查的估计 [J]．北京大学教育评论，2019，17 (1).

[160] 孙明．韩国私人教育费用不断增加 [J]．比较教育研究，2008 (10).

[161] 孙世攀，赵息，李胜楠．股权控制、债务容量与支付方式——来自我国企业并购的证据 [J]．会计研究，2013 (4).

[162] 孙远太．文化资本与家庭地位、教育分层——以上海居民为例 [J]．教育学术月刊，2012 (7).

[163] 孙曰瑶．品牌经济学 [M]．北京：经济科学出版社，2005.

[164] 孙曰瑶．自主创新的品牌经济学研究 [J]．中国工业经济，2006 (4).

[165] 孙曰瑶，刘华军．品牌经济学原理 [M]．北京：经济科学出版社，2007.

[166] 孙曰瑶，曹越，刘华军．品牌经济建设 [M]．北京：经济科学出版社，2009.

[167] 孙曰瑶，宋宪华．品牌工程学 TBCI 2.0 [M] 济南：山东大学出版社，2015.

[168] 孙曰瑶，孟庆蛟，程方方．基于社交指数的消费者行为研究——大学生电影消费的经验发现 [J]．湖南大学学报（社会科学版），2020，34 (2).

[169] 唐勇．中国新三板年度报告 [M]．北京：机械工业出版社，2018.

[170] 陶建国．韩国禁止“先行教育”的立法研究［J］．比较教育研究，2014，36（12）．

[171] 陶西平．直面“影子教育系统”［J］．中小学管理，2014（7）．

[172] 田汉族，王东，蒋建华．“超级中学”现象演化的制度逻辑——以衡水中学、毛坦厂中学、黄冈中学为例［J］．教育与经济，2016（5）．

[173] 童星．初中生课外补习：家庭影响因素及政策应对［J］．上海教育科研，2017（9）．

[174] 王道俊，郭文安．教育学［M］．北京：人民教育出版社，2016．

[175] 王绯烨，刘方．从课外时间分配看学生学业负担——我国初中学生学业负担的实证研究［J］．教育发展研究，2018，38（10）．

[176] 王吉，刘东芝．对补习教育研究几个基本问题的思考［J］．教学与管理，2013（27）．

[177] 王立东，巩翔，裴昌根．数学教育视角下影子教育研究的意义与未来方向［J］．数学教育学报，2019，28（1）．

[178] 王善迈．教育投入与产出研究［M］．石家庄：河北教育出版社，1996．

[179] 王素斌，朱益明．论校外培训机构的综合治理［J］．基础教育，2018，15（2）．

[180] 王晓磊．初中阶段教育质量与影子教育机会的不平等——以 CEPS 2013 ~ 2014 数据为例［J］．北京社会科学，2017（9）．

[181] 王晓磊，张强．高学历家庭影子教育支出是否更多——基于倾向值匹配的考察［J］．北京工业大学学报（社会科学版），2018，18（6）．

[182] 王欣．打破沉默：对影子教育的应有回应［J］．教学与管理，2014（8）．

[183] 王奕俊，吴林谦，杨悠然．受教育者成本收益视角的东西部职业教育协作精准扶贫机制分析 [J]. 苏州大学学报（教育科学版），2019 (1).

[184] 王有升．补习教育：一类不可忽视的教育现象 [J]. 上海教育科研，1997 (6).

[185] 王兆璟，王艳艳．我国高中学业水平考试与法国高中毕业会考的比较分析 [J]. 教育理论与实践，2016，36 (1).

[186] 文军，李珊珊．文化资本代际传递的阶层差异及其影响——基于上海市中产阶层和工人阶层家庭的比较研究 [J]. 华东师范大学学报（哲学社会科学版），2018，50 (4).

[187] 温忠麟，叶宝娟．中介效应分析：方法和模型发展 [J]. 心理科学进展，2014，22 (5).

[188] 吴琪，丁俊杰．奢侈与炫耀：基于炫耀性消费的奢侈品传播机制研究 [J]. 现代传播（中国传媒大学学报），2013，35 (6).

[189] 吴世勇．在线教育嵌入教育生态系统的模式研究 [J]. 高教探索，2015 (10).

[190] 吴岩，陈仲萍．义务教育阶段公办与打工子弟学校教育补习状况研究——基于教育公平的视角 [J]. 当代教育科学，2014 (14).

[191] 吴翌琳．初中生课外补习的影响因素研究——基于 CEPS 的调查数据分析 [J]. 教育科学，2016，32 (5).

[192] 吴芸．初中教育对青少年高等教育意愿的影响研究——基于 CEPS 2014 调查数据的分析 [J]. 教育发展研究，2018，38 (12).

[193] 武文浩，陈芳，马艾斯．广州市小学六年级学生教育补习情况研究——基于学生家长的视角 [J]. 上海教育科研，2011 (7).

[194] 习近平．决胜全面建成小康社会　夺取新时代中国特色

社会主义伟大胜利——在中国共产党第十九次全国代表大会上的报告［M］. 北京：人民出版社，2017.

［195］肖凤翔，王瑞．韩国“影子教育”治理政策的演变及启示［J］. 上海教育科研，2017 (5).

［196］肖凤翔，王瑞．韩国“影子教育”治理及其对我国的启示［J］. 外国中小学教育，2017 (8).

［197］熊艳，杨晶．媒体监督与IPO业绩变脸：甄别、传导还是治理［J］. 财贸经济，2017，38 (6).

［198］谢贝妮，李岳云．劳动力流动对农村家庭教育投资决策的影响［J］. 经济体制改革，2013 (4).

［199］解问鼎．区域监测视角下家庭教育行为的数据分析——基于2017年苏州市义务教育学业质量监测数据的家庭教育研究［J］. 基础教育课程，2018 (21).

［200］徐慧冰．辅导“怪相”：顺从者为什么会被淘汰——基于对上海某小型私人文化课辅导班的研究［J］. 中国图书评论，2017 (6).

［201］徐虹，林钟高，彭圆圆．内部控制、风险投资与上市公司IPO业绩变脸［J］. 江西财经大学学报，2017 (4).

［202］徐家庆，周远翔．异质性层面、影子教育与教育公平［J］. 南通大学学报（社会科学版），2018 (5).

［203］徐显龙，管珏琪，钱冬明，祝智庭．我国中小学电子学辅的供需分析及发展对策［J］. 中国电化教育，2015 (6).

［204］许玲丽，艾春荣．高等教育回报的质量差异——对部属、省属与地方高校的比较研究［J］. 经济理论与经济管理，2016 (8).

［205］许政法．国内课外补习研究回顾与展望［J］. 教学研究，2009 (1).

［206］许政法．韩国课外补习政策述评［J］. 上海教育科研，2009 (2).

[207] 薛海平．中国城镇学生教育补习的实证分析［C］．2006年中国教育经济学年会会议论文集．中国教育学会教育经济学分会，2006.

[208] 薛海平，丁小浩．中国城镇学生教育补习研究［J］．教育研究，2009（1）.

[209] 薛海平，王东，巫锡炜．课外补习对义务教育留守儿童学业成绩的影响研究［J］．北京大学教育评论，2014，12（3）.

[210] 薛海平．从学校教育到影子教育：教育竞争与社会再生产［J］．北京大学教育评论，2015，13（3）.

[211] 薛海平．课外补习、学习成绩与社会再生产［J］．教育与经济，2016（2）.

[212] 薛海平．家庭资本与教育获得：影子教育的视角［J］．教育科学研究，2017（2）.

[213] 薛海平．家庭资本与教育获得：基于影子教育中介效应分析［J］．教育与经济，2018（4）.

[214] 薛海平，宋海生．课外补习时间对中学生成绩影响的实证研究——基于 PISA 2012 上海的数据［J］．教育科学研究，2018（4）.

[215] 薛海平，张媛．我国初中生学业负担水平与差异分析——基于 CEPS 2015 数据的实证研究［J］．首都师范大学学报（社会科学版），2019（5）.

[216] 闫闯．社会学视野中的补习教育［M］．北京：人民出版社，2019.

[217] 闫慧丽，彭正银．嵌入视角下社交电商平台信任机制研究——基于扎根理论的探索［J］．科学决策，2019（3）.

[218] 闫新华，杭斌．收入不平等与家庭教育支出——基于地位关注的视角［J］．山西财经大学学报，2017，39（5）.

[219] 杨钋，翁秋怡．高等教育扩招背景下收入预期对高等教育选择的影响［J］．教育发展研究，2014（23）.

[220] 杨东平. 新一轮“教育产业化”的特征与治理 [J]. 清华大学教育研究, 2018, 39 (1).

[221] 杨洪亮. 影子教育的挑战: 欧盟家教及其对政策制定者的影响: 解读与启示 [J]. 外国中小学教育, 2012 (2).

[222] 杨洪亮. 欧盟“影子教育”初探 [J]. 教育科学, 2012, 28 (4).

[223] 杨洪亮. 东欧三国与我国课外补习的比较研究 [J]. 外国中小学教育, 2012 (10).

[224] 杨娟, 李凌霄. 户籍融合对流动子女成绩影响的实证分析 [J]. 劳动经济研究, 2019, 7 (4).

[225] 杨可. 母职的经纪人化——教育市场化背景下的母职变迁 [J]. 妇女研究论丛, 2018 (2).

[226] 杨卫安. “读书无用论”何以会产生?——晚清以来出现的四次“读书无用论”评述 [J]. 河北师范大学学报 (教育科学版), 2018, 20 (4).

[227] 杨淑萍. 炫耀性消费对中学生自我认同的影响研究 [J]. 教育科学, 2014, 30 (2).

[228] 杨天平, 周兰芳. 义务教育阶段学生课外培训消费研究——基于浙江省金华市婺城区城乡 4 所学校的调研 [J]. 教育与经济, 2011 (2).

[229] 仰丙灿. 影子教育治理的国际经验与启示 [J]. 比较教育研究, 2018, 40 (8).

[230] 史蒂芬·R. 英里奇, 余蓝. 日本“影子教育”决策: 学生的选择还是家长的压力? [J]. 教育科学研究, 2017 (5).

[231] 影子教育: 现状与分析 [J]. 北京大学教育评论, 2015, 13 (3).

[232] 姚俭建. 论西方社会的中产阶级——文化资本理论框架内的一种解读 [J]. 上海大学学报 (社会科学版), 2005 (3).

[233] 于洪霞. 课外补习与家庭辅导——校外教育形式分析

[J]. 教育学术月刊, 2011 (3).

[234] 于洪霞. 生命周期偏误与中国教育收益率元分析 [J]. 经济研究, 2013 (8).

[235] 于文浩, 郑中玉. 基于消费构建想象的社区——对某老年保健品消费群体及其行为的研究 [J]. 社会学评论, 2018, 6 (1).

[236] 袁诚, 张磊, 曾颖. 地方教育投入对城镇家庭教育支出行为的影响——对我国城镇家庭动态重复截面数据的一个估计 [J]. 经济学动态, 2013 (3).

[237] 袁少锋, 高英, 郑玉香. 面子意识、地位消费倾向与炫耀性消费行为——理论关系模型及实证检验 [J]. 财经论丛, 2009 (5).

[238] 岳昌君, 杨中超. 我国高校毕业生的就业结果及其影响因素研究——基于2011 年全国高校抽样调查数据的实证分析 [J]. 高等教育研究, 2012 (4).

[239] 曾丽, 翁时秀, 李想, 张影莎. 有计划购买还是冲动消费? ——出境旅游高消费现象探析 [J]. 旅游学刊, 2017 (5).

[240] 曾满超, 丁小浩, 沈华. 初中生课外补习城乡差异分析——基于甘肃、湖南和江苏 3 省的初中学生课外补习调查 [J]. 教育与经济, 2010 (2).

[241] 占盛丽. 比较教育的发展性和多样性: 视角与方法——香港大学比较教育研究中心主任马克·贝磊教授专访 [J]. 比较教育研究, 2017, 39 (9).

[242] 张冰. "影子教育" 与中国 "新中间阶层" 的文化再生产——从布迪厄的文化资本理论说开去 [J]. 教育理论与实践, 2017, 37 (22).

[243] 张皓星. "外地人" 歧视对工资差距的影响 [J]. 当代经济科学, 2014, 36 (5).

[244] 张建平. 小学初任教师教学适应的轨迹——基于南通市小学初任教师的调查及分析 [J]. 教育科学研究, 2015 (1).

［245］张雷生. 基于“招生专员制”的韩国高校自主招生政策研究［J］. 比较教育研究，2016，38（8）.

［246］张冉，姚金菊. 公立学校教师有偿补课的法律规制：美国经验及其对中国的启示［J］. 北京大学教育评论，2017，15（2）.

［247］张薇，［美］马克·贝磊，李红兰. 影子教育的影响因素及其政策意义——以重庆市为例［J］. 教育科学研究，2017（6）.

［248］张文宏，韩钰. 家庭背景影响学生知识素养的路径研究——基于PISA 2015中国四省市数据的分析［J］. 江苏行政学院学报，2018（2）.

［249］张新建，林树，孙俊峰，赵军. 出版企业上市利弊分析及对策［J］. 科技与出版，2012（11）.

［250］张羽，黄振中. “抢跑”真的能赢吗？——小学数学校外辅导对校内教学和数学思维培养的影响［J］. 教育发展研究，2014，33（18）.

［251］张羽，陈东，刘娟娟. 小学课外补习对初中学业成绩的影响——基于北京市某初中九年追踪数据的实证研究［J］. 教育发展研究，2015，35（Z2）.

［252］张羽，刘娟娟，李曼丽. 北京市小学生进入家教市场的早晚及其影响因素分析［J］. 教育发展研究，2015，35（4）.

［253］赵凤兰，董泽伟. 小学生参与课外文化补习的原因及危害［J］. 现代教育科学，2010（6）.

［254］赵阳，薛海平. 参与课外补习对我国初中生睡眠时间的影响研究——基于北京市十六所初级中学的实证分析［J］. 基础教育，2018，15（6）.

［255］甄莹. 我国影子教育问题透视［J］. 教学与管理，2017（12）.

［256］中共中央关于坚持和完善中国特色社会主义制度　推进国家治理体系和治理能力现代化若干重大问题的决定［M］北京：人民出版社，2019.

[257] 中共中央　国务院关于深化教育教学改革全面提高义务教育质量的意见 [J]. 人民教育，2019 (Z3).

[258] 中国大百科全书·教育卷 [M]. 北京：中国大百科全书出版社，1985.

[259] 中国教育学会. 中国教育学会发布调查报告显示 2016 年我国中小学课外辅导"吸金"超八千亿 [J]. 教育发展研究，2017，37 (4).

[260] 中华人民共和国教育法 [M]. 北京：中国法制出版社，2016.

[261] 中华人民共和国教育法　中华人民共和国义务教育法　中华人民共和国教师法 [M]. 北京：中国法制出版社，2019.

[262] 中华人民共和国民办教育促进法 [M]. 北京：中国法制出版社，2016.

[263] 中小学教师违反职业道德行为处理办法 [J]. 辽宁教育，2014 (8).

[264] 中泽涉，鲍威，冯倩倩. 日本的影子教育：聚焦高中阶段的课外补习支出 [J]. 北京大学教育评论，2015，13 (3).

[265] 周常稳，周霖. "影子教育"：一个不可忽视的教育问题 [J]. 广西社会科学，2018 (1).

[266] 周春芳，苏群，王翌秋. 农户分化背景下农村家庭子女教育投资的异质性研究——兼论影子教育对教育结果均等化的影响 [J]. 教育与经济，2017 (2).

[267] 周东洋，吴愈晓. 教育竞争和参照群体——课外补习流行现象的一个社会学解释 [J]. 南京师大学报（社会科学版），2018 (5).

[268] 周霖，周常稳. 韩国影子教育治理政策的演变及其启示 [J]. 外国教育研究，2017，44 (5).

[269] 周小云. 课外补习班蔓延与治理的社会学分析 [J]. 现代中小学教育，2012 (7).

［270］周岩锋．我国体育品牌的上市路径及效应分析［J］．广州体育学院学报，2013，33（6）.

［271］朱红红，孙曰瑶．基于情感偏好的品牌延伸模型及经济分析［J］．当代经济科学，2009，31（1）.

［272］朱武祥，张帆．公司上市前后经营业绩变化的经验分析［J］．世界经济，2001（11）.

［273］朱洵．教育全球化中的影子教育与文化资本理论［J］．清华大学教育研究，2013，34（4）.

［274］朱洵．影子教育与文化资本的消长态势及其分析［J］．当代教育科学，2013（9）.

［275］邹松霖．韦博英语败局［J］．中国经济周刊，2019（20）.

［276］Aharony J，Lin C，Loeb M. Initial Public Offerings，Accounting Choices，and Earnings Management［J］. Contemporary Accounting Research，2010，10（1）.

［277］Akerlof G A. The Market for "Lemons"：Quality Uncertainty and the Market Mechanism［J］. The Quarterly Journal of Economics，1970，84（3）.

［278］Alhadab M，Clacher I，Keasey K. A Comparative Analysis of Real and Accrual Earnings Management around Initial Public Offerings under Different Regulatory Environments［J］. Journal of Business Finance & Accounting，2016，43（7-8）.

［279］Alhadab M. Real and Accrual Earnings Management around Initial Public Offerings in Jordan［J］. International Business Research，2018，11（1）.

［280］Arrow K J. The Economics of Information［M］. Oxford：Basil Blackwell，1984.

［281］Baker D P，LeTendre G K. National Differences，Global Similarities：World Culture and the Future of Schooling［M］. Palo Alto：Stanford University Press, 2005.

[282] Barasch A, Berger J. Broadcasting and Narrowcasting: How Audience Size Affects What People Share [J]. Journal of Marketing Research, 2014, 51 (3).

[283] Becker G S. A Treatise of the Family [M]. Cambridge: Harvard University Press, 1991.

[284] Berger J, Milkman K. What Makes Online Content Viral? [J]. Journal of Marketing Research, 2012, 49 (2).

[285] Bhattacharya R, Devinney T M, Pillutla M M. A Formal Model of Trust Based on Outcomes [J]. Academy of Management Review, 1998, 23 (3).

[286] Biswal B P. Private Tutoring and Public Corruption: A Cost-Effective Education System for Developing Countries [J]. The Developing Economics, 1999, 37 (2).

[287] Bray M. Shadow Education: Comparative Perspectives on the Expansion and Implications of Private Supplementary Tutoring [J]. Procedia Social and Behavioral Sciences, 2013 (77).

[288] Bray M. The Shadow Education System: Private Tutoring and Its Implications for Planners. Fundamentals of Educational Planning [M]. Paris: IIEP – UNESCO, 1999.

[289] Bray M. Confronting the Shadow Education System. What Government Policies for What Private Tutoring? [M]. Paris: IIEP – UNESCO, 2009.

[290] Briggs D C. The Effect of Admissions Test Preparation: Evidence from NELS: 88 [J]. Chance, 2001, 14 (1).

[291] Bourdieu P. The Forms of Capital. //Richardson, J. Handbook of Theory and Research for the Sociology of Education [M]. Westport: Greenwood, 1986.

[292] Byun S Y, Schofer E, Kim K K. Revisiting the Role of

Cultural Capital in East Asian Educational Systems: The Case of South Korea [J]. Sociology of Education, 2012 (3).

[293] Byun S Y. Shadow Education and Academic Success in Republic of Korea. In Korean Education in Changing Economic and Demographic Context [M]. Singapore: Springer, 2014.

[294] Chahine S, Arthurs J, Filatotchev I, Hoskisson R. The Effects of Venture Capital Syndicate Diversity on Earnings Management and Performance of IPOs in the US and UK: An Institutional Perspective [J]. Journal of Corporate Finance, 2012, 18 (1).

[295] Chang B H, Ki E J. Devising a Practical Model for Predicting Theatrical Movie Success: Focusing on the Experience Good Property [J]. Journal of Media Economics, 2005, 18 (4).

[296] Chang S S. Family Background, Cultural Capital, and Academic Achievement [J]. Korean Journal of Sociology, 2008 (3).

[297] Chen K Y, Lin K L, Zhou J. Audit Quality and Earnings Management for Taiwan IPO Firms [J]. Managerial Auditing Journal, 2005, 20 (1).

[298] Chen Z, Berger J. When, Why and How Controversy Causes Conversation [J]. Journal of Consumer Research, 2013, 40 (3).

[299] Cheo R, Quah E. Mothers, Maids and Tutors: An Empirical Evaluation of Their Effect on Children's Academic Grades in Singapore [J]. Education Economics, 2005, 13 (3).

[300] Chin T, Phillips M. Social Reproduction and Child-Rearing Practices: Social class, Children's Agency, and the Summer Activity Gap [J]. Sociology of Education, 2004 (77).

[301] Choi H, Choi Á. Regulating Private Tutoring Consumption in Korea: Lessons from Another Failure [J]. International Journal of Educational Development, 2016 (49).

[302] Chong J L, Lee H, Jang H M. The History of Policy Re-

sponses to Shadow Education in South Korea: Implications for the Next Cycle of Policy Responses [J]. Asia Pacific Education Review, 2010 (11).

[303] Coleman J S. Equality of Educational Opportunity (Coleman) Study [R]. Inter-University Consortium for Political and Social Research, 1966.

[304] Collins N L, Miller L C. Self-Disclosure and Liking: A Meta-Analytic Review [J]. Psychological Bulletin, 1994, 116 (3).

[305] Corneo G, Jeanne O. Snobs, Bandwagons, and the Origin of Social Customs in Consumer Behavior [J]. Journal of Economic Behavior and Organization, 1997 (32).

[306] Dang H A. The Determinants and Impact of Private Tutoring Classes in Vietnam [J]. Economics of Education Review, 2007, 26 (6).

[307] Darby S. Determinants of Shadow Education: A Cross-National Analysis [D]. The Ohio State University, 2009.

[308] Dawson W. Private Tutoring and Mass Schooling in East Asia: Reflections of Inequality in Japan, South Korea, and Cambodia [J]. Asia Pacific Educational Review, 2010 (11).

[309] De Angelis M, Bonezzi A, Peluso A, Rucker D, Costabile M. On Braggarts and Gossips: A Self-Enhancement Account of Word-of-Mouth Generation and Transmission [J]. Journal of Marketing Research, 2012, 49 (4).

[310] Derlega V J, Chaikin A L. Privacy and Self-disclosure in Social Relationships [J]. Journal of Social Issues, 1977, 33 (3).

[311] Eastman J K, Goldsmith R E, Flynn L R. Status Consumption in Consumer Behavior: Scale Development and Validation [J]. Journal of Marketing Theory and Practice, 1999, 7 (3).

[312] Festinger L. A Theory of Social Comparison Processes [J].

Human Relations, 1954 (7).

[313] Gounopoulos D, Pham H. Credit Ratings and Earnings Management around IPOs [J]. Journal of Business Finance & Accounting, 2017 (44).

[314] Granovetter M. The strength of weak ties [J]. American Journal of Sociology, 1973, 78 (6).

[315] Guill K, Bos W. Effectiveness of Private Tutoring in Mathematics with Regard to Subjective and Objective Indicators of Academic Achievement: Evidence from a German Secondary School Sample [J]. Journal for Educational Research Online, 2014, 6 (1).

[316] Hsu C, Lin C C. Acceptance of Blog Usage: The Roles of Technology Acceptance, Social Influence and Knowledge Sharing Motivation [J]. Information and Management, 2008, 45 (1).

[317] Ivar E. Education and Jobs: The Great Training Robbery [M]. New York: Praeger, 1970.

[318] Jain B, Kini O. The Post-Issue Operating Performance of IPO Firms [J]. The Journal of Finance, 1994, 49 (5).

[319] Kim M. School Choice and Private Supplementary Education in South Korea [R]. IIEP Policy Forum on Confronting the Shadow Education System: What Government Policies for What Private Tutoring? Paris: IIEP – UNESCO, 2007.

[320] Kuan P Y. Effects of Cram Schooling on Mathematics Performance: Evidence from Junior High Students in Taiwan [J]. Comparative Education Review, 2011, 55 (3).

[321] Lee J, Kim Y B, Yoon C H. The Effects of Pre-Class Tutoring on Student Achievement: Challenges and Implications for Public Education in Korea [J]. KEDI Journal of Educational Policy, 2004, 1 (1).

[322] Lee J. Two Worlds of Private Tutoring: The Prevalence and

Causes of After-School Mathematics Tutoring in Korea and the United States [J]. Teachers College Record, 2007, 109 (5).

[323] Lee J Y. Private Tutoring and Its Impact on Students' Academic Achievement, Formal Schooling and Educational Inequality in Korea [D]. New York: Columbia University, 2013.

[324] Li H, Meng L, Shi X, Wu B. Does Attending Elite Colleges Pay in China? [J]. Journal of Comparative Economics, 2012, 40 (1).

[325] Liu J. Does Cram Schooling Matter? Who Goes to Cram Schools? Evidence from Taiwan [J]. International Journal of Educational Development, 2012, 32, (1).

[326] Lucas S R. Effectively Maintained in Equality: Education Transitions, Track Mobility, and Social Background Effects [J]. American Journal of Sociology, 2001, 106 (6).

[327] Mayer R C, Davis J H, Schoorman F D. An Integrative Model of Organizational Trust [J]. Academy of Management Review, 1995, 20 (3).

[328] Mc Williams A, Siegel D, Wright P M. Corporate Social Responsibility: Strategic Implications [J]. Journal of Management Studies, 2006, 43 (1).

[329] O'Cass A, McEwen H. Exploring Consumer Status and Conspicuous Consumption [J]. Journal of Consumer Behaviour, 2004, 4 (1).

[330] Oller A C, Glasman D. Education as a Market in France [M]. Rotterdam: SensePublishers, 2013.

[331] Psacharopoulos G, Papakonstantinou G. The Real University Costs in a 'Free' Higher Education Country [J]. Economics of Education Review, 2005, 24 (1).

[332] Raftery A E, Hout M. Maximally Maintained Inequality:

Expansion, Reform, and Opportunity in Irish Education [J]. Sociology of Education, 1993, 66 (1).

[333] Rajan R G, Zingales L. What Do We Know about Capital Structure? Some Evidence from International Data [J]. Journal of Finance, 1995, 50 (5).

[334] Rajgopal S, Venkatachalam M, Kotha S. The Value Relevance of Network Advantages: The Case of E – Commerce Firms [J]. Journal of Accounting Research, 2010, 41 (1).

[335] Robinson R V, Garnier M A. Class Reproduction among Men and Women in France: Reproduction Theory on Its Home Ground [J]. American Journal of Sociology, 1985 (2).

[336] Roesgaard M H. Japanese Education and the Cram School Business: Functions, Challenges and Perspectives of the Juku [M]. Copenhagen: Nordic Institute of Asian Studies Press, 2006.

[337] Roosenboom P, Goot T, Mertens G. Earnings Management and Initial Public Offerings: Evidence from the Netherlands [J]. International Journal of Accounting, 2003, 38 (3).

[338] Ryu D, Kang C. Do Private Tutoring Expenditures Raise Academic Performance? Evidence from Middle School Students in South Korea [J]. Asian Economic Journal, 2013, 27 (1).

[339] Schultz T W. Investment in Human Capital [J]. American Economic Review, 1961, 51 (1).

[340] Seth M J. Education Fever: Society, Politics, and the Pursuit of Schooling in South Korea [M]. Honolulu: University of Hawaii Press, 2002.

[341] Shields J J, Rohlen T P, LeTendre G K. Teaching and Learning in Japan [J]. Journal of Japanese Studies, 1996, 24 (1).

[342] Smyth E. The More, the Better? Intensity of Involvement in Private Tuition and Examination Performance [J]. Educational Research

and Evaluation, 2008, 14 (5).

[343] Silova I, Büdienė V, Bray M. Education in a Hidden Market Place: Monitoring of Private Tutoring [M]. New York: Open Society Institute, 2006.

[344] Silova I. Private Tutoring in Eastern Europe and Central Asia: Policy Choices and Implications [R]. IIEP Policy Forum on Confronting the Shadow Education System: What Government Policies for What Private Tutoring? Paris: IIEP - UNESCO, 2007.

[345] Silova I. Globalization on the Margins: Education and Post-Socialist Transformations in Central Asia [M]. New York: Information Age Publishing, 2011.

[346] Song K O, Park H J, Sang K A. A Cross-National Analysis of the Student and School-Level Factors Affecting the Demand for Private Tutoring [J]. Asia Pacific Education Review, 2013 (14).

[347] Stevenson D L, Baker D P. Shadow Education and Allocation in Formal Schooling: Transition to University in Japan [J]. American Journal of Sociology, 1992, 97 (6).

[348] Sujatha K. Private Tuition in India: Trends and Policy Implications [R]. IIEP Policy Forum on Confronting the Shadow Education System: What Government Policies for What Private Tutoring? Paris: IIEP - UNESCO, 2007.

[349] Taylor D A, Gould R J, Brounstein P J. Effects of Personalistic Self-Disclosure [J]. Personality and Social Psychology Bulletin, 1981, 7 (3).

[350] Teoh S H, Welch I, Wong T J. Earnings Management and the Long-Run Market Performance of Initial Public Offerings [J]. Journal of Finance, 1998, 53 (6).

[351] Norwegian Nokel Committee. The Royal Swedish Academy of Science: The Nobel Memorial Prize in Economics 1992 [J]. Scandina-

vian Journal of Economics, 1993 (95).

[352] The Policies on Supplemental Education in Korea [N]. The Newsletter, 2011 (56).

[353] Truong Y, Simmons G, McColl R, Kitchen P J. Status and Conspicuousness—Are They Related? Strategic Marketing Implications for Luxury Brands [J]. Journal of Strategic Marketing, 2008, 16 (3).

[354] Tseng L. Private Supplementary Tutoring at the Senior Secondary Level in Taiwan and Hong Kong [D]. Hong Kong: University of Hong Kong, 1998.

[355] Utz S. The Function of Self-Disclosure on Social Network Sites: Not Only Intimate, But Also Positive and Entertaining Self-Disclosures Increase the Feeling of Connection [J]. Computers in Human Behavior, 2015 (45).

[356] Varian H R. Intermediate Microeconomics [M]. New York: W. W. Norton & Company, 2005.

[357] Zhang W, Bray M. Micro-neoliberalism in China: Public-Private Interactions at the Confluence of Mainstream and Shadow Education [J]. Journal of Education Policy, 2017 (1).

[358] Zhang Y. Does Private Tutoring Improve Students' National College Entrance Exam Performance? A Case Study from Jinan, China [J]. Economics of Education Review, 2013, 32 (1).

[359] Zhao X, Lynch J, Chen Q. Reconsidering Baron and Kenny: Myths and Truths about Mediation Analysis [J]. Journal of Consumer Research, 2010, 37 (2).